Autor: Beth Hall
»Das Magazin«: Teresa Fisher
Design: Nucleus Design
Redaktion: Ann F. Stonehouse
Lektorat: David Halford
Register: Marie Lorimer
Übersetzung »Das Magazin«: Joachim Nagel und Dagmar Lutz


© MAIRDUMONT GmbH & Co. KG, Ostfildern,
**2. Auflage 2009**

„NATIONAL GEOGRAPHIC" ist eine eingetragene Marke der
National Geographic Society. Deutsche Ausgabe lizenziert durch
NATIONAL GEOGRAPHIC DEUTSCHLAND
(G+J/RBA GmbH & Co. KG), Hamburg 2009
www.nationalgeographic.de

Unsere Autoren haben nach bestem Wissen recherchiert.
Trotzdem schleichen sich manchmal Fehler ein,
für die der Verlag keine Haftung übernehmen kann.
Hinweise, Verbesserungsvorschläge und Korrekturen
sind jederzeit willkommen. Einsendungen an:
E-Mail: spirallo@nationalgeographic.de oder
NATIONAL GEOGRAPHIC SPIRALLO-Reiseführer
MAIRDUMONT GmbH & Co. KG,
Postfach 3151, D-73751 Ostfildern

Original 2nd English Edition
© Automobile Association Developments Limited
Kartografie © Automobile Association Developments Limited
Karten in diesem Titel: © MAIRDUMONT/Falk Verlag 2006
ÖNV-Karte im Umschlag © Communicarta Ltd., UK
Covergestaltung und Art der Bindung
mit freundlicher Genehmigung von AA Publishing

Herausgegeben von AA Publishing, einem Unternehmen der
Automobile Association Developments Limited, Fanum House,
Basing View, Basingstoke, Hampshire RG21 4EA, UK.
Handelsregister Nr. 1878835.

Farbauszug: Keenes, Andover
Druck und Bindung: Leo Paper Products, China

A03695

# Das Magazin

Zu einem tollen Urlaub gehört mehr als genüssliches Faulenzen am Strand oder Shoppen bis zum Umfallen – damit die Reise sich wirklich lohnt, muss man das Besondere seines Zieles kennen und schätzen. Im Magazin erfahren Sie kurz und unterhaltsam alles über Land, Leute, Kultur und was den unverwechselbaren Charme dieser Gegend ausmacht.

# Tummelplatz des
# JETSET

**Gelobtes Land mit ewigem Sonnenschein, azurener See und schimmerndem Lichts, wo es keinen Winter gibt: So feierte die europäische High Society des 19. Jahrhunderts die Côte d'Azur.**

Gegen Ende des 18. Jahrhunderts war Frankreichs »Blaue Küste« noch ein armer, abgelegener Landstrich. Zu den ersten Reisenden, die die milden Winter dorthin lockten, gehörte der englische Schriftsteller Tobias Smollett, der Nizza 1763 besuchte und darüber in *Reise durch Frankreich und Italien* (1765) berichtete. Weit später, im Jahre 1834, geriet sein Landsmann, der Politiker Henry Lord

CÔTE D'AZUR

# Inhalt

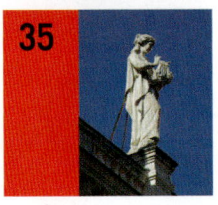

Brougham, auf der Flucht vor der Cholera zufällig in das kleine Fischerdorf Cannes, erwarb dort ein Stück Land und ließ sich eine Villa bauen.

## WINTER-REFUGIUM

Andere Briten folgten bald, und die Französische Riviera entwickelte sich schnell zum mondänen Winter-Domizil für gut Situierte aus aller Welt: Herrscher, Staatsmänner, Aristokraten, reiche Bürgerliche und Kurtisanen. Keine Geringeren als Queen Victoria, der Aga Khan, Königin Eugénie (die Gattin Napoléons III.) und König Leopold von Belgien hielten hier Hof, und auch Künstler und Schriftsteller belebten die Szene, angezogen vom magischen Licht und der schönen Gegend. Hier begann, was später als *Belle Époque* in die Annalen einging.

Um 1860 galt die Region als Europas anspruchsvollstes Winter-Quartier, ideal gelegen zwischen den nun ebenso angesagten Adressen Monaco und Cannes. Die Luxuswut der High Society legte gewissermaßen den Grundstein für verschwenderische und gewagte Bauvorhaben, da jeder seinen Ehrgeiz daran setzte, mit seiner Villa alle anderen in den Schatten zu stellen. Eisenbahnlinien, Palast-Hotels, exotische Gärten und die illustre Promenade des Anglais in Nizza entstanden, um diese Happy Few angemessen zu verwöhnen.

Ab 1865 erlebte Monaco, bis 1850 einer der ärmsten Staaten Europas, mit Eröffnung des prachtvollen Casinos von Monte Carlo seinen Boom als »spielerischer« Umschlagplatz von Vermögen der internationalen Prominenz. 1887 schließlich formulierte Stephen Liégeard, Dichter und Winzer aus Dijon, die magische (Erfolgs-) Formel für die ganze Region – La Côte d'Azur.

**Blick über die Castel Plage von der Promenade des Anglais in Nizza**

**Palais du Prince, Monaco**

## RUSSISCHE ROMANZE

Nach der Oktoberrevolution von 1917 wurde die Côte d'Azur ein bevorzugtes Ziel für russische Adlige und andere Emigranten, darunter so bedeutende wie Iwan Bunin (1933 erster russischer Literatur-Nobelpreisträger) und der Maler Marc Chagall (► 41). In der russisch-orthodoxen Kirche von Nizza wurde Alexander III. durch ein kaiserliches Manifest zum russischen Thronfolger ernannt. Russische Architekten hinterließen entlang der Küste ihre Spur, mit Meisterwerken wie dem Fernand Léger Museum in Biot (► 123) oder der beeindruckenden Cathédrale Orthodoxe Russe St-Nicolas in Nizza (► 49).

Prinz Lobanow Rostowsky wiederum ließ in Nizza das schöne Château des Ollières errichten (heute ein Luxushotel, 39 avenue des Baumettes) – und überließ es, als er nach Moskau zurückberufen wurde, großzügig seiner Angebeteten als Liebesgabe.

---

## SCHÖNES ZEITALTER

Der Aufstieg der Côte d'Azur fiel zusammen mit dem Höhepunkt der *Belle Époque* – was so viel heißt wie: Schönes Zeitalter. Architektonisch war es geprägt von einem kühnen, an Verzierungen überreichen Stil, der unbekümmert Elemente wie Türmchen, Dome und Kuppeln, Fayence und Fresken, Marmor, Glasleuchter und Goldzier miteinander verband – je opulenter und extravaganter, desto besser.

Viele Villen und Hotels dieses Stils haben sich an der Côte d'Azur erhalten, wie das Hotel Négresco (► 44f) und die Cathédrale Orthodoxe Russe St-Nicolas (► 49) in Nizza, die Villa Grecque Kérylos mit ihrer eleganten Rotunde (► 65) in Beaulieu, die Villa Ephrussi de Rothschild am Cap Ferrat (► 70f) sowie Opernhaus und Casino in Monte Carlo (► 93ff).

Carlton Hotel, Cannes

## SOMMERFRISCHE

In der *Belle Époque* erlebte die Gegend ihre Blütezeit, als Sommerziel allerdings erst in den »Roaring Twenties«, wobei prominente Amerikaner wie der Komponist Cole Porter und der Romancier F. Scott Fitzgerald (▶ 16) als Trendsetter wirkten. Unter ihrem Einfluss kam das Schwimmen en vogue, während Coco Chanel eine andere Mode ins Leben rief – die Sonnenbräune. Bis dahin galt vornehme Blässe als das einzig Wahre. Anfangs nur Refugium für Millionäre und gekrönte Häupter, wurde die Côte d'Azur bald beliebter Aufenthaltsort für Mode-Diven, Filmstars, Künstler, Schriftsteller und Denker der Zeit, darunter Auguste Renoir, Henri Matisse, Pablo Picasso, Ernest Hemingway, Albert Camus und Jean-Paul Sartre.

Noch heute ist die Küste ein Magnet für Stars aller Couleur, ob Brigitte Bardot, Elton John oder Claudia Schiffer. Und obwohl Massentourismus und Billigflieger inzwischen auch hier gelandet sind, hat sie sich Chic und Exklusivität bewahrt, mit ihren Strandpromenaden, auf denen man »sieht und gesehen wird«, ihren sonnenüberglänzten Stränden und betriebsamen Häfen für Millionärs-Yachten. Auch nach fast zwei Jahrhunderten bleibt diese – so treffend Côte d'Azur genannte – Küste mit ihren herrlich blauen Meereswogen einer der bezauberndsten Tummelplätze für die Reichen und Berühmten dieser Welt.

# Regionale Küche von
# A–Z

**Speisen ist an der Côte d'Azur eine magische Erfahrung. Opulente Vielfalt mediterraner Aromen, leuchtende, sonnensatte Farben und verlockende Düfte – all dies ergibt ein wahres Fest für die Sinne.**

- **Aïoli** ist eine delikate Knoblauch-Mayonnaise, häufig zu Schellfisch serviert.
- Probieren Sie eine weltbekannte Speziäliät der Gegend: die **Bouillabaisse**, einen extravaganten rostroten Fisch-Eintopf mit bis zu 12 verschiedenen Sorten von Fisch und Meerestieren, oder die **Bourride** – die Fischsuppe des armen Mannes für den kleinen Appetit, aber gleichfalls köstlich.
- Ein Gang mit **Käse** bedeutet stets einen Hochgenuss – bei den lokalen Chèvres (Ziegenkäse) etwa der in Eichenblätter gewickelte **Banon**.
- Herzhaft, besonders in der kühlen Jahreszeit, ist das **Daube de boeuf** (in Rotwein geschmortes Rindfleisch, gewürzt mit Zimt und Zitronenschale).
- **Estocaficada** (Stockfisch-Eintopf) gibt es in fast allen Restaurants an der Küste.
- Kleine **farcis** (schmackhaft gefüllte Zucchini, Tomaten und Artischocken- herzen) stehen immer als Vorgericht auf der Karte.
- Boeuf **gardian**, ein würziger Rindfleisch-Eintopf mit Oliven, kommt ursprünglich aus der Camargue, aber auch hier gerne auf den Tisch.
- Viele Gerichte basieren geschmacklich auf einer aromatischen Mischung von Wildkräutern, den **herbes de Provence** – Lorbeer, Majoran, Basili- kum, Thymian, Rosmarin und manchmal auch Lavendelblüten.
- **Ideale Mitbringsel** nach Hause sind die hiesigen Marmeladen (confitures), wie Wild-Aprikose mit Rosmarin oder Mandarine mit Thymian.
- **Fisch-Gerichte** spielen eine Hauptrolle in der mediterranen Küche. Besonders beliebt ist der loup (Seebarsch), gerne über einem Feuer aus Fenchelzweigen gegart (fenouil) oder flambiert mit Pastis.

- **Moules frîtes** (Muscheln mit Pommes frites) sind eine leckere Mahlzeit.
- Nizzas kulinarisches Aushängeschild, der klassische **salade Niçoise**, wird angerichtet mit Thunfisch, Ei, schwarzen Oliven, Blattsalat, grünen Bohnen, Tomaten und Sardellen.
- **Olives**, Olivenöl, Kräuter, Knoblauch und Tomaten bilden die Basis der einheimischen Küche an der Riviera.
- Halten Sie nahe der Grenze zu Italien Ausschau nach **pissaladière** (einer leckeren Pizza mit Oliven und Zwiebeln)
- Kandierte Früchte, darunter Quitten, Aprikosen, Melonen, Birnen und Feigen, sind hier eine Spezialität, ebenso die **Quittenpaste** (pâte de coing).
- **Ratatouille** ist ein traditionelles provenzalisches Gericht aus gedünsteten Tomaten, Zwiebeln, Zucchini, Auberginen und Paprika. Als Hauptgericht serviert mit Weißbrot oder als Beilage.
- Ein Gaumenschmaus sind auch **socca** (dünne Pfannkuchen aus Kichererbsenmehl). Am besten in Vieux Nizza.
- Aus den hiesigen schwarzen oder grünen Oliven wird die schmackhafte **tapenade** zubereitet (Olivenpaste mit Kapern und Sardellen).
- Geraten sie nicht aus der Fassung angesichts schwarz glänzender, in Tang gewickelter **Seeigel** (oursins) – sie gelten hier als Delikatesse!
- Im Dörfchen Tourettes-sur-Loup werden Veilchen angebaut, vorwiegend für die Parfümbranche. Aber man kandiert sie auch (**violettes glacés**) oder macht daraus Marmelade, Sirup, Öl und Likör.
- Elf Prozent der französischen Weinproduktion stammen aus der Provence und von der Côte d'Azur. Geheim-Tipps sind die Rosé-Weine aus Draguignan und der Bellet aus Nizza.
- Le Louis XV (► 100), das legendäre Restaurant von Alain Ducasse in Monaco, bildet das Kronjuwel unter den Gourmet-Tempeln an der Côte d'Azur.
- Ob am Marktstand, in kleinen Cafés oder angesagten Brasserien und Restaurants mit Michelin-Stern: Wo immer Sie hier speisen, Sie werden stets höchst aufmerksam umhegt werden von Gourmets, die sich mit Hingabe ihrer kulinarischen Arbeit widmen.

**Reiche Auswahl an Oliven in der Altstadt von Nizza**

# Parfüm

**Seine Blumen machten Grasse zur Welthauptstadt des Parfüms, umgeben von Feldern voll Jasmin, Rosen und Tuberosen, deren Duft fast betäubend die Luft erfüllt.**

Die Côte d'Azur ist ein wahres Blumenparadies, von den aparten Gärten der Luxusvillen an der Küste bis zu den violetten Bahnen der Lavendelfelder, den duftenden Wildblumen und Kräutern des bäuerlichen Hinterlandes. Seit über 400 Jahren ist das duftumwobene Grasse Zentrum der französischen Parfümindustrie, das zwei Drittel der nationalen Produktion erwirtschaftet.

Im 16. Jahrhundert, als es noch eine Stadt der Gerber war, kamen Handschuhmacher auf die Idee, Lederhandschuhe mit einheimischen Blumen zu aromatisieren – sobald Katharina von Medici das dann zur Mode machte, wurden rings um Grasse weite Felder mit Blumen angelegt. Heute noch wird seine Umgebung beherrscht von Jasmin, Rosen und Tuberosen – den drei wichtigsten Ingredienzien bei der Kunst der Parfüm-Herstellung – sowie Lavendel, Mimosen und Narzissen. Heute ist Grasse Welthauptstadt des Parfüms, mit mehr als 30 einschlägigen Betrieben.

## DIE KUNST DER PARFÜMHERSTELLUNG

Wer mehr über Geschichte und Geheimnisse dieses alten Industriezweigs erfahren möchte, besichtigt am besten die neue olfaktorische Abteilung (eröffnet Juni 2008) im Musée International de la Parfumerie (➤ 121). Auf 3000 m² wartet dort ein Hochgenuss für die Sinne, mit Ausstellungen und anderen Angeboten, wie Workshops, wo man seine eigene Parfümmischung komponieren kann. Durchgehend geöffnet ist La Bastide du Parfumeur in Mouans-Sartoux, ein wunderschöner, weitläufiger Botanischer Garten, wo man auf über 2 ha die typischen Pflanzen der Parfümindustrie kultiviert. Führungen für Besucher bieten auch Fragonard, Galimard und Molinard (► 121) an – die drei größten Parfümhäuser der Welt, wo heute noch nach traditionellen Methoden gearbeitet wird.

### LE NEZ

In Grasse und Umgebung gibt es 30 größere Betriebe, wo Parfüm hergestellt wird. Jeder beschäftigt seinen eigenen Chef-Parfumeur, genannt »le nez«. Diese »Nase« erschnuppert mit Hilfe ihres ausgeprägten Geruchssinns die Basisnoten aller Pflanzen und ein weit gespanntes Repertoire an Düften. Mit Duft-Testern komponiert sie harmonische Kombinationen verschiedener Noten – fast wie ein Musiker. Weltweit gibt es 300 »Nasen«, die Hälfte davon in Frankreich und um die 50 in Grasse. Sie alle fügen diverse Essenzen zu neuen Düften zusammen, die Spitzenkräfte unter ihnen nur drei bis vier im Jahr.

### PARFÜM-KLASSIKER

Viele klassische Parfüms sind genauso beliebt wie zur Zeit ihrer Entstehung. Einst kreiert von einer der Spitzen-»Nasen« von Grasse, wird Coco Chanels Chanel No. 5 aus dem Jahr 1921 immer noch weithin geschätzt – und natürlich nach wie vor assoziiert mit Marilyn Monroe.

»Zum Schlafen nur einen Hauch Chanel No. 5«

**Oben: Jasminernte**
**Unten: Marilyn Monroe**

# FILM SET

**Seit die Brüder Lumière 1895 einen *Zug bei der Einfahrt in die Station La Ciotat* filmten, hatte Südfrankreich stets eine Vorreiterrolle in der Filmgeschichte, und legendäre französische Regisseure wie Pagnol, Truffaut, Godard und Vadim machten seine Städte und Dörfer zu Schauplätzen ihrer Meisterwerke.**

In den 1920ern war Nizza Hauptstadt des französischen Kinos: Innerhalb eines Jahrzehnts entstanden in den berühmten Studios de la Victorine rund 200 Filme. Die Côte d'Azur wurde zentrales Ziel für Schauspieler und Regisseure, die im Stummfilm und den frühen Tonfilmen ihr Glück versuchten – das erste Goldene Zeitalter des Films.

## HOLLYWOOD-GRÖSSEN

Der amerikanische Filmstar Grace Kelly spielte hier 1955 an der Seite von Cary Grant in Alfred Hitchcocks *Über den Dächern von Nizza*. Während der Dreharbeiten lernte sie Prinz Rainier III. kennen: Sie gab die Schauspielerei auf, um sich fortan ihren Pflichten als Fürstin, Gattin und Mutter zu widmen. Ihr märchenhaftes Leben endete 1982 abrupt durch einen tragischen Autounfall auf der Moyenne Corniche (▶ 66). Die benachbarte Corniche Littorale von Nizza nach Cannes spielt wiederum eine Rolle in der Verfilmung von Frederick Forsyths *Der Schakal* von 1973.

Ein weiterer schillernder, mit der Côte d'Azur verknüpfter Name ist der der Sexgöttin Brigitte Bardot. Ihr Leinwanddebüt gab sie 1952 mit 18 in *Le Trou Normand*. Im selben Jahr heiratete sie den bekannten Regisseur Roger Vadim.

> »Brigitte Bardot bescherte dem französischen Film ein ganz neues Publikum.«

1956 schließlich erlebte das Ex-Mannequin und Pin-up-Girl in *Und immer lockt das Weib*, seinen internationalen Durchbruch. Ihr sexy Flaniergang durch St-Tropez machte die Bardot und das Hafenstädtchen weltberühmt und markierte den Beginn einer neuen Ära legerer Sitten. So schrieb das Time Magazine: »Brigitte Bardot verströmte eine sorglos-naive Sexualität, die dem französischen Film ein ganz neues Publikum bescherte.« Während viele Filmstars der Zeit sich lieber in Cap Ferrat und Monaco niederließen, blieb die Bardot in St-Tropez, wo sie bis heute lebt.

## FILMRUHM

Einer der bekanntesten in dieser Gegend gedrehten Filme ist *Zärtlich ist die Nacht* (1962), nach F. Scott Fitzgeralds autobiografischem Roman. Er schildert den unbekümmerten Hedonismus der 1920er- und 1930er-Jahre an der Riviera, als das berühmte-berüchtigte Paar Scott und Zelda Fitzgerald sein Wesen im palastartigen Hôtel du Cap Eden Roc am Cap d'Antibes trieb.

Szene aus *Mr. Bean macht Ferien*

## JEAN DE FLORETTE

Der provenzalische Schriftsteller Marcel Pagnol, der die Verfilmung seiner Romane als Hommage an die Schönheit seiner Heimat anstrebte, gründete 1935 in Marseille eine Firma mit eigenen Studios. Der größte Wurf gelang ihm mit der Umsetzung des Romans *L'Eau des Collines* (Die Wasser der Hügel) in die Streifen *Jean Florette* und *Manons Rachc*. In dieser bewegenden Geschichte aus den 1920ern

Matt Damon und George Clooney

geht es um zwei Bauern aus der Provinz, die systematisch die Existenz eines Mannes aus der Stadt zerstören (gespielt von Gérard Depardieu).

Aus dem Film *Und immer lockt das Weib*

Auch im 21. Jahrhundert hat die Attraktivität der französischen Riviera als Film Set keine Patina angesetzt, die Côte besitzt noch immer Star-Status. Ridley Scotts *Ein gutes Jahr* (nach dem Roman von Peter Mayle) etwa ist eine romantische Komödie im Sonnenlicht der Provence, wo ein arroganter Londoner Banker alles aufgibt für die Liebe und den Zauber des Südens. Weit finsterer geriet 2006 die Verfilmung von Patrick Süskinds Bestseller *Das Parfüm* – immerhin geht es hier um die Gewinnung des ultimativen Duftes aus den Leichen schöner junger Mädchen. Ein Großteil des Films wurde in der Provence gedreht, und die Story glorifiziert Grasse als »Heiligen Gral« des Parfüms.

Entschieden heitererer präsentiert *Mr. Bean macht Ferien* (2007) Rowan Atkinsons Qualitäten als Komiker in einer Farce, die ein wenig an Jacques Tatis *Die Ferien des M. Hulot* erinnert. Der Trottel vom Dienst gewinnt eine Reise zum Filmfest von Cannes, wo er für alle möglichen Wirrnisse sorgt und schließlich sein Video-Tagebuch im Festivalprogramm läuft.

## DIE INTERNATIONALEN FILMFESTSPIELE VON CANNES

Der schillernde Event, als der das Festival von Cannes heute ein Begriff ist, wurde 1939 gegründet als freie Konkurrenz zu den – damals vom Mussolini-Faschismus beherrschten – Internationalen Filmfestspielen von Venedig. Durch den Kriegsausbruch verzögerte sich seine erste Ausrichtung allerdings bis 1946. Seitdem fand es (außer 1948 und 1950) regelmäßig zwei Wochen Mitte Mai statt und feierte 2007 sein 60. Jubiläum. Hauptpreis ist die Palme d'Or (Goldene Palme) für den besten Film. Die begehrte Auszeichnung biete zwar keine Garantie für kommerziellen Erfolg, da hier vor allem Wert auf künstlerische Qualität gelegt wird, doch wer in Cannes gewinnt, bleibt eine Weile im Gespräch – aktuell 2006 Ken

## AM DREHORT

Filme mit der Region Provence-Côte d'Azur als Schauplatz oder Thema

| | | | |
|---|---|---|---|
| Mare Nostrum | 1926 | Manons Rache | 1986 |
| Der Magier | 1926 | Der Husar auf dem Dach | 1995 |
| Perfect Understanding | 1933 | Der Mann in der eisernen | |
| Die roten Schuhe | 1948 | Maske | 1998 |
| Über den Dächern von Nizza | 1955 | Tatsächlich … Liebe | 2002 |
| Ill Met by Moonlight | 1957 | Gefährliche Liebschaften | 2003 |
| Zärtlich ist die Nacht | 1962 | Ein gutes Jahr | 2006 |
| Der Schakal | 1973 | Das Parfüm | 2007 |
| Ein Käfig voller Narren | 1978 | Mr. Bean macht Ferien | 2007 |
| Jean Florette | 1986 | | |

Loach mit *The Wind That Shakes The Barley*, 2007 Cristian Mungiu mit *4 Monate, 3 Wochen und 2 Tage* und 2008 Laurence Cantet mit *Entre les Murs*. Legendäre frühere Cannes-Sieger waren die Filme *Pulp Fiction* (1994), *Lügen und Geheimnisse* (1996) und *Fahrenheit 9/11* (2004).

## PARTYTIME

Mittelpunkt der Betriebsamkeit ist das Palais des Festivals mit seinem roten Teppich. Meist haben nur geladene Gäste Zutritt zu den Filmvorführungen, doch gibt es auch welche für das Publikum im Cinéma de la Plage. Ob gerade ein echter Kracher läuft oder ein anspruchsvoller Autorenfilm, das größte Filmfestival der Welt brodelt rund um die Uhr vor Stars, Geschäftemachern, Paparazzi und Partyleben.

**Oben: Russell Crowe und Marion Cotillard in *Ein Gutes Jahr*
Unten: Cannes 2008, Premiere von *Indiana Jones und das Königreich des Kristallschädels***

# Kunst und
# KÜNSTLER

**Seit eh und je ist die französische Riviera, mit ihren lebendigen Farben und warmen südlichen Licht ein magischer Ort der Inspiration für etablierte und junge Künstler. Impressionisten, Fauvisten, Surrealisten und die Avantgarde unserer Tage – zahllose Genies fanden hier Anregung und *joie de vivre*.**

## IMPRESSIONISMUS

Die Impressionisten brachen mit klassischen Disziplinen der Malerei. Das flimmernde Licht der Riviera beflügelte sie zur Schöpfung eines neuen Weges, des Impression, als Spiegel außergewöhnlicher Naturschönheit.

Claude Monet, der allgemein als Kopf dieser Schule gilt, organisierte 1874 ihre erste gemeinsame Ausstellung. Eines seiner Gemälde trug den Titel »Impression: Sonnenaufgang«. Dies griff die Presse sofort auf und bezeichnete die neue Gruppe als »Impressionisten«. Auf der Suche unmittelbaren Eindrücken der Natur studierte Monet das Spiel von Farbe und Licht an der Mittelmeerküste. Auch sein Freund Auguste Renoir zeigte sich fasziniert von diesen Phänomenen, und die Impressionisten schufen vermutlich die meisten Gemälde mit Motiven der Riviera. Von 1907 bis zu seinem Tod im Jahre 1919 lebte Renoir auf seinem Landsitz Les Colettes in Cagnes-sur-Mer.

> »Als mir klar wurde, dass ich hier jeden Tag dasselbe Licht sah – konnte ich mein Glück kaum fassen.«

## FAUVISMUS

Wie Monet und Renoir stammte auch Henri Matisse aus Nordfrankreich. Hingerissen vom Zauber des mediterranen Lichts, rief er aus: »Als mir klar wurde, dass ich hier jeden Tag dasselbe sah – konnte ich mein Glück kaum fassen.« Matisse war Führungsfigur des Fauvismus – der ersten bedeutenden

**Vincent van Gogh,** *Die Kirche von Auvers-sur-Oise*

Avantgarde-Bewegung des 20. Jahrhunderts, charakterisiert durch ungebrochene, leuchtende Farben. Ihren Namen erhielt sie aus dem Munde eines Kritikers, dem in einer Ausstellung der Gruppe, inmitten vieler Bilder mit gewagten Farben und Formen, als einziges Exponat von Wert eine Skulptur im Renaissance-Stil auffiel – woraufhin ihm der Stoßseufzer entfuhr: »*Donatello au milieu des fauves!*« (Donatello unter die wilden Tiere gefallen!) Das gefiel den geschmähten Malern (neben Matisse Derain, Braque, Bonnard, Léger, Picabia und Chagall), die fortan ihrer Bewegung diesen Namen gaben. Ihre Lieblingsplätze an der Cote d'Azur waren durchweg dieselben, die schon die Impressionisten bevorzugten. Als Schlüsselwerk des Fauvismus gilt *Le Bonheur de Vivre* (Lebensfreude) von Matisse, das großformatige Bild einer urwüchsigen-rauen Landschaft mit wild bewegten Frauenakten – eine Synthese von Natur und menschlichen Körperformen. Trotz seiner Kurzlebigkeit (1905–08) war der Fauvismus von enormem Einfluss auf die Kunst des 20. Jahrhunderts.

## VOM KUBISMUS ZUM POST-IMPRESSIONISMUS

Eine andere Sicht der Dinge vertraten Georges Braque und Pablo Picasso, die 1907 den Kubismus begründeten. Beide waren große Bewunderer von Paul Cézanne und seinem Konzept einer strukturierten visuellen Sprache. Picasso übersiedelte nach Kriegsende an die Cote d'Azur, wo er bis zu seinem Tod 1973 lebte und zahllose Zeugnisse künstlerischen Ausdrucks der joie de vivre hinterließ, die diese Gegend ihm vermittelte.

Während andere hier ihre Wahlheimat fanden, stammte der 1830 geborene Cézanne selbst aus Aix-en-Provence. Oft als Vater der modernen Kunst bezeichnet, war er das wichtigste Vorbild sowohl für Picasso wie Matisse. Nach kurzem Schulterschluss mit den Impressionisten arbeitete er in eigenbrötlerischer Abgeschiedenheit in der Provinz – und doch mit ungeheurer Wirkung auf die Kunst des 20. Jahrhunderts. Manchen Malern ging es jedoch weniger um Namen und Etiketten, sondern um die Verwirklichung künstlerischer Freiheit. So schrieb Paul Gauguin: »Ich bin ein impressionistischer Künstler, das heißt, ein Rebell.« Sein Freund, der Post-Impressionist Vincent van Gogh, folgte ihm in den Süden, wo er nun bedeutende Werke von hoher Symbolkraft schuf.

**Auguste Renoir, *Der Bauernhof in Les Colettes***

## ZEITGENÖSSISCHE KUNST

Die Expressionisten waren mehr an urtümlicher Kunst interessiert – wie Erwin Sutter (1897-1976), dessen Gemälde *Rue de la Foutette* (Bibliothèque Municipale, Grasse) seinen inneren Aufruhr in groblinigen, vereinfachten Formen wiedergibt. Nizza brachte in den 1960ern auch eine eigene Künstlerschule hervor, die Nouveaux Réalistes. Das Museé d'Art Moderne et d'Art Contemporain (MAMAC) beherbergt eine faszinierende Sammlung ihrer Werke und

anderer Avantgarde-Bewegungen, wie Fluxus, Pop Art, und abstrakter Amerikanischer Malerei. In Nizza findet man (abgesehen von Paris) mehr Kunstmuseen und -galerien als in jeder anderen französischen Stadt. Entlang der Linie 1 der neuen Nizza-Cote-d'Azur-Bahn bilden Werke 15 weltbekannter Künstler eine Art Freilichtmuseum zeitgenössischer Kunst.

Henri Matisse, *Blumen am Fenster*

## KÜNSTLERGÄRTEN (Art en plein air)

Ein Muss für alle Kunstliebhaber ist der Skulpturengarten der Fondation Maeght (► 120) mit seiner attraktiven Sammlung von Brunnen, Statuen, Mosaiken und Mobilés von Größen wie Miró, Chagall, Braque, Calder, Giacometti und Moore. Der Lustgarten des Château de la Napoule (► 120) lohnt gleichfalls einen Besuch, wegen seiner Formschnittgewächse in Tierform und bizarr-dämonischer Statuen – bildhauerische Werke des exzentrischen US-Millionärs Henry Clews aus dem Jahr 1919. Außergewöhnlich ist auch die Mixtur von Vergangenheit und Gegenwart in den Gärten der Villa Ephrussi de Rothschild (► 70). Der bezauberndste aller Künstlergärten der Côte d'Azur ist jedoch derjenige Renoirs (mit Museum, ► 124) – eigentlich nur ein Ensemble knorriger alter Olivenbäume, wo der alte Maler Stunden im Rollstuhl verbrachte, den Pinsel an die rheumageplagten Finger gebunden. Dieser Garten wirkt noch heute wie eine typische Renoir-Landschaft.

# FESTIVALS

**Sie gehören zum Lebensgefühl der Côte d'Azur – mehr als 170 finden jährlich statt: saisonale, kulturelle, historische, musikalische, sportliche, kulinarische, religiöse und auch profane.**

Epiphanias (6. Januar) am 12. Tag nach Weihnachten erinnert mit kronenförmigem Gebäck an die Heiligen Drei Könige.

Im Februar veranstaltet Bormes-les-Mimosas (► 149) den Corso Fleuri, einen großen Umzug mit Blumenwagen, Majorettes und Blaskapellen. Menton (► 72f) feiert seit 1934 alljährlich im Februar seine Zitronen. Die größte Festivität vor der Fastenzeit ist der Karneval von Nizza (www.nicecarnaval.com).

Ungewöhnliches bietet der März, wie die Festin des Cougourdons in Nizza, die getrockneten und künstlerische geformten Kalebassen gewidmet ist, und die Fête des Violettes in Tourrettes-sur-Loup (► 164): Das ganze Dorf duftet dann in einem Meer frischer Veilchen.

Im April beschließt der Ski Grand Prix das Saisonende in Isola 2000 (www.isola2000.com) – 90 Autominuten von Nizza.

Im Mai findet der Grand Prix de Monaco statt (► 104), das einzige Formel-Eins-Rennen auf öffentlichen Straßen, im Schwierigkeitsgrad etwa wie der Versuch, »mit dem Fahrrad durchs Wohnzimmer zu fahren«. Die »gliterrati« reisen zum Internationalen Filmfestival in Cannes (► 17).

Juli und August werden von Musikfestivals beherrscht, von den Rencontres de Musique Mediévale in der Abbaye du Thoronet (► 146f) bis zum Nizza Jazz Festival (www.nicejazzfestival.fr) in Cimiez (► 34, 51), einem einwöchigem Großereignis, wo man neben Jazz auch Blues, Fusion und Urban Funk hören kann.

Zu den Herbst-Highlights gehören im Oktober das Kastanienfest in Collobrières (► 151f) und das Feuerwerk bei der Fête du Prince an Monacos Nationalfeiertag (19. November).

In der Weihnachtszeit gibt es viele Märkte und Feste, wie die Fête des Vins in Bandol und die Foire aux Santons in Fréjus (typisch provenzalische Tonfigürchen, auch Krippen-Szenen).

# Erster Überblick

# Ankunft

## Ankunft in Nizza

### Mit dem Flugzeug

- Der **Aéroport Nice-Côte d'Azur** (Tel. 08 20 42 33 33; www.nice.aeroport. fr), 6 km westlich von Nizza an der Küste gelegen, ist der größte Flughafen in der östlichen Provence. Von und nach Hamburg, Stuttgart, München und Düsseldorf, Frankfurt, Berlin, Zürich und Wien gibt es direkte Charter- oder Linienflüge, dazu kommen Verbindungen über Paris. Terminal 1 fertigt die meisten internationalen Flüge ab, Flüge mit Easy Jet, Air France und British Midland gehen über Terminal 2.
- **Vom Flughafen ins Zentrum von Nizza** gelangt man am schnellsten **mit dem Bus**. Ligne d'Azur (www.lignedazur.com) betreibt drei Linien vom Flughafen in die City. **Express Bus 23** fährt alle 20 Minuten ab Terminal 1, Stand 6 ins Zentrum. **Bus 98** fährt den Busbahnhof *(gare routière)* im Zentrum von Nizza über die Promenade des Anglais an. Die Abfahrtshaltestellen befinden sich an Terminal 1, Stand 1 bzw. Terminal 2, Stand 5. **Express Bus 99** fährt ab Terminal 1, Stand 1 oder Terminal 2, Stand 4 zum **Bahnhof von Nizza** *(gare SNCF)*. Der Weg zum Zentrum dauert 20 Minuten. Man benötigt ein Tagesticket (4 Euro).
- **Einzel- und Mehrfachtickets** gibt es an Automaten und im Büro gegenüber der Haltestelle vor Terminal 2. Weitere Infos unter www.nice.aeroport.fr oder www.lignedazur.com. Vergessen Sie nicht, den Fahrschein zu entwerten.
- Der **TER-Bahnhof** *(Trains Express Régionaux, Regionalexpresszüge)* Nice St-Augustin liegt unweit von Terminal 1. Von hier fahren Züge zum Hauptbahnhof von Nizza.
- Vor beiden Terminals warten **Taxis**. Die Fahrt ins Zentrum kostet zwischen 25 und 35 Euro (Zuschläge bei Fahrten zwischen 19 und 7 Uhr sowie an Sonn- und Feiertagen). Halten Sie Bargeld bereit. Keine Kreditkarten.
- Die **Mietwagenagenturen** in den Ankunftshallen haben bis 22 Uhr geöffnet. Später abends können Sie autos noch in der Mietwagenzone im Terminal 2 hinter Parkplatz P5 leihen. Vom Flughafen fährt man 15 bis 30 Minuten auf der N7 bis ins Zentrum.
- Zwischen beiden Terminals verkehrt im 7- bis 10-Minuten-Abstand ein kostenloser **Shuttle-Bus**.

### Mit dem Zug

- Die staatliche Eisenbahngesellschaft Société Nationale des Chemins de Fer (**SNCF**, Tel. +33 (0)8 92 35 35 35; www.sncf.fr) bedient sämtliche Eisenbahnlinien.
- Von Paris fährt man in sechs Stunden mit dem Hochgeschwindigkeitszug **TGV** *(Train à Grande Vitesse)* über Lyon oder Marseille nach Nizza. Im Sommer fahren die Züge fünfmal pro Tag, im Winter zweimal. **CORAIL**-Züge verkehren auf längeren Strecken *(Grandes Lignes)*, **TER**-Züge auf regionalen Strecken *(Lignes Régionales)*. Der Bahnhof von Nizza wird täglich von sieben Zügen aus dem Ausland und 20 Zügen aus französischen Großstädten angefahren.
- Zwischen Nizza und französischen Großstädten fahren **Autoreisezüge** mit Schlafwagenabteilen *(couchettes)*. Bitte frühzeitig über die SNCF buchen.
- Unter der Adresse http://de.tgv.com können Sie Infos in deutscher Sprache abrufen und Verbindungen suchen.

### Mit dem Auto

- Nizza ist über das ausgedehnte **Autobahnnetz** mit vielen europäischen Großstädten verbunden. Die **A8** (La Provençale) führt nach Aix-en-Provence im Westen und zur italienischen Grenze im Osten.

- Von **Paris nach Nizza** fährt man mit dem Auto rund neun Stunden.
- Von der Autobahn zweigen fünf **Abfahrten ins Stadtzentrum** von Nizza ab. Sie heißen Promenade des Anglais (Ausfahrt 50), St-Augustin (51), St-Isidore (52), Nice-Nord (54) und Nice-Est (55).
- **Überlandbusse** sind in Frankreich nur wenig billiger als Züge, aber deutlich langsamer. Eurolines (Tel. 08 92 89 90 91; innerhalb Nizzas Tel. 04 93 80 08 70; www.eurolines.fr) bietet Verbindungen von und nach Nizza.

- **Touristeninformationen in Nizza**

    ✉ 5, promenade des Anglais  ☎ 08 92 70 74 07; www.nicetourism.com
    🕐 Mo–Sa 9–18 Uhr (Nebensaison); Mo–Sa 8–20, So 9–19 Uhr (Hauptsaison)

    ✉ Gare SNCF (Hauptbahnhof), avenue Thiers  ☎ 08 52 70 74 07  🕐 Mo–Sa 9–19, So 10–17 Uhr (Nebensaison); Mo–Sa 8–20, So 9–19 Uhr (Hauptsaison)

    ✉ Aéroport Nice-Côte d'Azur, Terminal 1  ☎ 08 92 70 74 07
    🕐 Mo–Sa 8–21 Uhr (Nebensaison); tägl. 8–21 Uhr (Hauptsaison)

## Ankunft in Monaco

### Mit dem Flugzeug

- **Anlaufpunkt für Flugreisende nach Monaco** ist der Internationale Flughafen Nice-Côte d'Azur. Man kann die 17 km nach Monaco mit dem Auto oder in sechs Minuten mit dem **Hubschrauber** zurücklegen. Helikopter starten täglich alle 20 Minuten, der einfache Flug kostet ca. 95–100 Euro pro Person (abhängig von der Jahreszeit; www.heliairmonaco.com).
- Busse von **Rapides Côte d'Azur** (Linie 110, Tel. 08 20 42 33 33; www.rca.tm.fr) fahren stündlich von beiden Flughafenterminals ab. Die Reise bis ins Zentrum von Monte-Carlo dauert 45 Minuten (einfache Fahrt 16,10 Euro, Hin- und Rückfahrt 26 Euro).
- **Taxis** benötigen rund 35 Minuten, die Fahrt kostet ca. 75 Euro bis hin zu 80 oder 90 Euro abends, am Wochenende oder an Feiertagen.

### Mit dem Zug

- Von den meisten europäischen Großstädten aus erreicht man Monaco über die **TGV**-Strecke ab Paris (5 Std. 45 Min.) oder mit den langsameren **TERs**, die Monaco mit Städten in der Region verbinden.
- **Internationale Zugverbindunge**n führen von Paris nach Ventimiglia (Train Bleu) oder von Marseille nach Mailand (Ligure). Der Metrazur fährt alle Orte an der Côte d'Azur bis zur italienischen Grenze an, im Sommer jedoch enger getaktet als im Winter.

### Mit dem Auto

- Monaco ist mit Frankreich und Europa über ein verzweigtes Netz von **Autobahnen** verbunden.
- Die drei Corniches (► 64ff) sind Panoramastraßen zwischen Nizza und Monaco. Über die A8 gelangt man im Sommer schneller ans Ziel.

### Mit dem Schiff

- Die Häfen heißen **Condamine** (auch Port Hercule) und **Fontvieille**. Beide sind Yachthäfen. Interkontinentalschiffe ankern in Monaco Bay.

- **Touristeninformation in Monaco**

    ✉ 2a, boulevard des Moulins, Monte-Carlo  ☎ 04 92 16 61 66;
    www.visitmonaco.com

# Ankunft in Cannes

## Mit dem Flugzeug

- **Mehrere Buslinien** pendeln zwischen Cannes und dem 27 km entfernten Flughafen Nice-Côte d'Azur. Bus Nr. 200 von Ligne d'Azur fährt alle halbe Stunde ab Terminal 2, Stand 3 (Tageskarte 4 Euro). Bus Nr. 210 der Linie Rapides Côte d'Azur (Tel. 08 20 432 33 33; www.rca.tm.fr) fährt beide Terminals an (einfache Fahrt 14,20 Euro, Hin- und Rückfahrt 23,20 Euro).
- Die **Taxifahrt** vom Flughafen nach Cannes kostet ca. 65 Euro.
- Es gibt einen **Hubschrauberservice** vom Flughafen nach Cannes (einfacher Flug 100 Euro pro Person). Die Helikopter starten alle 30 Minuten, vom Landeplatz fährt ein kostenloser Shuttlebus ins Zentrum.
- Der kleinere **Aéroport Cannes-Mandelieu** 8 km außerhalb von Cannes fertigt Privat- und Charterflüge ab.

## Mit dem Zug

- Der **Bahnhof von Cannes** *(gare SNCF)* im Stadtzentrum wird von TGVs, TERs und CORAIL-Zügen angefahren. Infos findet man unter www.sncf.com oder http://de.tgv.com. Der Train Bleu von Paris nach Ventimiglia hält ebenso in Cannes wie der TEE (Trans Europe Express).

## Mit dem Auto

- Man erreicht Cannes über die **A8** (Esterel Côte d'Azur) und die Abfahrt Cannes Est (42).

- **Touristeninformation in Cannes**
  ✉ Palais des Festivals, 1 boulevard de La Croisette ☎ 04 92 99 84 22; www.cannes.com.

# Ankunft in St-Tropez

## Mit dem Flugzeug

- Die am nächsten gelegenen Flughäfen sind **Toulon-Hyères** (52 km), **Nice-Côte d'Azur** (65 km) und **St-Tropez/La Mole** (20 km). In La Mole kommen In- und Auslandsflüge an, z.B. Linienflüge aus Genf, Basel-Mulhouse-Freiburg, München, Paris und Nizza.
- Ein **Taxi** vom Flughafen Toulon nach St-Tropez kostet ca. 85 Euro. Die Gesellschaft Sodetrav betreibt eine Buslinie vom Flughafen in die Stadt von 6.30–19.50 Uhr (19,30 Euro; www.sodetrav.fr).

## Mit dem Zug

- St-Tropez hat keinen eigenen Bahnhof. Ein **Bus** fährt von der Stadt zu den Bahnhöfen in St-Raphaël und Toulon.

## Mit dem Auto

- Von Marseille–Aix über die **Autobahn A8** bis zur Ausfahrt am Autobahnkreuz Cannet des Maures, dann 38 km über die D558.
- Von Nizza über die **Autobahn A8** bis zum Autobahnkreuz Le Muy, dann 40 km auf der D25.
- **Busse** der Gesellschaft Variose d'Autocars (Tel. 04 98 11 37 60) pendeln zwischen Nizza und St-Raphaël mit Halt in St-Tropez.

- **Touristeninformation in St-Tropez**
  ✉ Quai Jean-Jaurès ☎ 04 94 97 45 21; www.ot-saint-tropez.com.

# Unterwegs an der Côte d'Azur

Sie können die Côte d'Azur natürlich im Hubschrauber überfliegen, wenn Ihnen danach ist, aber eigentlich erfüllen die Eisenbahn- und Busverbindungen ihren Zweck voll und ganz. Kleinere Orte abseits der bekannten Routen erreicht man am besten mit dem Auto.

## Flüge in der Region

- Vor allem zwischen dem Flughafen von Nizza und Monaco erfreuen sich **Hubschrauberflüge** großer Beliebtheit. Mehrere Gesellschaften pendeln zwischen diesen beiden Orten und weiteren an der Küste, darunter Héli Air Monaco (Tel. 04 93 21 34 95; www.heliairmonaco.com) und Azur Hélicoptère (Tel. 04 93 21 48 60; www.azurhelico.com). In Terminal 1 gibt es in der Ankunftshalle einen gemeinsamen Informationsschalter.

## Züge

- **Hochgeschwindigkeitszüge (TGV)** verbinden Paris mit vielen Städten entlang der Côte d'Azur, darunter Toulon, Hyères, Les Arcs, Draguignan, St-Raphaël, Antibes, Cannes, Nizza, Monaco und Menton.
- **Regionale TERs** (www.ter-sncf.com) fahren durch viele Orte an der Côte d'Azur bis zur italienischen Grenze. Der Fahrplan wird zuverlässig eingehalten, und man spart Ärger und Mühe mit Staus und Parkplatzsuche.
- Das Mitnehmen von **Fahrrädern** ist in den Regionalzügen außerhalb der Stoßzeiten (Mo–Fr 7–9 und 16.30–18.30 Uhr) erlaubt.
- **Fahrscheine** können Sie am Bahnhof oder auch im Zug kaufen, falls es keinen Schalter gibt oder dieser geschlossen ist. Die Fahrkarten müssen vor Antritt der Fahrt in den orangefarbenen Boxen am Gleis entwertet werden. Gibt es keinen **Entwerter**, kann man sich an den Schaffner wenden, der die Karte entwertet.

## Busse

- **Verschiedene Busunternehmen** verbinden die Städte an der Côte d'Azur miteinander, doch kann es schwierig werden, kleine Orte zu erreichen.
- An Sonn- und offiziellen Feiertagen ist der Fahrplan oft **eingeschränkt**.
- Fahrpläne hängen an den Bushaltestellen und in den Büros der Busunternehmen. **Busbahnhöfe** *(gares routières)* befinden sich meistens im Stadtzentrum unweit des Bahnhofs (gare SNCF).
- **Fahrscheine** erhält man häufig im Bus oder auch an Kiosken in der Stadt. Fahrscheine müssen im Bus entwertet werden.
- In Nizza und Umgebung (und zum Flughafen) fahren Busse von **Ligne d'Azur** (Tel. 08 10 06 10 06; www.lignedazur.com). Die Endhaltestelle befindet sich am Boulevard Jean Jaurès, gleich beim Busbahnhof *(gare routière)* für Überlandfahrten.
- **Fahrscheine für Busse von Ligne d'Azur** gibt es im Bus, im Bel Canto, 29 avenue Malausséna (Mo–Sa), im Grand Hotel, 10 avenue Felix Fauré (Mo–Sa) und in vielen *tabacs* in Nizza. Einzelfahrscheine kosten 1 Euro, Sammelkarten 20 Euro (20 Fahrten) oder 10 Euro (10 Fahrten); Tagestickets kosten für einen Tag 4 Euro und für sieben Tage 15 Euro.
- Die **Compagnie des Autobus de Monaco** (www.cam.mc) betreibt Busse in Monaco, die das Fürstentum auf sieben Routen durchkreuzen. Die Strecken 1 und 2 sind für Besucher besonders nützlich, weil sie Monaco-Ville mit Monte-Carlo verbinden.
- **Tickets** erhalten Sie im Bus als Einzelfahrscheine, im Vierer- bzw. Achter-Carnet oder als Tagesticket.
- In Cannes fahren Busse von **Bus Azur** durch die Stadt und in die umliegenden Ortschaften (6–20.30 Uhr). Informationen gibt es an der **Bus-**

**haltestelle** auf der Place Cornut Gentille (Tel. 0825 825 599). **Sillages** bietet Fahrten von Cannes nach Norden in die Hügel rund um Grasse an (Tel. 0800 095 000/04 93 64 88 84; www.sillages-stga.tm.fr).

■ Bei **Bus Azur** kostet der Einzelfahrschein 1 Euro, es gibt auch Zehner-Carnets und Wochenkarten für 9,50 Euro. Einzelfahrscheine erhält man im Bus, alle anderen am Busbahnhof.

■ In St-Tropez gibt es kein städtisches Busnetz. Busse von **Sodetrav** (Tel. 08 25 00 06 50; www.sodetrav.fr) fahren vom Busbahnhof aus am Golfe de St-Tropez entlang. Sie verbinden die Stadt mit Orten in der Region und den Bahnhöfen in Toulon und St-Raphaël. Fahrscheine erhält man im Bus.

■ **Raphaël Bus** (Tel. 04 94 83 87 63) betreibt Busse in St-Raphaël und entlang der Corniche de l'Esterel zwischen St-Raphaël und La Trayas.

## Straßenbahnen

■ Die erste der drei neuen Straßenbahnlinien in **Nizza** wurde im August 2007 eröffnet und verbindet den Nord- und Ostteil der Stadt über das Stadtzentrum. Sie führt über den Place Masséna und die Avenue Jean-Médecin. Fahrkarten erhalten Sie an Fahrkartenautomaten und bei Agenturen der Ligne d'Azur. Eine einfache Fahrt kostet 1 Euro (Tel. Allo Tram 08 11 00 20 06). Die zweite und dritte Straßenbahnlinie soll 2010 bzw. 2015 fertig gestellt werden.

## Taxis

■ Bei Taxifahrten wird eine Grundgebühr verlangt, dazu kommen ein Kilometerpreis und eventuell Zuschläge für Gepäck, Nacht- (19–7 Uhr) oder Sonntagsfahrten. In jedem Taxi gibt es einen **Taxameter** *(compteur)*, und alle Taxistände in Ortschaften sind mit einem blauen Taxischild markiert. Wenn man telefonisch ein Taxi bestellt, läuft der Taxameter ab dem Moment, in dem es zum Abholen aufbricht.

■ Einige Taxifahrer akzeptieren Kreditkarten, die meisten jedoch nur **Bargeld**. 10 % Trinkgeld sind üblich.

## Mit dem Auto

■ Im Sommer strömen die Touristen an die Côte d'Azur, dann reisen viele Menschen an, die mit den Straßen nicht vertraut sind. Es kommt daher gerade an der Küste oft zu **Staus**. Wenn Einheimische und Touristen an den Wochenenden zu den Stränden aufbrechen, verschärft sich die Situation. Besonders stark ist der Verkehr Richtung Nizza und St-Tropez.

■ Von Paris zweigt fächerförmig ein dichtes Netz von Autobahnen ab (*autoroutes*, auf Karten und Straßenschildern mit »A« markiert). Über sie gelangt man schnell auch in weiter entfernte Städte. Allerdings wird auf fast allen Autobahnabschnitten eine **Maut** erhoben. Halten Sie immer Bargeld bereit, da ausländische Kreditkarten häufig nicht akzeptiert werden. Von Paris führt die A6 Richtung Alpen und Riviera.

■ Hinzu kommt ein engmaschiges Netz anderer Straßen, das neben den gut ausgebauten Nationalstraßen (*routes nationales* – »N«) auch kleinere Landstraßen (*routes départementales* – »D« und noch kleinere Sträßchen – »E«) umfasst. Der Straßenbelag ist in der Regel in Ordnung.

■ Wer **mit dem eigenen Wagen** nach Frankreich fährt, muss neben einem gültigen Ausweis einen Führerschein aus seinem Heimatland, eine Versicherungskarte und den Kfz-Brief mit sich führen. Falls der Fahrer nicht zugleich der Halter ist, benötigt er außerdem von diesem eine Vollmacht. Mindestens sollte man eine **Teilkaskoversicherung** abgeschlossen haben, besser ist eine **Vollkaskoversicherung**. Achten Sie darauf, dass die Versicherung Schäden deckt, die bei Überführungen entstehen, und dass ausreichender **Pannenschutz** besteht (Infos über den ADAC, www.adac.de, oder einen anderen Pannendienst). Außerdem muss das Nummernrückschild deutlich mit dem **Herkunftsland** gekennzeichnet sein.

## Mietwagen

- Wer einen Mietwagen leihen und fahren will, muss **mindestens 21 Jahre alt** sein und den Führerschein seit mindestens einem Jahr besitzen. Einige Mietwagenagenturen haben die Altergrenze auf 25 Jahre heraufgesetzt. Die **obere Altersgrenze** liegt bei ca. 70 Jahren. Führerschein und Personalausweis oder Reisepass sind vorzulegen.
- Große **Autoverleiher** wie Europcar, Avis und Hertz haben Counter an den Flughäfen, Bahnhöfen und in allen größeren Städten in Frankreich. Bei den meisten ist eine Abgabe an einem anderen Ort kein Problem, doch muss dies vorab geregelt sein und kostet ggf. einen Aufpreis.
- Wegen der hohen Steuern kann das Mieten eines Wagens in Frankreich **teuer** werden. Möglicherweise fährt man mit einem Fly-Drive-Paket eines Reiseveranstalters oder einer Fluglinie günstiger. Die SNCF bietet kombinierte Zug- und Autoreisen von größeren Bahnhöfen an.
- Die meisten französischen Mietwagen haben **keine Automatik**; sollten Sie eine solche wünschen, müssen Sie dies vorab anmelden.
- Die meisten **Mietverträge** umfassen unbegrenzte Kilometer, Vollkaskoversicherung, Diebstahlschutz und einen 24-Stunden-Pannendienst. Bei größeren Entfernungen berechnen manche Agenturen Kilometerpreise.
- Achten Sie auf **ausreichenden Versicherungsschutz** speziell im Fall von Unfällen. Billiganbieter verlangen oft **übertrieben hohe Summen** für Schäden am Fahrzeug.

## Auf Frankreichs Straßen

- Halten Sie sich auf engen Straßen **möglichst weit rechts** *(serrez à droite)*.
- Autofahrer müssen **mindestens 18 Jahre alt** sein, Mietwagenfahrer mindestens 21.
- Die **Geschwindigkeitsbegrenzungen** liegen bei 50 km/h in geschlossenen Ortschaften, 90 km/h auf Landstraßen, 110 km/h auf zweispurigen oder geteilten Schnellstraßen und mautfreien Autobahnabschnitten (bei Regen 100 km/h) und 130 km/h auf mautpflichtigen Autobahnen (110 km/h bei Regen). Ausländische Reisende, die den Führerschein weniger als zwei Jahre besitzen, müssen sich **immer** an die Geschwindigkeitsbegrenzungen für schlechtes Wetter halten. **Überschreiten** Fahrer aus der EU die **Geschwindigkeitsbegrenzung** um mehr als 25 km/h, müssen sie damit rechnen, dass die Polizei ihren Führerschein an Ort und Stelle einzieht.
- Bei **Kreiseln** geben die Schilder *Cédez le passage* oder *Vous n'avez pas la priorité* an, dass der Kreisverkehr Vorfahrt hat. An Kreuzungen biegen entgegenkommende Fahrzeuge nicht voreinander, sondern hintereinander ab.
- Genau wie in Deutschland bedeutet eine durchgezogene Linie in der Straßenmitte ein **Überholverbot**.
- Die **Promillegrenze** liegt bei 0,5 %.
- **Tankstellen** bieten bleifreies Benzin (95 und 98 Oktan), Super Plus *(supercarburant)*, Diesel *(gasoil* oder *gazole)* und bleihaltiges Benzin an. Viele Tankstellen sind sonntags und abends ab 18 Uhr geschlossen.
- Auszüge aus der französischen **Straßenverkehrsordnung** findet man unter www.botschaft-frankreich.de, Informationen über Verkehrsschilder gibt www.permisenligne.com (in französischer. Sprache).

---

## Eintrittspreise

Die Angaben zu den Eintrittpreisen für Museen und weitere im Text erwähnte Sehenswürdigkeiten schlüsseln sich nach folgenden Preiskategorien auf:

**Preiswert** unter 5 Euro    **Mittel** 5–8 Euro    **Teuer** über 8 Euro

# Übernachten

Die Côte d'Azur wartet mit einer großen Bandbreite von Unterkünften auf. Natürlich findet man hier einige der teuersten und luxuriösesten Hotels Frankreichs, doch es stehen durchaus auch weniger exklusive Herbergen zur Verfügung. Neben Hotels gibt es auch chambres d'hôte (Pensionszimmer), gîtes, auberges und Campingplätze.

## Unterkünfte

### Hotels

■ Französische Hotels werden regelmäßig inspiziert und nach **sechs Kategorien** klassifiziert: ohne Stern, 1*, 2*, 3*, 4* und 4*L (Luxus). Die Zimmerpreise (inklusive Steuern) müssen außen am Hotel und in den Zimmern ausgewiesen sein. In der Regel gilt der Preis pro Zimmer, nicht pro Person, Frühstück wird meistens extra berechnet. Familien erhalten oft gegen einen geringen Aufpreis ein Zustellbett *(lit supplémentaire)*.

■ Internationale Hotel- und Motelketten kann man meistens ohne Bedenken wählen, doch findet man zu vergleichbaren Preisen auch individuellere Angebote. Für Reisende mit schmalem Geldbeutel bieten sich die Unterkünfte von **Logis de France** an. Sie sind alle einfach ausgestattet, zeichnen sich aber oft durch ihre ruhige oder reizvolle Lage aus. Viele haben ein eigenes Restaurant mit guter Regionalküche. Bei Reservierung vorab ist es möglich, das Gepäck von einem Logis zum nächsten transportieren zu lassen. Die Logis tragen Kaminsymbole anstelle von Sternen. Man findet sie unter www.logis-de-france.fr oder erhält die vollständige Liste bei den Touristeninformationen.

■ Auf der anderen Seite der Preisskala stehen die **Luxushotels**. Die traditionellen Belle-Epoque-Häuser strahlen Prestige und Eleganz vergangener Zeiten aus. Wer es moderner mag, fühlt sich in Designerhotels wie dem *Hi-Hotel* in Nizza (▶ 54) wohl. In den meisten Luxushotels gibt es Wellnesscenter mit Kosmetikstudios. Kleiner, aber genauso teuer sind Boutique-Hotels mit wenigen, von Topdesignern eingerichteten Zimmern.

### Pensionen

■ *Chambres d'hôtes* oder auch die *maisons d'hôtes* am oberen Ende der Preisskala geben Einblick ins französische Privatleben und bieten Unterkünfte vom Bauernhof bis zum Schloss.

■ **Das Frühstück** umfasst in der Regel frische Croissants mit Marmelade. Einige Familien bieten tables d'hôtes an, ein Arrangement, bei dem man ein oft luxuriöses Abendessen im Kreis der Familie einnimmt.

■ Viele gute Pensionen gehören zu den **Gîtes de France**, die ihre Unterkünfte je nach Standard mit einer bis vier Kornähren *(épis)* klassifizieren. Die Adresse www.gites-de-france.fr/de/bas.asp führt direkt zur deutschsprachigen Site von **Gîtes de France**. Ein weiterer Führer für Pensionen, **Maisons d'Hôtes de Charme**, liegt gedruckt vor (oder ist unter www.guides decharme.com einsehbar). Er listet vor allem elegantere Unterkünfte auf.

### Selbstversorger

■ **Gîtes** sind Cottages, Villen und Apartments für Selbstversorger in ganz Frankreich, häufig sogar mit Swimmingpool. Sie eignen sich besonders gut für Familien, denn sie sind schlicht und preiswert (Bettwäsche mitbringen oder leihen) und haben rustikalen Charme. Sie werden meist für eine oder zwei Wochen vermietet.

- Viele der schönsten *gîtes* sind im Verband **Gîtes de France** zusammengeschlossen, der sie regelmäßig inspiziert und klassifiziert (Infos unter www.gites-de-france.fr/de/bas.asp). Auch die Touristeninformationen geben Auskunft.

## Jugendherbergen und preiswerte Unterkünfte
- Preiswerte Unterkunft findet man in einer Reihe von Jugendherbergen *(auberges de jeunesse)* an der Côte d'Azur. Die meisten berechnen Gästen, die nicht Mitglied im **Jugendherbergsverband** ihrer Heimat (www.jugendherberge.de) sind, einen kleinen **Aufschlag**. Eine Liste der Jugendherbergen der Region erhält man über den französischen Jugendherbergsverband, die Fédération Unie des Auberges de Jeunesse (Tel. 01 48 04 70 40; www.fuaj.org).
- Mittlerweile kann man immer mehr preiswerte Hotels und **Billigangebote** unter Sites wie Octopus Travel oder Expedia online buchen.

## Camping
- Die Campingplätze werden genau wie Hotels **inspiziert und mit Sternen klassifiziert**. Es gibt ganz einfache Plätze (Strom, Duschen, Waschräume), aber auch sehr luxuriöse mit Swimmingpool, Sportangeboten für Familien, Restaurants und Bar sowie Kinderbetreuung. Viele Campingplätze verfügen über vorinstallierte Zelte und Container mit einer Küchenzeile und festen Betten.
- Auf Campingplätzen wird es vor allem im Juli und August oft sehr voll. Deshalb sollte man für die Hauptsaison (April–Okt.) **sehr frühzeitig buchen**. Informationen erteilt der französische Campingplatzverband (Tel. 01 42 72 84 08; www.campingfrance.com).
- **Es ist verboten**, am Strand zu campen und dort oder am Straßenrand im Wohnwagen oder Wohnmobil zu übernachten. Wildes Campen *(camping sauvage)* ist ebenfalls häufig verboten (vor allem in Gegenden mit Waldbrandgefahr). Fragen Sie in Zweifelsfällen bei der nächsten Kommune nach.
- Wenn Sie nicht vorgebucht haben und einen Platz benötigen, können Sie bei den **Touristeninformationen** vor Ort nachfragen. Notfalls helfen auch die Polizeistationen mit einer Liste örtlicher Campingplätze aus.

## Unterkünfte finden
- Für Juli und August müssen Sie unbedingt sehr **frühzeitig buchen**, sonst riskieren Sie, keine Unterkunft zu finden. Die örtlichen Touristeninformationen erteilen Auskunft über Übernachtungsmöglichkeiten und verfügen über Preislisten. In kleineren Ortschaften findet man die meisten Hotels am Hauptplatz oder entlang der Hauptstraße.
- Beim **Einchecken** müssen Sie ein Formular ausfüllen und ihren Ausweis vorzeigen. Schauen Sie sich das Zimmer vor allem in Billigunterkünften erst an, bevor Sie es buchen und im Voraus zahlen.

## Saisonale Preisschwankungen
- An der Côte d'Azur werden zwischen April und Oktober, vor allem aber im Juli und August, deutlich **erhöhte Preise** verlangt, weil dann die Nachfrage am größten ist.

---

**Preise**
Für ein Doppelzimmer pro Nacht zahlt man:
€ unter 80 Euro     €€ 80–150 Euro     €€€ über 150 Euro

# Essen und Trinken

Die Franzosen legen auf ihr Essen und ihre gute Küche sehr großen Wert, und so lernt man die französische Kultur und Gastfreundschaft auch im Rahmen eines Essens besonders intensiv kennen. Probieren Sie regionale Spezialitäten, und versuchen Sie, die Gerichte auf Französisch zu bestellen – Sie werden garantiert freundlicher bedient.

## Essen

- In jeder Stadt gibt es ein bis zwei bessere **Restaurants. Reservieren Sie vorab, ziehen Sie sich ordentlich an, und bringen Sie vor allem genügend Zeit mit**, denn ein französisches Essen dauert mindestens zwei Stunden. Top-Restaurants sind mit Michelin-Sternen oder Kochmützen von Gault et Millau gekennzeichnet. Viele bieten ein *menu dégustation* mit ausgewählten Gerichten und Weinen zum Festpreis an.
- In **Brasserien** und **Bistros** geht es **lockerer** zu. Hier kann man traditionelle Gerichte genießen. Brasserien sind meist länger geöffnet als Restaurants, Bistros sind häufig freundliche Familienbetriebe mit kleiner Weinkarte.
- Der Zusatz »provençal/e« bezeichnet Gerichte mit Olivenöl, Knoblauch, Tomaten, Zwiebeln und Kräutern. Bei »Niçois/e« kommen noch Oliven, Kapern, Anchovis und Estragon hinzu.
- Mittagsmenüs haben oft ein **gutes Preis-Leistungs-Verhältnis**. Das Tages-menü *(menu du jour)* besteht aus zwei bis drei Gängen und einem Getränk und liegt preislich deutlich unter dem Abendmenü. Auch drei- bis viergängige Menüs zum Festpreis *(prix fixe)* sind meist eine gute Wahl.
- Die meisten Restaurants sind mittags von 12 bis 14.30 und abends von 19.30 bis 22 Uhr **geöffnet**. Manche haben am Sonntagabend und montags geschlossen, andere schließen zwischen November und Ostern ganz.
- Die Rechnung *(addition)* sollte den **Service einschließen** *(service compris* oder *s.c.)*. Ansonsten sind einige Münzen Trinkgeld in einer Bar und etwa 5 % des Rechnungspreises in Restaurants üblich.
- Seit 2008 darf in allen Restaurants nicht mehr **geraucht** werden.

## Getränke

- In Cafés bezahlt man für ein Getränk im Freien einen Aufpreis. Die Einheimischen bleiben oft **am Tresen** stehen, dort ist es billiger. Cafés und Bars servieren Kaffee, Softdrinks, Alkohol, Snacks und meist auch Tee.
- Cafés und Bars öffnen häufig um 7 Uhr **zum Frühstück** und schließen irgendwann zwischen 21 Uhr und den frühen Morgenstunden.
- Eine *carafe d'eau* (Leitungswasser) kommt in der Regel in Restaurants und Cafés zum Essen **kostenlos** auf den Tisch. Mineralwasser *(eau)* gibt es mit Kohlensäure *(gazeuse)* und still *(non gazeuse)*. Mit Bier *(bière)* ist meistens helles Lagerbier gemeint. Rot- und Weißwein gibt es überall, fragen sie nach lokalen Marken. Der Hauswein *(vin ordinaire* oder *vin de table)* ist meistens eine gute Wahl.
- Alkohol wird an **Jugendliche ab 16 Jahren** ausgeschenkt, doch dürfen Kinder zwischen 14 und 16 Jahren Wein oder Bier trinken, wenn sie in Begleitung von Erwachsenen sind.

**Preise**
Für ein Drei-Gänge-Menü ohne Getränke gelten folgende Preiskategorien:
€ unter 25 Euro    €€ 25–60 Euro    €€€ über 60 Euro

# Einkaufen

Die Orte entlang der Côte d'Azur bieten Einkaufsmöglichkeiten aller Art, von den superschicken Boutiquen in Monaco bis zu quirligen Wochenmärkten in kleinen Dörfern. Die Preise sind überall hoch, ganz gleich, ob bei Haute Couture oder Pralinen in einer pâtisserie, aber wer kann an diesem wundervollen Küstenstreifen schon der Versuchung widerstehen?

## Wohin zum Einkaufen?

- **Märkte** *(marchés)* zeigen Frankreich von seiner typischsten Seite und bieten eine wunderbare Gelegenheit, um die Atmosphäre und die regionalen Produkte Südfrankreichs kennenzulernen. In größeren Städten ist täglich Markt, in kleineren mindestens einmal pro Woche. Meistens öffnet er um 7 Uhr und schließt um 12. Am Cours Saleya in Nizza und am Strand von Fréjus findet an Sommerabenden ein *marché nocturne* (Nachtmarkt) statt. Die meisten Märkte sind Erzeugermärkte, sodass die Verkäufer alles über ihre Produkte wissen, weil sie sie selbst hergestellt oder angebaut haben. Es gibt auch spezielle Märkte für Bücher, Antiquitäten, Blumen, Glas und Tonwaren.
- Lebensmittelgeschäfte sind in der Regel Dienstag bis Sonntag von 7 oder 8 bis 18.30 oder 19.30 Uhr geöffnet, eventuell mit einer Mittagspause von 12 bis 14 Uhr. Einige öffnen am Montagnachmittag, Bäcker meistens auch am Sonntagmorgen. Mit Ausnahme der Supermärkte sind viele **Lebensmittelgeschäfte** auf eine bestimmte Produktsorte spezialisiert. In jedem größeren Ort gibt es einen Bäcker *(boulangerie)*, einen Konditor *(pâtisserie)*, einen Käseladen *(fromagerie)*, einen Metzger *(boucherie/charcuterie)*, einen Delikatessenladen *(traîteur)* und einen Fischladen *(poissonnerie)*.
- Supermärkte (*supermarchés* und *hypermarchés*) sind Montag bis Samstag von 9 bis 21 oder 22 Uhr geöffnet; bekannte Ketten sind Carrefour, Auchan, Champion und E. Leclerc. Hier findet man alle Lebensmittelabteilungen unter einem Dach.
- Boutiquen verkaufen **Mode**, Schuhe und Wäsche. Designer-Kindermode und Umstandsmode gibt es in breiter Auswahl, am trendigsten natürlich in Monaco, Nizza, Cannes und St-Tropez. Hier findet man auch Kaufhäuser.

## Produkte

- Die Provence ist für schöne und hochwertige **Erzeugnisse** berühmt: für frische Kräuter, Olivenöl, Lavendel, Honig, Knoblauch, Trüffel und Wein, die man auf jedem Markt entlang der Côte d'Azur bekommt. In Collobrières sollten Sie glasierte Maronen *(marrons glacés)* kaufen, in Grasse selbstverständlich **Parfüm**, in Biot **Glaswaren**, in Moustiers-Ste-Marie **Keramik**, in St-Paul-de-Vence **Skulpturen** und **Kunst** und in Monaco elegante Mode.
- Das Städtchen **Grasse** ist für sein Parfüm bekannt, das aus Blumen der umliegenden Hügel destilliert wird. Von hier stammen **die besten Düfte Frankreichs**, und auch ohne Markennamen wie Chanel oder Dior sind die Parfüms hochwertig (und wesentlich preiswerter).
- In **Biot** gibt es viele Glasbläser und Töpfer, denen man zum Teil bei der Arbeit zuschauen kann.
- **Wein** ist immer ein gutes Mitbringsel. Die großen Supermärkte haben eine breite Auswahl französischer Weine auf Lager.
- In **Monaco** ist Shopping ein Erlebnis der besonderen Art. In den **Luxusboutiquen** entlang der Avenue des Beaux-Arts findet man die neuesten Trends.

# Ausgehen

**Ganz gleich, ob Sie sich für Spielcasinos, schicke Nachtclubs oder Film- und Jazzfestivals interessieren, an der Côte d'Azur ist das Angebot so vielfältig, dass bestimmt keine Langeweile aufkommt.**

## Musik

- **Jazzfans** strömen im Juli in die Region, wenn an der Côte d'Azur zwei der wichtigsten europäischen Jazzfestivals stattfinden. Die Veranstaltungen überschneiden sich, sodass man sich die Sahnestückchen von beiden herauspicken kann. Zum **Jazz à Juan** (► 22, 122) kommen einige der größten Vertreter aus Jazz und Swing in den Pinienhain von Antibes–Juan-Les-Pins. Das **Jazzfestival von Nizza** (► 22, 51) ist eine 14-tägige Veranstaltung im Jardin Cimiez in Nizza.
- In Menton wird jährlich im August ein **Kammermusikfestival** (► 73) auf dem Platz des Parvis de la Basilique St-Michel Archange veranstaltet.
- Das **Klassikfestival** in Cannes, die Nuits Musicales du Suquet, dauert zehn Tage im Juli.
- Liebhaber **geistlicher Musik** kommen bei Sommerkonzerten im Kloster Cimiez und in den Kirchen von Nizza auf ihre Kosten.

## Film

- Im Mai, während des **Filmfestivals** (► 17), hält sich halb Hollywood in Cannes auf. Die Partys und Vorführungen werden natürlich nur für geladene Gäste veranstaltet, doch gibt es auch öffentliche Filmvorführungen.

## Nachtleben

- In den Ferienorten entlang der Küste herrscht kein Mangel an **Nachtclubs**. In den Touristeninformationen, Musikgeschäften und Cafés liegen Flyer aus. Viele Clubs öffnen erst um Mitternacht, dann herrscht bis zum frühen Morgen Betrieb. Die Türsteher sind ziemlich streng, kleiden Sie sich also sorgfältig. Getränke sind sehr teuer, allerdings schließt der Eintritt meist wenigstens den ersten Drink ein.
- **Café-Bars** eignen sich, wenn man in kleineren Städten abends noch etwas trinken gehen möchte. Jede anständige Bar stellt im Sommer Tische auf die Straße, und am beliebtesten sind natürlich die Lokale, von deren Terrassen aus man die Leute beim Abendbummel beobachten kann. In Städten öffnen Bars meist um 7 Uhr früh zum Frühstück und bleiben bis in die frühen Morgenstunden geöffnet. Außerhalb der Saison und in kleinen Orten schließen Bars manchmal schon um 21 Uhr.
- Ein Abend im **Casino** von Monte-Carlo (► 93ff) bleibt ein unvergessliches Erlebnis. Hier kann man sein Erspartes zum Fenster hinauswerfen oder aus sicherer Entfernung zuschauen, wie andere es tun. Ohne Abendgarderobe und ein ordentliches **Eintrittsgeld** geht hier gar nichts, es sei denn, man nimmt mit den einarmigen Banditen im Foyer vorlieb. Die Spieltische sind zwischen 20 und 4 Uhr geöffnet. Nur auswärtige Gäste (über 18 Jahre, Legitimation durch **Ausweis**) dürfen hier spielen, Einheimischen ist das Glücksspiel verboten.
- In Nizza und St-Tropez gibt es eine **Schwulenszene** mit Clubs und Bars (www.gay-provence.org). Über Details informieren die örtlichen Magazine.

## Sport

- Motorsportfans sollten sich den **Großen Preis von Monaco** im Mai nicht entgehen lassen (► 104).

# Nizza

# Erste Orientierung

Nizza ist Frankreichs Touristenmagnet, die nach Paris meistbesuchte Stadt und der größte Ferienort an der Côte d'Azur. In der freundlichen, zwanglosen Stadt herrscht eine Atmosphäre, die sich nur schwer in Worte fassen lässt. Viele haben es dennoch versucht und Nizza mit Titeln wie »Königin der Riviera«, »Hauptstadt der Côte d'Azur«, »Nizza la Bella«, »Big Olive« oder »Chicago am Mittelmeer« belegt.

**Unterwegs im alten Nizza**

Eine facettenreiche Geschichte hat Nizza über Jahrhunderte geprägt. Die von den Griechen gegründete und von den Römern besiedelte Stadt blühte im Mittelalter unter den Grafen der Provence, ehe die italienischen Herzöge aus Savoyen die Herrschaft übernahmen. Seit 1860 gehört Nizza zu Frankreich, hat sich aber sein italienisches Flair und den verführerischen Mix aus Italiens und Frankreichs Vorzügen, einen eigenen Dialekt (lenga nissarda) und eine authentische Küche bewahrt. Nach Paris ist Nizza die französische Stadt mit den meisten Museen und Galerien. Der mediterrane Charme hat viele Künstler inspiriert, welche die pastellfarbenen Häuser mit Ziegeldächern, die Weinberge an den Ausläufern der Alpes Maritimes und das tiefblaue Meer mit dem weiß glühenden Sonnenlicht auf die Leinwand bannten. Selbst die Luxushotels, Designerboutiquen und schicken Caféterrassen verströmen die typische Lebensfreude. Nizza wurde von den Franzosen deshalb zu der Stadt gekürt, in der die meisten gern leben würden. Schon 1953 hieß es in Sandy Wilsons Musical *The Boyfriend*: »Andere Orte sind vielleicht toll, doch ist erst alles gesagt und getan, ist's nur in Nizza so wundervoll«.

Seite 35: Statue an der Oper von Nizza; Boote im Hafen; Verschlossene Fenster

Oben: Die Altstadt

Gegenüber: Nizza und die tiefblaue Baie des Anges

Musée
**Matisse**
**❶**

**Cimiez**
**❽**

Avenue des Arènes d'Cimiez

Bd de Cimiez

Prison

Hospice

MARÉCHAL LYAUTEY

AV. BD J BAPTISTE VÉRANY

ROUTE DE TURIN

Pl Don
Bosco

Cons de
Musique

**❶**
**Musée national
Message Biblique
Marc Chagall**

AV R Comboul

Palais des Sports

**VOIE
MALRAUX**

Palais des
Congres

Collège

AL Désambrois

**CARABACEL**

Bd Raimbaldi

Gare
Thiers

Hospice

BD GÉN L DELFINO

AV GALLIENI

BOULEVARD RISSO

Rue

BD CARABACEL

Lycée
Calmette

Lépante

AV DE VERDUN

Acropolis

RUE ARSON

RUE BARLA

Pl J
Moulin

Place
Sasserno

Jean
Médecin

BD DUBOUCHAGE

R Ton de l'Escarène

AVENUE JEAN

MÉDECIN

HUGO

Rue Guberna

Lycée
Masséna

**Musée
d'Art Moderne et
d'Art Contemporain**
**❶**

RUE CASSINI

Place
Barel

BD L
WALESA

Pl Ile
de Beaute

Masséna

AV ST J BAPTISTE

Hôpital

Cathédrale
Vieille Ville

RUE BARLA

Collège

Rue de Congrés

Rue de

**Quartier du
Paillon**
**❻**

AV FÉLIX FAURE

Place
Masséna

Promenade

**BD JEAN JAURÈS**

Palais
Lascaris

Place
Robilante

QUAI PAPACINO

**Colline du
Château**
**❼**

PHOCÉENS

AV D

**Altstadt** **❸**

Cathédrale
Ste-Réparate

Cours Saleya

**Quartier
du Port**
**❾**

Jardin
Albert 1er

QUAI DES ÉTATS UNIS

**ANGLAIS**

omenade
s Anglais

QUAI
RAUBA CAPEU

Place
Guynemer

*Baie des Anges*

0 ———————— 500 Meter

# In zwei Tagen

**Wenn Sie sich nicht sicher sind, wo Sie Ihre Reise beginnen möchten, empfiehlt diese Route einen praktischen zweitägigen Besuch von Nizza mit den wichtigsten Sehenswürdigkeiten. Sie können dazu die Karte auf der vorangegangenen Seite verwenden. Weitere Informationen finden Sie unter den Haupteinträgen.**

## Erster Tag

### Vormittags

Beginnen Sie den Tag am 🖪 **Cours Saleya** (links; ➤ 46), einem der besten Obst-, Gemüse- und Blumenmärkte Frankreichs. Genießen Sie den Duft von Lavendel, Mimosen, Oliven, *socca,* Erdbeeren, Zitrusfrüchten und *herbes de Provence*. Erkunden Sie dann die dunklen, schmalen Gassen der 🖪 **Altstadt** (Vieux Nice; ➤ 46ff) mit Cafés, blumengeschmückten Plätzen, kleinen Boutiquen und Galerien.

### Mittags

Die lebendigen schmalen Gassen der Altstadt sind voll kleiner Restaurants. Für einen Happen auf die Schnelle bietet sich *Lou Pilha Leva* (➤ 55) an, wo man im Freien neben einheimischen Einkäufern Fastfood *à la niçoise* genießen kann. Zum Dessert gibt's ein Eis bei *Fenocchio,* dem besten *glacier* der Côte d'Azur.

### Nachmittags

Begeben Sie sich ins schicke Viertel Cimiez und dort ins ❶ **Musée Matisse** (unten; ➤ 40), das in einer wunderbaren Villa aus dem 17. Jh. inmitten eines Olivenhains Werke aus allen Schaffensphasen des Künstlers zeigt. Ganz in der Nähe lohnt das ❶ **Musée national Message Biblique Marc Chagall** (➤ 41) einen Besuch. Hier gibt es großformatige Gemälde und Buntglasfenster mit biblischen Szenen zu sehen.

### Abends

Reservieren Sie vorab einen Tisch im *Aphrodite* (➤ 54), um beste *cuisine niçoise* zu genießen, und vertreiben Sie sich die Wartezeit mit einem kühlen Wein in einem Terrassencafé am Cours Saleya.

# Zweiter Tag

### Vormittags

Spazieren Sie an der eleganten Uferpromenade, der **2 Promenade des Anglais** (➤ 44f), entlang, vorbei an den verschwenderischen Prachtbauten englischer Lords und russischer Aristokraten bis zum berühmten *Hôtel Négresco* (rechts), das im typischen Sahnetörtchenstil der Belle Epoque erbaut wurde. Ein kleiner Abstecher vom Wasser aus hügelan führt zum **6 Musée des Beaux-Arts** (➤ 42) mit einer eindrucksvollen Sammlung von Werken aus dem 17. bis 20. Jh.

### Mittags

Kehren Sie ins Stadtzentrum zurück, und genehmigen Sie sich eine Meeresfrüchteplatte im *Le Grand Café du Turin* (➤ 55).

### Nachmittags

Nur einen Steinwurf entfernt liegt das **8 Musée d'Art Moderne et d'Art Contemporain** (unten; ➤ 42), das Werke aus der Schule von Nizza zeigt, darunter ausgefallene Installationen, welche die Gesellschaft und Kunstwelt gleichermaßen aufs Korn nehmen. Alternativ können Sie die **7 Colline du Château** (Burgberg; ➤ 50) erklimmen und die tolle Aussicht auf das **9 Quartier du Port** (➤ 52) und die glitzernde Baie des Anges genießen.

### Abends

Kaufen Sie Karten für die Oper (➤ 58), einen Rokoko-Traum in Rot und Gold, in der das Opernensemble, die Philharmonie und das Ballett zu Hause sind. Runden Sie den perfekten Abend mit einem Essen im nahegelegenen Restaurant *La Petite Maison* (➤ 56) ab.

# ❶ Nizzas Museen

Das Licht und die intensiven Farben der Côte d'Azur haben viele Künstler in diesen Teil Frankreichs gezogen. Deshalb verfügt Nizza über ein reiches Kunst- und Kulturerbe und über die größte Zahl an Galerien und Museen aller französischen Städte mit Ausnahme von Paris. Zu den besten gehören das Musée des Beaux-Arts in einer großen Villa mit Gemälden aus dem 17. bis 19. Jh., das Musée d'Art Moderne et d'Art Contemporain mit Werken französischer und amerikanischer Avantgarde-Künstler aus den 1960er-Jahren und die bedeutenden Galerien von Matisse und Chagall, die beide hier lebten und bekannte Sammlungen hinterließen.

### Musée Matisse

Henri Matisse (1869–1954), der Anfang des 20. Jhs. zu den Wegbereitern des Fauvismus gehörte, verbrachte zwischen 1917 und seinem Todesjahr 1954 jeden Winter in Nizza und vermachte der Stadt seine gesamte Privatsammlung. Zusammen mit einer weiteren, noch umfangreicheren Stiftung seiner Frau aus dem Jahr 1960 – darunter über hundert persönliche Stücke aus dem Atelier im nahegelegenen *Hôtel Regina* – bildeten sie den Grundstock der Sammlung, die sich dem Leben, Wirken und Einfluss des Künstlers verschrieben hat.

Das Musée Matisse befindet sich im Parc Les Arènes mitten in einem großen Olivenhain im Viertel **Cimiez** (▶ 51). Es ist in der roten Villa aus dem 17. Jh. untergebracht, in der Matisse einst wohnte. Im Untergeschoss der Dauerausstellung werden jedes Jahr drei Wechselausstellungen präsentiert.

Links: Musée Matisse

Rechts: Musée d'Art Moderne et d'Art Contemporain (MAMAC)

Die Dauerausstellung gibt einen Überblick über sämtliche Schaffensphasen des Künstlers, angefangen mit Kopien alter Meister, die er während seiner Lehrjahre anfertigte, über nüchterne, dunkle Gemälde der 1890er-Jahre, darunter *Nature Morte aux Livres* und *Intérieur à l'Harmonium* bis hin zur eindrucksvollen fauvistischen Phase (*Jeune Femme à l'Ombrelle* und *Portrait de Madame Matisse*). Die leuchtenden Farben und einfachen Formen seiner reifen Schaffenszeit kommen am besten in den dekorativen Papierschnitten und Serigraphien aus der Nachkriegszeit und in Arbeiten wie *Nature Morte aux Grenades* oder dem bekannten *Blauen Akt IV* zum Ausdruck.

Das Museum zeigt auch 57 Bronzen, fast sämtliche die Matisse je anfertigte, sowie die weltweit größte Sammlung seiner Zeichnungen und Drucke, darunter Illustrationen für den *Ulysses* des irischen Schriftstellers James Joyce sowie Skizzen und Buntglasmodelle für die bemerkenswerte Chapelle du Rosaire in Vence (► 125). Matisses Grab befindet sich auf dem nahen **Friedhof Cimiez**.

## KLEINE PAUSE

Im Parc Les Arènes unweit des Musée Matisse gibt es ein Café. Oder Sie versorgen sich auf dem Markt am Cours Saleya und picknicken im Park.

## Musée national Message Biblique Marc Chagall

Am Fuß des Cimiez-Hügels steht das moderne Gebäude, das von André Hermant eigens für Chagalls »Message Biblique« entworfen wurde. Die »Biblische Botschaft« umfasst 17 Monumentalgemälde, die der Künstler zwischen 1954 und 1967 schuf. Nach Chagalls Tod im Jahr 1985 wurden dem Museum weitere Werke gestiftet. Chagall war ein sehr individualistischer Künstler russisch-jüdischer Abstammung, der Themen aus dem Alten Testament und der russisch-jüdischen Folklore aufgriff. Er wurde 1887 in Vitebsk im heutigen Weißrussland geboren und verbrachte die Kriegsjahre in Amerika, bevor er sich 1950 in St-Paul-de-Vence niederließ. Dort eröffnete er 1973 selbst das Museum.

Chagall, der durch seine traumhaft-visionären Gemälde mit Violine spielenden Ziegen und durch die Luft schwebenden

Menschen bekannt wurde, hat hier riesige und sehr ausdrucksstarke Ölbilder geschaffen, die biblische Szenen und jüdische Themen illustrieren, z.B. die Kindheit des Künstlers in einem jüdischen Stetl (Dorf). Zu der Sammlung gehören auch Chagalls Elias-Mosaiken, die sich in einem Wasserbecken spiegeln, und einige wunderschöne blaue Buntglastafeln zur Erschaffung der Erde.

## Musée des Beaux-Arts

Das Museum hat seinen Sitz in einem Anwesen aus dem 19. Jh.
am westlichen Ende des Strandes, das einst einer ukrainischen
Fürstin gehörte. Eine Stiftung Napoleons II. bildete den Grundstock der Sammlung, die vor allem europäische Werke des
17. bis 19. Jhs. umfasst, darunter Bilder der Riviera von Edgar
Degas, Alfred Sisley und Raoul Dufy, Skulpturen von Auguste
Rodin und Gemälde italienischer Meister aus dem 17. Jh. Die
Hauptattraktion des Museums ist eine Sammlung von Arbeiten
des impressionistischen Künstlers **Raoul Dufy** (1877–1953), die
vom früheren Musée Dufy am Ufer hierher gebracht wurde, weil
die salzhaltige Luft die Farben der Bilder angriff. Interessant sind
die frühen fauvistischen Werke des Malers, z. B. das Bild *Bâteaux
à l'Estaque,* das den Kubismus vorwegnahm, und einige farben-
frohe Ansichten von Nizza.

Eine Galerie widmet sich dem Maler Carle Van Loo (1705–65)
aus Nizza, und im Treppenhaus hängen Arbeiten von Jules Ché-
ret (1836–1932), einem beliebten Belle-Epoque-Lithographen,
der 1866 die ersten Farbplakate in Frankreich einführte.

Die Ecole Française ist mit Gemälden von Degas, Boudin und
Sisley gut vertreten. Gleiches gilt für impressionistische und
postimpressionistische Bilder von Bonnard, Vuillard und Van
Dongen, etwa dessen berühmten *Tango des Erzengels,* der an die
wilden 1920er-Jahre an der Riviera erinnert.

## Musée d'Art Moderne et d'Art Contemporain

Dieses Museum illustriert die Geschichte der französischen und
amerikanischen Avantgarde ab den 1960er-Jahren. Nizza war damals der Mittelpunkt des Nouveau Réalisme, des französischen
Pendants zur Pop Art. Die Sammlung des Museums umfasst
Arbeiten des berühmtesten Künstlers der Bewegung, Yves Klein,
sowie Werke anderer Künstler jener Zeit, die in der Stadt lebten
und arbeiteten, unter ihnen Andy Warhol und Roy Lichtenstein.

Das Gebäude des Musée d'Art Moderne et d'Art Contemporain (MAMAC) wurde von Yves Bayard und Henri Vidal entworfen. Mit seinen vier achteckigen Türmen aus grauem Marmor,
die durch Glasgänge verbunden sind, ist es selbst ein Meisterwerk moderner Kunst.

*La Musique*
**(1900) von
Jules Cheret**

Die Sammlungen werden in Form von
Wechselausstellungen gezeigt und doku-
mentieren die wichtigsten Strömungen der
Avantgardekunst der letzten 40 Jahre in
Frankreich und den USA. Der Schwerpunkt
liegt auf dem französischen Nouveau Réalis-
me und den Künstlern der Zweiten Schule
von Nizza, zu denen Rayasse, César, Arman,
Ben, Tinguely und Yves Klein gehörten.
Viele ihrer Arbeiten nehmen die Gesellschaft
und die Kunstszene aufs Korn. Es gibt auch
Werke des Support-Surface-Movement.
Die Mitglieder dieser Strömung versuchten
Gemälde auf ihr Material zu reduzieren und
konzentrierten sich deshalb stark auf Rah-
men und die Beschaffenheit der Leinwand.
Dazu kommen Zeichnungen und »Ver-
packungen« von Christo aus den 1960er-

Jahren sowie abstrakte Kunst, minimalistische Werke und Pop Art aus den USA.

Von der **Dachterrasse** des MAMAC hat man einen tollen Blick auf Nizza und Kleins *Mur de Feu* (Feuerwand), die zu besonderen Anlässen angestrahlt wird.

## KLEINE PAUSE

Essen Sie mittags Meeresfrüchte im *Café des Arts* im MAMAC oder im nahegelegenen *Le Grand Café de Turin* (► 55). Preiswerter wird es, wenn Sie sich bei *Specialités Niçoise* in der Rue Pairolière (► 56) einen Imbiss genehmigen.

---

### Musée Matisse
🚩 184 bei C3  ✉ 164, avenue des Arènes
☎ 04 93 81 08 08; www.musee-matisse-nice.org  🕐 Mi–Mo 10–18 Uhr
💶 preiswert, unter 18 Jahren frei, 1. So im Monat frei  🚌 15, 17, 20, 22, 25.
Bus 15 Pendelverkehr zwischen Musée Matisse und Musée Chagall gratis

### Musée National Message Biblique Marc Chagall
🚩 184 C3  ✉ avenue du Docteur Ménard  ☎ 04 93 53 87 20;
www.musee-chagall.fr  🕐 Juli–Sept. Mi–Mo 10–18 Uhr, Okt.–Juni Mi bis Mo
10–17 Uhr  💶 mittel, unter 18 Jahren frei, 1. So im Monat frei
🚌 15 Pendelverkehr zwischen Musée Matisse und Musée Chagall gratis

### Musée des Beaux-Arts
🚩 184 bei A1  ✉ 33, avenue des Baumettes
☎ 04 92 15 28 28  🕐 Di–So 10–18 Uhr
💶 preiswert, unter 18 Jahren frei
🚌 3, 8, 9, 10, 11, 12, 22, 23

### Musée d'Art Moderne et d'Art Contemporain (MAMAC)
🚩 184 D2  ✉ promenade des Arts
☎ 04 97 13 42 01; www.mamac-nice.org  🕐 Di–So 10–18 Uhr

## NIZZAS MUSEEN: INSIDER-INFO

**Top-Tipps:** Kaufen Sie den **Museumspass der Stadt Nizza** *(Carte Musées Ville de Nice)*, der Ihnen den Zutritt zu vielen Galerien und Museen in Nizza (7 Euro für eine Woche) ermöglicht. Wenn Sie Museen in der Region besuchen möchten, empfiehlt sich der **Museumspass Riviera** *(Carte Musées Côte d'Azur)* für 65 Museen, Monumente und Gärten (10 Euro für einen Tag, 17 Euro für drei Tage, 27 Euro für eine Woche). Die Pässe gibt es in den Museen, FNAC-Buchläden und einigen Touristenbüros.

■ Die *Carte Musées Ville de Nice* schließt ein: Internationales Museum für Naive Kunst Anatole Jakovsky, MAMAC, Museum für asiatische Kunst, Archäologisches Museum und Ausgrabungsstätte Cimiez, Musée des Beaux-Arts, Musée Marc Chagall, Musée Matisse und Paläontologisches Museum Terra Amata.

■ Die Museen der *Carte Musées Côte d'Azur* finden Sie unter www.infografix.biz/diversweb/cmca/fr/frcarte.htm oder in den Touristeninformationen vor Ort.

■ Am 1. und 3. Sonntag im Monat ist der **Eintritt** in allen städtischen Museen **frei.**

**Geheimtipp:** Zwei weniger bekannte Museen lohnen ebenfalls den Besuch – das **Museum für asiatische Kunst** (405 promenade des Anglais) und das **Internationale Museum für Naive Kunst Anatole Jakovsky** (avenue de Fabron).

# **2 Promenade des Anglais**

Die elegante Promenade des Anglais mit ihren Prachtbauten der Belle Epoque erinnert an die Glanzzeit von Nizza, als der europäische Hochadel hier Schutz vor rauen Wintern suchte. Die üppige Architektur und die wundervolle tiefblaue Bucht ziehen noch heute viele Passanten an, unter die sich Jogger, Inlineskater und Walker mischen. Sie alle wollen die frische Brise und die tolle Aussicht in vollen Zügen genießen.

Ursprünglich war die Promenade nichts weiter als ein 2 m breiter Küstenpfad. Heute ist sie eine breite, lärmende Uferstraße. Zwischen die luxuriösen Stadthäuser (*hôtels*) der Belle Epoque wie das Négresco mischen sich hässliche Apartmenthäuser aus Beton. Dennoch ist die Promenade nach wie vor ein beliebter Ort für einen Bummel und an schönen Tagen voller Leute, die hier flanieren, sich sonnen oder skaten.

Die breite Promenade folgte auf einer Länge von 6 km der Küstenlinie. Wer sie vollständig kennenlernen will, muss schon ein paar Stunden einplanen. Allerdings kann man die Zeit mit einem Leihfahrrad oder Inlinern verkürzen (▶ 52). Überall stehen Bänke, auf denen man sich ausruhen und den Blick auf das glitzernde Meer genießen oder das bunte Treiben beobachten kann. Im Norden erstreckt sich ein Netz von Fußgängerzonen mit zahlreichen Restaurants, Bars und eleganten Boutiquen. Die Promenade des Anglais endet offiziell am Jardin Albert Ier, doch führt der Fußweg weiter nach Osten bis zum Quai des Etats-Unis und um den Quai Rauba-Capéu bis zum Vieux Port.

**Das Hôtel Négresco**

### **Hôtel Négresco**
Unter den zahlreichen Prachtbauten an der Promenade des Anglais sticht der Kuppelbau des *Hôtel Négresco* hervor (▶ 54).

Das Gebäude wurde 1912 für den Rumänen Henri Négresco erbaut, der als Zigeunergeiger begann und acht Jahre nach dem Bau des Hotels bankrott war. Es blieb aber ein Wahrzeichen der Riviera, steht heute unter Denkmalschutz und gilt als eines der schönsten Stadthäuser Frankreichs. Hier übernachteten schon Churchill, Chaplin, die Piaf, Liz Taylor und Richard Burton, Picasso, Dalí und die Beatles. Die amerikanische Tänzerin

**Urlauber beim Bummel auf der fahnengeschmückten Promenade des Anglais**

Isadora Duncan starb 1927 vor dem Hotel, als ihr Schal sich in einem Rad ihres Bugatti verfing und ihr das Genick brach.

Von außen erinnert die rosa-weiße Fassade mit den Türmchen eher an eine Hochzeitstorte als an ein Hotel. Der Haupteingang befindet sich erstaunlicherweise in einer schmalen Seitenstraße, denn das ganze Hotel wurde mit dem Rücken zur Straße gebaut, um die Gäste vor der damals sehr verpönten Sonneneinstrahlung zu schützen.

Seit 1957 ist das Hotel im Privatbesitz von Madame Augier, die unter dem Kuppeldach wohnt und jeden Abend in ihrem mit Michelin-Sternen ausgezeichneten Restaurant *Le Chantecler* (► 55) speist. Das *Négresco* ist zwar ein traditionelles Hotel, zugleich aber ein Museum für moderne Kunst und Dekor, denn die Innenausstattung ist voller Überraschungen – vom größten Aubusson-Teppich der Welt bis hin zu den riesigen Bädern mit glitzerndem Gold. Der Dekor erinnert nicht von ungefähr an das Schloss von Versailles, und die Toiletten sind wahrscheinlich die am üppigsten verzierten, die man je zu sehen bekommen wird. Im Restaurant *La Rotonde* (► 56) werden die Mahlzeiten in den Originalkabinen eines Karussells aus dem 18. Jh. serviert. Das *Négresco* ist mit Preisen ab 285 Euro zweifellos nicht das günstigste, dafür aber das originellste Hotel in Nizza.

### KLEINE PAUSE

Ein unvergessliches Essen bieten das ***Le Chantecler*** (► 55) und das preiswertere ***La Rotonde*** (► 56), beide im *Négresco*.

---

**Promenade des Anglais**
🚇 184 B1 ✉ promenade des Anglais 🚌 52, 59, 60, 62, 94, 98, 99

**Hôtel Négresco**
🚇 184 A1 ✉ 37, promenade des Anglais ☎ 04 93 16 64 00
🚌 52, 59, 94, 98, 99

## PROMENADE DES ANGLAIS: INSIDER-INFO

**Top-Tipps:** Dehnen Sie Ihren Bummel aus, und laufen Sie um die Landspitze herum bis zum Hafen im Osten. Dieser Abschnitt heißt im lokalen Dialekt »Quai Rauba-Capéu« (Mützendieb), weil es hier stets windig ist. Ein toller Platz auch für das Erleben romantischer Sonnenuntergänge!

**Etwas außerhalb:** Treppen und ein Fahrstuhl führen vom Quai des Etats-Unis zur Colline du Château (► 50) hinauf. Von oben hat man einen wundervollen **Blick** auf die ganze Stadt.

# 3 Altstadt

Am besten lernt man Nizza bei einem Bummel durch das Gewirr der dunklen, schmalen Gassen in der Altstadt (Vieux Nice, auch vieille ville genannt) kennen. Dies ist der bunteste und lebendigste Teil der Stadt. Die Fenster sind mit Blumenkästen reich geschmückt, davor hängt oft Wäsche zum Trocknen. Überall laden Cafés, versteckte Plätze und quirlige Märkte zum Verweilen ein.

In dem Labyrinth aus Gässchen gibt es natürlich ungezählte Bars, Restaurants und Souvenirläden, doch mit etwas Geschick und Glück landet man in einer ruhigen Seitenstraße mit verschwiegenen Winkeln. Abseits der großen Verkehrsadern befinden sich Designerboutiquen, Galerien und lokaltypische Restaurants Tür an Tür mit nüchternen Arbeiterkneipen und schlichten Läden, in denen sich die Einheimischen versorgen. Die **Rue du Marché**, **Rue de la Boucherie**, **Rue du Collet** und **Rue Pairolière** wirken atmosphärisch wie Markthallen, denn sie sind voller Stände mit den verlockendsten Angeboten. Frühaufsteher sollten einen Besuch des eindrucksvollen Fischmarktes auf der Place St-François in Erwägung ziehen.

Im Herzen der *vieille ville* liegt der **Cours Saleya** mit Terrassen-Restaurants und Bars. Hier ist immer viel los, zumal täglich ein Blumen- und Gemüsemarkt stattfindet. In der Nähe stehen zwei interessante kleine Barockkirchen, die **Eglise de l'Annonciation**, eine der ältesten Kirchen Nizzas, und die **Chapelle de la Miséricorde**, ein Juwel der Barockkunst und bekannt für ihr üppiges Rokoko-Interieur.

Im Vieux Nice gibt es auch einige ausgefallene Galerien, darunter die **Galerie de la Marine** und die **Galerie des Ponchettes**. Letztere befindet sich in einem Gebäude mit Gewölbedach, das zunächst von der sardischen Marine als Arsenal und später als Fischmarkt genutzt wurde, bis Matisse die Stadtverwaltung 1950 überredete, den Bau zu sanieren. Beide Galerien veranstalten im Dreimonatsrhythmus Wechselausstellungen.

## Cours Saleya

Auf dem weitläufigen, sonnigen Platz findet an jedem Vormittag außer montags ein Obst-, Gemüse- und Blumenmarkt statt, der zu den besten Frankreichs zählt. Der Montag ist dagegen für Trödler reserviert. Die farbenfrohen Stände liegen voller einheimischer Produkte, darunter Blumen, Oliven, Honig, Tomaten, Auberginen, Zitrusfrüchte und *herbes de Provence*. Die Gerüche und Farben der Provence und Italiens sind ein Fest für die Sinne.

Kommen Sie am frühen Morgen, wenn die besten Köche der Riviera die Zutaten für ihre Tagesgerichte (*plats du jour*) auswählen. Tagsüber kann man von einem der Terrassencafés und -restau-

### Wussten Sie das?

Der Name der **Baie des Anges** (Engelsbucht) bezieht sich auf die Legende von der Schutzpatronin Nizzas, der hl. Reparata, die mit 12 Jahren den Märtyrertod in Caesarea (Palästina) starb. Im Jahre 250 sichteten Fischer in der Bucht ein Boot, in dem ein totes Mädchen auf einem Bett aus Blüten lag. Zwei Engel und eine Taube brachten das Schiff mit Reparatas Leichnam heim nach Nizza.

rants, die den Platz säumen, dem bunten Treiben zuschauen oder sich selbst ins Gewühl stürzen und einen Bissen aus der Hand essen. Halten Sie Ausschau nach *pissaladière* (Zwiebelpizza mit Anchovis und Oliven) und *beignets de courgettes* (frittierte Zucchiniblüten), oder kaufen Sie am Stand von Madame Thérèse ein Stück der besten *socca* (traditioneller Kichererbsenpfannkuchen) der Stadt. Bei Einbruch der Dunkelheit wird es in den Cafés und Restaurants noch einmal lebendiger, denn der Platz gehört zu den beliebtesten Treffpunkten der Stadt.

## Cathédrale Ste-Réparate

Auf der Place Rosetti, dem Hauptplatz der Altstadt, erhebt sich Nizzas wunderschöne barocke Cathédrale Ste-Réparate, die der einheimische Architekt Jean-André Guibera 1650 errichtete und der heiligen Reparata, der Schutzpatronin der Stadt weihte. Ihre Relikte befinden sich in der Kathedrale.

Das Gebäude wird von einem Glockenturm aus dem 18. Jh. und einer mit smaragdgrünen Ziegeln gedeckten Kuppel beherrscht. Die wohlproportionierte Fassade mit dem Bogeneingang, dekorativen Nischen und Ornamenten stammt von 1825 und erhielt kürzlich einen neuen Anstrich.

Im Innern prägen Marmor, Stuck und Blattgold das Bild. Bemerkenswert sind der barocke Marmoraltar und die Empore, die mit Walnussholz getäfelte Sakristei aus einem Dominikanerkloster der Stadt und das Gemälde *Dispute du Saint-Sacrement* im rechten Seitenschiff, das der Schule von Raffael zugeschrieben wird.

## Palais Lascaris

In einer schmalen Seitenstraße im Herzen der Altstadt liegt hinter einer Fassade mit reich verzierten Balkonen und mit Blumengirlanden geschmückten Pfeilern der wunderschöne Palais Lascaris. Dieser Palazzo im Genueser Stil bestand ursprünglich aus vier getrennten Häusern, welche die mächtige Familie Lascaris-Ventimiglia 1648 erwarb. 1942 kaufte die Stadt Nizza den Komplex und restaurierte ihn. In der Eingangshalle wurde das Familienwappen der früheren Besitzer in die Decke eingelassen. Es trägt das Motto »Nicht einmal der Blitz kann uns treffen«. Im Erdgeschoss wurde eine Apotheke aus dem Jahr 1738 mit einer bemerkenswerten Sammlung von Keramikgefäßen nachgebaut. Ein mächtiges Treppenhaus mit Balustrade, verziert mit

Gemälden und Statuen von Mars und Venus, führt zu den prachtvollen Empfangssälen mit eleganten Lüstern, flämischen Tapisserien, Möbeln aus dem 17. und 18. Jh., verzierten Vertäfelungen und einer Decke im Trompe-l'oeil-Stil.

**KLEINE PAUSE**

In der schlichten und preiswerten Bar *René Socca* (► 55) am Ende der Altstadt bekommt man ein einfaches typisches Gericht in freundlicher Atmosphäre. Zum Abendessen empfiehlt sich *La Table Alziari* gleich um die Ecke (4 rue François Zanin, Tel. 04 93 80 34 03), wo die Familie Alziari, bekannte Olivenölproduzenten der Stadt, traditionelle provenzalische Küche serviert.

Obst und Gemüse kauft man auf dem Cours Saleya

➕ 184 C1
**Cours Saleya Market**
➕ 184 C1 ✉ cours Saleya 🕓 Obst- und Gemüsemarkt: Di–So 6–13 Uhr, Blumenmarkt: tägl. außer So nachmittags, Trödelmarkt: Mo vormittags
🚌 alle Busse fahren zur Gare routière am Rand der Altstadt
**Cathédrale Ste-Réparate**
➕ 184 D1 ✉ place Rossetti ☎ 04 93 92 79 10 🕓 tägl. 9–12 und 14–18 Uhr
💳 frei 🚫 keine Shorts und Tops
**Palais Lascaris**
➕ 184 D1 ✉ 15, rue Droite ☎ 04 93 62 72 40 🕓 Mi–Mo 10–18 Uhr, Di geschl. 💳 frei
**Galerie de la Marine**
➕ 184 C1 ✉ 59, quai des Etats-Unis ☎ 04 93 91 92 90 🕓 Di–Sa 10–12 und 14–18 Uhr, So 14–18 Uhr, Mo und Feiertage geschl. 💳 frei
**Galerie des Ponchettes**
➕ 184 C1 ✉ 77, quai des Etats-Unis ☎ 04 93 62 31 24 🕓 Di–So 10–18 Uhr, Mo und Feiertage geschl. 💳 frei

## ALTSTADT: INSIDER-INFO

**Top-Tipps:** Obst und Gemüse sortiert man an den Marktständen auf dem Cours Saleya selbst in eine **Blechschale**, die der Verkäufer aushändigt. Machen Sie es wie die Einheimischen, bringen Sie eine Einkaufstasche oder einen Korb mit.
■ Besuchen Sie den Markt **morgens**, wenn die Leute hier Lebensmittel einkaufen. Kaufen Sie für ein **preiswertes Frühstück** etwas Gebäck und Obst, und trinken Sie dazu einen Kaffee in einem der Cafés am Straßenrand.

# Nach Lust und Laune!

sen. An ihrer Stelle entstanden die Kathedrale und die Grabkapelle.

Die Kirche mit dem Grundriss eines griechischen Kreuzes ist innen mit Ikonen, Fresken und anderen Schätzen ausgestattet. Eine prächtige **Ikonostase** trennt das Allerheiligste vom Hauptschiff. Sie ist mit einer auf Holz gemalten Ikone der Jungfrau von Kazan verziert, die mit einem Rahmen aus Silber und Edelsteinen umlegt ist.

🏠 184 A2 ✉ avenue Nicolas II ☎ 04 93 96 88 02 🕐 tägl. 9.30 bis 12 und 14.30–17.30 Uhr (im Sommer bis 18 Uhr), So vormittags geschl. 🎟 frei, Gruppen von 10 Pers. oder mehr: preiswert ❓ keine Shorts oder Tops

## 🄴 Cathédrale Orthodoxe Russe St-Nicolas

Zar Nikolaus II. ließ **diese russisch-orthodoxe Kirche** 1903 zum Gedenken an Nikolaus, den Sohn Alexanders II. bauen, der hier begraben liegt. Der junge, an Schwindsucht erkrankte Zarewitsch Nikolaus kam 1865 nach Nizza, um im milden Klima zu genesen – leider erfolglos. Die Luxusvilla, in der er starb, wurde später abgeris-

**Die farbenprächtigen Zwiebeltürme der russisch-orthodoxen Kirche**

## 🄵 Musée Masséna

Dieses kürzlich renovierte Museum für Kunst und Geschichte befindet sich im Palais Masséna, den Fürst Victor Masséna 1901 errichten ließ. Masséna war der Enkel des in Nizza geborenen gleichnamigen Marschalls, der sein militärisches Talent als Feldherr unter Napoleon entfaltete. Das Gebäude wurde der Stadt Nizza mit der Auflage überlassen, darin ein Museum für Regionalgeschichte einzurichten.

Die historische Abteilung umfasst Bilder von Mitgliedern der frühen Schule von Nizza, eine Bibliothek mit über 10 000 seltenen Büchern und Handschriften sowie eine Sammlung mit Waffen aus dem 15. und 16. Jh. Die Abteilung für lokale Traditionen zeigt Trachten, Möbel, Fayencen und Kunsthandwerk der Region.

🏠 184 B1 ✉ 35, promenade des Anglais und 65, rue de France ☎ 04 93 91 19 10 🕐 Mi–Mo 10–18 Uhr 🎟 preiswert 🚌 52, 59, 94, 98, 99, 60, 62

## 🄶 Quartier du Paillon

Der Fluss Paillon war früher reißend und gefährlich tief. Um das Jahr 1830 wurde er kanalisiert und verschwand unter der Erde. Heutzutage verläuft er unter den Gärten von Nizza, den üppigen Jardins Albert Ier, der Place Masséna mit ihren Brunnen, der schattigen Place Général Leclerc und den herrlichen hängenden Gärten der Promenade du Paillon.

Im Zentrum des Paillon-Viertels liegt die **Place Masséna**, ein Platz aus dem 19. Jh., gesäumt von roten und ockerfarbenen Gebäuden, die einst am Flussufer erbaut wurden. Viele Straßen zweigen von hier ab, darunter die **Avenue Jean Médecin** (Nizzas größte Einkaufsstraße) und die **Rue Masséna** (eine Fußgängerzone). Im Süden gelangt man über eine Terrasse mit Balustrade und Treppe zur Altstadt. Im Norden entstand durch die Kanalisierung des Flusses Raum für mehrere Großprojekte, die in den letzten 25 Jahren umgesetzt wurden, darunter eine Reihe von Kulturstätten wie das MAMAC, das **Théâtre de Nice** und das **Centre Acropolis**, ein Blickfang aus Beton und Rauchglas.

**Théâtre de Nice**
🞧 184 D2 ✉ promenade des Arts
☎ 04 93 13 90 90
🚃 alle Busse und Straßenbahn T1
**Acropolis**
🞧 184 D2 ✉ 1, esplanade Kennedy
☎ 04 93 92 83 00 🚃 alle Busse

## 7 Colline du Château

Die Uferpromenade endet an der Colline du Château (Burgberg). Allerdings steht hier keine Burg, sondern eine Landspitze ragt zwischen Strand und Hafen hoch empor. Oben auf dem Hügel dehnt sich ein Park mit kühlen, schattigen Bereichen und einem phantastischen Blick über den quirligen alten Hafen (► 52) aus. Man blickt auf die Altstadt und die schön geschwungene Baie des Anges.

An diesem eindrucksvollen Ort wurde einst die alte griechische Akropolis Nikaïa gegründet. Archäologen entdeckten römische und mittelalterliche Überreste. Die Festung und weitere Gebäude wurden allerdings Anfang des 18. Jhs. von den Franzosen zerstört, als Nizza noch zu Savoyen gehörte.

Am besten besteigt man den Hügel über die Stufen, die am **Quai des Etats-Unis** hinaufführen, oder man nimmt den Aufzug ab der nahegelegenen **Tour Bellanda**. Hinunter geht es dann über die Montée Eberlé und die Rue Catherine Ségurane zur eleganten, von Arkaden überspannten **Place Garibaldi**. Der Platz wurde nach dem berühmten italienischen Freiheitskämpfer des 19. Jhs., Giuseppe Garibaldi, benannt, dessen Statue sich mitten auf dem Platz befindet.
🞧 184 D1 ✉ colline du Château
☎ 04 93 85 62 33 🚻 frei
🕐 Aufzug Juni–Aug. tägl. 9–20 Uhr; April–Mai, Sept. 10–19 Uhr; Okt.–März 10–18 Uhr

## 8 Cimiez

Cimiez ist ein Viertel mit luxuriösen Villen und Stadthäusern auf niedrigen Hügeln und bietet einen guten Blick über die Stadt. Vor dem *Hôtel Regina* erinnert ein Denkmal für Königin Viktoria daran, dass die Herrscherin und weitere Mitglieder von Königshäusern

**Bunte Fischerboote schaukeln im Hafen von Nizza; im Hintergrund Apartmenthäuser**

hier viele Winter verbrachten. Cimiez gilt noch immer als eines der schönsten Wohnviertel von Nizza.

Im Viertel Cimiez fand man Überreste der **römischen Stadt**. Bereits 140 v. Chr. gründeten die Römer auf den Hügeln eine Siedlung namens Cemenelum, die Ende des 2. Jhs. 20 000 Einwohner zählte. Heute erinnern einige Überreste und ein Museum im Parc des Antiquités an diese Zeit. Die archäologische Stätte, von den Einheimischen kurz **Les Arènes** genannt, liegt in einem kleinen Park. Tatsächlich legte man hier Reste eines kleinen Amphitheaters (Arènes) frei. Die ovale Arena ist noch immer gut erhalten; heute finden hier Open-Air-Konzerte statt, so z. B. das **Nice Jazz Festival** im Juli. Neben dem Park zeigt das moderne **Musée Archéologique** vor Ort und in anderen Teilen Nizzas gefundene Objekte und dokumentiert die Stadtgeschichte.

In der Nähe befindet sich das **Musée Matisse** (► 40). Beide Museen grenzen an einen alten Olivenhain, in dem im Juli das Internationale **Jazzfestival von Nizza** (► 22) stattfindet. Am Ostende des Hains liegen das **Monastère Franciscain de Cimiez** (Franziskanerkloster) und die Kirche Notre-Dame-de-l'Assomption. Die Franziskaner nutzten Kirche und Kloster ab 1546. Im Innern kann man zwei Meisterwerke von Louis Bréa, einem führenden Mitglied der Schule von Nizza, und einen geschnitzten Altar bewundern. Dufy und Matisse ruhen auf dem angrenzenden Friedhof.

Eine Statue erinnert daran, dass Königin Viktoria Nizza häufig besuchte

**Monastère Franciscain de Cimiez**
✉ place du Monastère, avenue Bellanda
☎ 04 93 81 00 04
🕐 Mo–Sa 10–12 und 15 bis 18 Uhr, So und Feiertage geschl.
🎫 frei 🚌 15, 17, 20, 22, 25

## ❾ Quartier du Port

Jahrhundertelang gab es keinen Hafen in Nizza. Die Boote der Einheimi-

✚ 184 bei C3
**Archäologische Stätte und Musée Archéologique**
✉ 160, avenue des Arènes Eingang: avenue Monte-Croce
☎ 04 93 81 59 57 🕐 Mi–Mo 10–18 Uhr
🎫 mittel, 1. und 3. So im Monat frei
🚌 15, 17, 20, 22, 25

schen legten im Windschatten des Burgberges an, größere Schiffe ankerten im Hafen von Villefranche. Erst 1750 erkannte Carlo Emmanuele III., der Herzog von Savoyen, das Potenzial für den Handel und ließ an der Mündung des Flusses Lympia einen Seehafen anlegen. Heute ist der Hafen ein wichtiger Wirtschaftsstandort, sowohl durch die Fischerei als auch durch den Fährbetrieb nach Korsika. Die Mole wird von roten und ockerfarbenen Gebäuden aus dem 18. Jh. und der neoklassizistischen Kirche Notre-Dame-du-Port gesäumt. In diesem Teil der Stadt gibt es außerdem einige beliebte Restaurants.

Man erreicht den Hafen über die windige Landzunge auf dem **Quai Rauba-Capéu**. Der Weg führt an einem riesigen Monument vorbei, das an die 4000 im Ersten Weltkrieg gefallenen Einwohner von Nizza erinnert. Auf einem Hügel östlich des Hafens befindet sich das **Musée de Terra Amata**. An diesem Strandabschnitt wurden Fossilien gefunden, wertvolle Zeugnisse prähistorischen Lebens in der Region.

✚ 184 D1

🚌 1, 2, 7, 9, 10, 14, 20, 30, 32

**Musée de Terra Amata**

✉ 25, boulevard Carnot

☎ 04 93 55 59 93

🕐 Di–So 10–18 Uhr, Mo und an einigen Feiertagen geschl. 🚌 81, 100

**Das Monastère Franciscain (Franziskanerkloster) in Cimiez**

## FÜR KINDER

- ■ Kindern macht es Spaß, auf der Promenade des Anglais Rad zu fahren und zu skaten. **Inliner und Fahrräder verleihen** Nice à Location Rent (12, rue de Belgique, Tel. 04 93 82 42 71; www.nicealocationrent.com) und Roller Station (49, quai des Etats-Unis, Tel. 04 93 62 99 05).
- ■ Im Dezember verwandeln sich Teile der Place Masséna in eine **Freiluft-Schlittschuhbahn** *(patinoire)*. Schlittschuhe sind vor Ort ausleihbar. Es gibt auch eine **Eissporthalle** im Jean Bouin Palais de Sports Centre (place Don Bosco) nördlich des MAMAC.
- ■ Auf der **Colline du Château** können Kinder prima klettern, toben und auf dem großen Spielplatz spielen.
- ■ Am **Strand** kann man sich bei heißem Wetter abkühlen oder Steine über das Wasser hüpfen lassen.

# Wohin zum ...
# Übernachten?

## Preise

Für ein Doppelzimmer pro Nacht gelten folgende Preise:
€ unter 80 Euro  €€ 80–150 Euro  €€€ über 150 Euro

## Hôtel Acanthe €

Das schlichte und preiswerte 1-Stern-Hotel liegt ausgezeichnet gegenüber den Jardins Albert I. unweit der Altstadt und der Promenade des Anglais. Es ist freundlich und sauber und bietet ein einfaches Frühstück.

➕ 184 C1 ⊠ 2, rue Chauvin
☎ 04 93 62 22 44;
www.hotel-acanthe-nice.cote.azur.fr

## Hôtel Aria €€

Dieses kürzlich renovierte Gebäude aus dem 19. Jh. liegt im Herzen des Musikerviertels inmitten von Art-Déco- und Belle-Epoque-Architektur. Es bietet helle, luftige Zimmer, die klassisch oder im provenzalischen Stil eingerichtet sind. Von einigen haben Sie Aussicht auf einen schönen kleinen Platz.

➕ 184 B2 ⊠ 15, avenue Auber
☎ 04 93 88 30 69;
www.hotel-aria-nice.cote azur.fr

## Hôtel Armenonville €–€€

Das 2-Sterne-Hotel ist in einem Anwesen aus dem 20. Jh. mit hübschem Blumengarten untergebracht. Einige Zimmer haben Terrassen mit einem schönen Blick auf den Garten. Alle Räume sind hell und geschmackvoll eingerichtet, teilweise mit alten Möbeln; im Hotel findet man Jugendstildekor. Das Frühstück kann man im Garten einnehmen.

➕ 184 A1
⊠ 20, avenue des Fleurs
☎ 04 93 96 86 00;
www.hotel-armenonville.com

## Auberge de Jeunesse de Nice €

Die Jugendherberge in den bewaldeten Hügeln von Mont Boron eröffnet tolle Blicke auf Nizza. Die Gäste schlafen in Sechs- oder Acht-Bett-Zimmern. Es gibt einen Gemeinschaftsraum mit Fernseher, eine Küche, einen Wäscheservice und Internetzugang. Die Herberge ist 10 km von Stadt und Strand entfernt. Frühstück ist inklusive; nur Barzahlung wird akzeptiert.

➕ 180 C3
⊠ route Forestière du Mont-Alban
☎ 04 93 89 23 64; www.fuaj.org

## Le Beau Rivage €€€

Kunstliebhabern wird dieses elegante Hotel gefallen, denn hier lebte der Maler Henri Henri Matisse zwei Jahre lang. Der Russe Anton Tschechow schrieb hier sein berühmtes Bühnenstück *Die Möwe*. Das Hotel wurde kürzlich erst neu eingerichtet und liegt günstig am Ufer, unweit von Oper und Altstadt.

➕ 184 C1
⊠ 24, rue St-François-de-Paule
☎ 04 92 47 82 82; www.nicebeaurivage.com

## La Belle Meunière €

Beliebtes, preiswertes Hotel in Bahnhofsnähe mit freundlichem Service, Privatparkplatz und kleinem Garten fürs Frühstück.

➕ 184 B2
⊠ 21, avenue Durante
☎ 04 93 88 66 15

## Hôtel Les Cigales €€

Diese charmante alte Nobelherberge mit sehr hübscher Fassade wurde vor Kurzem renoviert und liegt nur fünf Minuten vom Meer und vom Casino entfernt. Warme, sonnige Farben ergänzen die großzügigen Zimmer. Außerdem gibt es eine attraktive Sonnenterrasse.

# Wohin zum …

# Essen und Trinken?

## Hi Hôtel €€€

✛ 184 B1 ⌧ 16, rue Dalpozzo
☎ 04 97 03 10 70;
www.hotel-lescigales.com

Das moderne Designerhotel ist hervorragend ausgestattet und bietet rund um die Uhr Biokost, ferner einen Hammam (türkisches Bad) und einen Pool auf dem Dach, auf Wunsch auch Yogakurse und Massagen – eben Luxus der modernen Art.

## Hôtel Négresco €€€

✛ 184 A1 ⌧ 3, avenue des Fleurs
☎ 04 97 07 26 26; www.hi-hotel.net

Das 1913 erbaute *Négresco* mit der markanten Kuppel gehört zu den Wahrzeichen der Stadt und ist innen ein echter Kunsttempel, der jeder Epoche von der Renaissance bis zur Moderne huldigt. Die prachtvollen Räume erinnern an den Beginn des 20. Jhs., als Europas Aristokratie sich hier vergnügte. Zum Hotel gehört ein Privatstrand. Manche Dekodetails findet man wohl sonst nirgendwo anders.

## Palais de la Méditerranée €€€

✛ 184 A1 ⌧ 37, promenade des Anglais
☎ 04 93 16 64 00;
www.hotel-negresco-nice.com

Nach 25 Jahren hat das luxuriöse Hotel am Wasser wieder geöffnet – natürlich mit neuem Gesicht. Hinter der Art-déco-Fassade verbergen sich 188 Zimmer, ein Pool und ein Wellness-Bereich.

## Hôtel Windsor €€–€€€

✛ 184 B1 ⌧ 13, promenade des Anglais
☎ 04 92 14 77 00;
www.lepalaisdelamediterranee.com

Das ausgefallene Hotel ist nur fünf Minuten vom Wasser entfernt. In der Lobby wacht eine Buddhastatue über das Wohl der Gäste. Es gibt ein türkisches Bad, Lounges im Thai-Stil, einen exotischen Garten mit Pool und auf Wunsch Massagen. Die Zimmer wurden von zeitgenössischen Künstlern individuell gestaltet. Zudem gibt es eine ansprechende Bar.

✛ 184 B1 ⌧ 11, rue Dalpozzo
☎ 04 93 88 59 35; www.hotelwindsornice.com

## L'Acchiardo €

Eines der wenigen authentischen Cafés/Bars/Restaurants in der Altstadt, mit einfachen, nahrhaften Gerichten zu moderaten Preisen und der wohl besten Fischsuppe Nizzas.

✛ 184 D1 ⌧ 38, rue Droite ☎ 04 93 85 51 16
⊙ Sa und So abends geschl.

## L'âne Rouge €€€

Dieses Restaurant bietet eine Karte voller verführerischer Genüsse, doch am kreativsten sind die Gerichte mit Meeresfrüchten. Auf der Weinkarte stehen hervorragende Tropfen aus der Region.

Das Interieur ist warm und einladend – es gibt frei liegende Deckenbalken und einen Kamin. Im Sommer speist man auf der blumengeschmückten Terrasse mit Blick auf den Hafen.

✛ 184 D1 ⌧ 7, quai des Deux-Emmanuel
☎ 04 93 89 49 63 ⊙ Fr–Di 12 bis 14.30 und
19.30–22, Do 19.30–22 Uhr, Feb. geschl.

## Aphrodite €€–€€€

Der junge Küchenchef verwöhnt seine Gäste mit phantasievollen kulinarischen Kreationen, die klassische französische und regionale Küche verbinden. Seine genialen Desserts wären Blickfang in jedem Museum für moderne Kunst.

✛ 184 C2 ⊠ 10, boulevard Dubouchage
☎ 04 93 85 63 53
🕐 So und Mo und vom 2.–20. Juni geschl.

### Bar René Socca €

Die Besitzer von *Specialités Niçoises* (▶ 56) führen auch diese freundliche Bar gleich gegenüber. Hier kann man sich in aller Ruhe vom Altstadtbummel erholen.

✛ 184 D2 ⊠ 2, rue Miralheti (Ecke rue Miralheti und rue Pairolière)
☎ 04 93 92 05 73 🕐 Di–So 9–21 Uhr

### Le Boccaccio €€

Die Dekoration dieses Restaurants in der Fußgängerzone von Masséna ist ein Überbleibsel einer Galeone aus dem 16. Jh. und hat sich auf Fisch spezialisiert. Die Bouillabaisse ist hervorragend, aber auch die Fleisch- und Pastagerichte sind sehr gut. Das stilvolle Restaurant hat zwei Stockwerke und außerdem eine riesige Terrasse.

✛ 184 B1 ⊠ 7, rue Masséna
☎ 04 93 87 71 76 🕐 tägl. mittags und abends

### Brasserie Flo €€

Das Restaurant im Brasserie-Stil ist in einem ehemaligen Art-déco-Theater mit offener Küche auf der Bühne untergebracht. Warme Gerichte gibt es bis Mitternacht.

✛ 184 C2 ⊠ 4, rue Sacha Guitry
☎ 04 93 13 38 38 🕐 tägl.

### Le Chantecler €€€

Nizzas mit Michelin-Sternen ausgezeichnete Restaurant im *Hôtel Négresco* ist eine Bastion der französischen Küche und ein Erlebnis.

✛ 184 A1 ⊠ Hôtel Négresco, 37, promenade des Anglais
☎ 04 93 16 64 00
🕐 Mi–So 12.30–14 und 19.30–22 Uhr, 4. Jan.–4. Feb. geschl.

### Chez Thérésa €

Das *Thérésa* ist eine lokale Institution. Hier sollten Sie unbedingt regionale Spezialitäten wie *socca* (Pfannkuchen aus Kichererbsenmehl und Olivenöl) probieren (am besten mit Pfeffer würzen). Das winzige Restaurant liegt in der Altstadt, dienstags

bis sonntags gibt es die *socca* auch auf dem Markt am Cours Saleya.

✛ 184 D1 ⊠ 28, rue Droite
☎ 04 93 85 00 24

### L'Estocaficada €€

Die Regionalgerichte in diesem gemütlichen Bistro werden aus frischen Zutaten vom Markt zubereitet. Den Imbiss oder die Hauptmahlzeit spült man am besten mit einem Schluck Provence-Wein zu moderaten Preisen hinunter.

✛ 184 bei A1 ⊠ 2, rue de l'Hôtel de Ville
☎ 04 93 80 21 64 🕐 So, Mo geschl.

### Fenocchio €

Hier gibt's die beste Eiscreme der Côte d'Azur in den verrücktesten Geschmacksrichtungen von Lavendel über Olive und Tomate bis zu Basilikum.

✛ 184 C1
⊠ 2, place Rosetti
☎ 04 93 80 72 52

### Jouni 'Atelier du Goût €€€

Der aufsteigende Stern der Gastronomieszene von Nizza ist dieser Gour-

mettempel mit Michelin-Sternen von Jouni Tormanen. Er liegt direkt am Meer. Mediterrane Küche mit Schwerpunkt auf Fisch und Meeresfrüchten wird kenntnisreich und phantasievoll präsentiert. Das Interieur präsentiert im Art-Déco-Stil mit wundervoller Dachterrasse und Panoramablick über den Hafen. Im Erdgeschoss befindet sich ein preisgünstigeres Bistro.

✛ 184 E1 ⊠ 60, BD F. Pilatte ☎ 04 97 08 14 80 🕐 geschl. 9. Nov.–1. Dez. sowie So, Mo von Okt.–April

### Le Grand Café de Turin €€

Das gemütliche Café serviert die besten Meeresfrüchte Nizzas. Bestellen Sie ein Dutzend Austern, ein Kilo Muscheln (*coquillages*) oder, wenn Sie sich trauen, ein Platte Seeigel (*oursins*).

✛ 184 D2 ⊠ 5, place Garibaldi
☎ 04 93 62 29 52 🕐 Daily

### Lou Pilha Leva €

*Lou Pilha Leva* bedeutet im Dialekt von Nizza »zum Mitnehmen«. Im Herzen der Altstadt serviert dieses

Mini-Restaurant Spezialitäten aus Nizza wie *socca*, *pissaladière*, *beignets farcis* und Pizza. Ideal für ein kleines Mittagessen – mit langen Tischen für alle, die gern mit den Einheimischen plaudern.

🚩 184 D1 🗺 10, rue du Collet 🕐 tägl. 8–23 Uhr (im Winter bis 20 Uhr)

## La Maison de Marie €€

Das Restaurant liegt zentral, ist jedoch durch einen ruhigen Hof vom Trubel der Rue Masséna getrennt und eignet sich daher perfekt für ein romantisches Candlelight-Dinner. Bei gutem Wetter stehen auch Tische auf der Terrasse. Die Karte bietet Mediterranes wie mit Pinienkernen gefüllte Sardinen und Lamm mit Kräuterkruste.

🚩 184 B1 🗺 5, rue Masséna 📞 04 93 82 15 93; www.lamaisondemarie.com 🕐 tägl. 12–14 und 19–23 Uhr

## La Mérenda €€

Dominic le Stanc, der frühere Küchenchef des berühmten *Chantecler* im *Hôtel Négresco*, bereitet hier liebevoll beste provenzalische Küche zu. Le Stanc verließ das *Chantecler*, um mit seiner Frau dieses winzige Restaurant zu eröffnen. Es gibt nur zwölf Tische und kein Telefon, sodass es schwer ist, zu reservieren, doch die Mühe lohnt sich auf jeden Fall.

🚩 184 C1 🗺 4, rue Raoul Bosio 🕐 Sa, So und Feiertage sowie 4.–17. Aug. geschl.

## Nissa Socca €

Dieses kleine Restaurant wurde nach der lokalen Spezialität *Nissa* (Nizza) »Socca« – Kichererbsenpfannkuchen – benannt, die auch das Hauptangebot darstellen. Außerdem gibt es hervorragende Pizzen, *pissaladière*, Gnocchis und Ravioli. Bei Einheimischen und Touristen gleichermaßen beliebt.

🚩 184 B1 🗺 rue Ste-Réparate 📞 04 93 80 18 35 🕐 im Jan. und So geschl., keine Kreditkarten

## La Rotonde €€

Das *La Rotonde* ist die wohl originellste Brasserie der Riviera. Das kreisförmige Restaurant mit kitschigem Jahrmarkt-Dekor (inklusive Lichterketten, Automaten und Holzpferden) im berühmten *Hôtel Négresco* ist etwas preiswerter als das *Chantecler* im gleichen Haus

🚩 184 A1 🗺 37, promenade des Anglais 📞 04 93 16 64 00 🕐 tägl. 7–23 Uhr außer am 24.Dez. abends

## Le Safari €€

Das Bistro im Vieux Nice ist ziemlich beliebt und platzt bei gutem Wetter aus allen Nähten. Kein Wunder – die einheimischen Spezialitäten sind ausgefallen: Salat aus frischen Artischocken, Rohkost mit warmer Anchovisoße, dazu eine große Auswahl an hausgemachten Pizzen.

🚩 184 C1 🗺 1, cours Saleya 📞 04 93 80 18 44; www.restaurantsafari.com 🕐 tägl. 12–14.30 und 19–23 Uhr

## Specialities Niçoises

Am Rand der Altstadt, direkt an der lebhaften Rue Pairolière, stehen die Einheimischen Schlange für *socca* oder eine andere lokale Köstlichkeit. Draußen gibt es ein paar Tische, man kann das Essen aber auch in die *Bar René Socca* (▶ 55) auf der anderen Straßenseite mitnehmen, die derselben Familie gehört.

🚩 184 D2 🗺 rue Miralheti (Ecke rue Miralheti und rue Pairolière) 📞 04 93 92 05 73 🕐 Di–So 9–21 Uhr

## Terres de Truffes €€

Dieses Restaurant hat sich ganz der seltenen Delikatesse verschrieben – selbst die Desserts werden damit angerichtet. Eine sorgfältig ausgewählte Weinkarte ergänzt die Speisekarte.

🚩 184 C1 🗺 11, rue St-François-de-Paule 📞 04 93 62 07 68 🕐 Mo–Sa

## La Zucca Magica €

Im »magischen Kürbis« am alten Hafen schmeckt es Vegetariern und Nicht-Vegetariern gleichermaßen gut. Das Preis-Leistungs-Verhältnis ist exzellent, die Atmosphäre locker, das Personal freundlich, und das Essen lässt keine Wünsche offen.

🚩 184 B1 🗺 4, quai Papacino 📞 04 93 56 25 27 🕐 Di–Sa

# Wohin zum ... Einkaufen?

Die Avenue Jean Médecin ist die Haupteinkaufsstraße der Stadt mit den großen Kaufhäusern. Im Vieux Nice findet man kleine Boutiquen und Galerien, doch am schönsten ist natürlich ein Einkaufsbummel über den Markt am Cours Saleya.

## MÄRKTE

Der **Marché Saleya** (cours Saleya, Di–So 7–13 Uhr) ist ein Obst- und Gemüsemarkt mit besten Erzeugnissen aus der Provence wie Oliven, Tomaten und Basilikum. Nehmen Sie genügend Bar- und Kleingeld mit, Kreditkarten werden natürlich nicht akzeptiert. Am gleichen Ort findet auch täglich der **Marché aux Fleurs** (Blumenmarkt) statt, und montags ist Platz für die **Trödler** (8–17 Uhr). Im **Sommer** gibt es auch **Kunsthandwerksmärkte** (Juni–Sept. Di bis So 18–24 Uhr) mit schönen Stücken aus der Provence und anderen Regionen der Erde.

## TYPISCH PROVENZALISCH

Der winzige Laden **Parfums Poilpot** (10, rue St-Gaëtan, Tel. 04 93 85 60 77) verkauft viele einheimische Düfte, vor allem aus Grasse. Fayencen, typische, weiß glasierte Keramiken aus Moustiers-Ste-Marie mit handgemalten Mustern, findet man in Nizza bei **Fayences de Moustiers** (18, rue du Marché, Tel. 04 93 13 06 03).

## LEBENSMITTEL UND GETRÄNKE

Frisch gepresstes Olivenöl bekommt man im **Moulin à Huile d'Olive Alziari** (14, rue St-François-de-Paule, Tel. 04 93 85 76 92, Di–Sa 8.30 bis 12.30 und 14.15–19 Uhr), einem alten, 1868 gegründeten Familienbetrieb, der sein eigenes Olivenöl presst und *olives de Nice* kiloweise verkauft. Das Öl stammt aus einer Mühle am Nordwestrand von Nizza, die man nach Voranmeldung besichtigen kann.

**Chocolats Puyricard** (40, rue Pastorelli, Tel. 04 93 85 34 30) stellt Schokolade her, die fast zu lecker ist, um sie zu essen. Puyricard gilt als einer der besten Chocolatiers Frankreichs, ein Besuch lohnt sich unbedingt. Beim Anblick der Kuchen und Törtchen in der winzigen **Pâtisserie Cappa** (7–9, place Garibaldi, Tel. 04 93 62 30 83) läuft einem das Wasser im Mund zusammen. Probieren Sie *tourte de blettes*, eine lokale Spezialität mit Äpfeln, Rosinen, Pinienkernen und Rum. **Espuno** (35, rue Droite, Tel. 04 93 80 50 67) ist eine der besten Bäckereien Frankreichs und stellt ausgezeichnete *fougasse* (in Asche gebackenes Brot) her. In der **Maison Auer** (7, rue St-François-de-Paule, Tel. 04 93 85 77 98) gibt es wunderbare kandierte Früchte nach traditionellem Rezept, eine Spezialität der Region. Mit Wein deckt man sich am besten bei **Caprioglio** (16, rue de la Préfecture, Tel. 04 93 85 66 57) im Vieux Nice ein. Vom preiswerten *vin de table*, der in riesigen orangefarbenen Kanistern aufbewahrt wird, bis zu den besten französischen *crus* ist alles im Angebot. In den Hügeln im Hinterland von Nizza liegt die **Domaine Massa** (596, chemin de Crémat, Tel. 04 93 37 80 02, Besuche telefonisch anmelden), ein altes Gut, auf dem Nelken und Bellet-Wein angebaut werden.

## KUNST UND FOTOGRAFIE

Im Vieux Nice gibt es viele Ladengalerien. Die **Galerie Boutique Ferrero** (2, rue du Congrès, Tel. 04 93 88 34 44) hat sich auf moderne, teure Kunst spezialisiert. Das **Atelier Galerie Dury** (31, rue Droite, Tel. 04 93 62 50 57) verkauft zeitgenössische Werke von Christian Dury.

Die Fotografien von **Jean-Louis Martinetti** (17, rue de la Préfecture, Tel. 04 93 85 61 30) fangen die typische Atmosphäre der Provence ein und sind tolle Souvenirs.

# Wohin zum ...
# Ausgehen?

## NACHTLEBEN

In der Altstadt von Nizza gibt es eine Reihe guter Weinstuben, die allerdings meistens um Mitternacht schließen. Einige wenige öffnen länger, so **Le Staccato** (4, rue du Pont Vieux, Tel. 04 93 13 84 35, bis 2.30 Uhr). Im gemütlichen Keller wird im Winter Live-Jazz gespielt.

Das **Nocy-Be** (4–6, rue Jules Gilly, Tel. 04 93 85 52 25, Mi–Mo 15–0.30 Uhr) ist ein schickes marrokanisches Café in der Altstadt, mit gedämpftem Licht, Kissen auf dem Boden und unglaublich vielen Teesorten. Auf der Karte stehen auch süßes Gebäck und Cocktails. Gut geeignet für einen Aperitif oder einen ganzen Abend.

Der größte Nachtclub von Nizza, **L'Odace** (29, rue Alphonse Karr, Tel. 04 93 82 37 66, 0–4 Uhr) zieht Scharen von Besuchern aller Altersgruppen an. Bekannte DJs legen beliebte House- und R&B-Hits auf. Um 4 Uhr gibt's kostenloses Frühstück.

Das **Le Before** (18, rue du Congrès, Tel. 04 93 87 85 59) bietet ein brandneues Konzept in Nizza: »Apéro Dînatoire« (Aperitif mit Essen) in einer stimmungsvollen Lounge von 18 Uhr bis zum Morgengrauen.

**La Bodeguita del Havana** (14, rue Chauvin (Place Massena), Tel. 04 93 92 67 24) ist Bar, Restaurant und Nachtclub in einem. In entspannter Atmosphäre wird Salsamusik gespielt. Das Restaurant/Club **Le liqwid** (11, rue Alexandre Mari in Alt-Nizza, Tel. 04 93 76 14 28) ist ultrahip. Der DJ legt einen hochwertigen Mix auf, und gute Beats halten die Schlaflosen bis zur Morgendämmerung auf Trab. Das **Casino Ruhl** (promenade des Anglais, Tel. 04 97 03 12 22) erstrahlt im üblichen Glanz und veranstaltet zuweilen Cabaret-Abende.

## KINO

Die **Cinématheque** (Acropolis, 3, esplanade Kennedy, Tel. 04 92 04 06 66, Okt.–Juni Di–Sa 14–22, So 15 bis 17 Uhr) zeigt alte Originalfilme und die neuesten Streifen. Im **Cinema Rialto** (4, rue de Rivoli, Tel. 08 36 68 00 41, 11–23 Uhr) kann man Filme in Originalsprache anschauen.

## FESTE UND FESTIVALS

Zu den größten Festen gehören der **Karneval** (▶ 20) und das **Jazz-Festival von Nizza** (▶ 22).

## MUSIK UND THEATER

Das **Auditorium du Conservatoire national de région** (24, boulevard de Cimiez, Tel. 04 92 26 72 20, Mo ab 18 Uhr, nicht während der Schulferien) veranstaltet montags öffentliche Proben. Das Niveau ist hoch, der Eintritt ist frei. In der **Opéra de Nice** (9, rue St-François-de-Paule, Tel. 04 92 17 40 00, Di–Sa), einem Haus im italienischen Stil mit riesigen Fresken und Kandelabern kommen Opern, klassische Konzerte und Ballettvorführungen auf die Bühne.

Der **Palais Nikaïa** (163 route de Grenoble, Tel. 04 92 29 31 29; www.nikaia.fr) ist eine große Veranstaltungshalle und zieht internationale Stars an. Bei Konzerten gibt es einen speziellen Busservice (Linie 95). Das **Théâtre de Verdure** (Espace Jaques Cotta, Promenade des Anglais, Tel. 04 97 13 37 55) liegt in einem Garten. Es zeigt zahlreiche Vorstellungen und Festlichkeiten und bietet Platz für bis zu 3000 Zuschauer. Mainstream-Stücke (Theater und Tanz) schaut man sich am besten im **Théâtre National de Nice** (promenade des Arts, Tel. 04 93 13 90 90; www.tnn.fr) an.

*Handschriftliche Notiz:*
J.B.'s Nizza
Notre Dame
W r. La Marine

# Rund um Nizza

# Erste Orientierung

Zwischen Nizza und Menton leuchtet das Meer azurblau. Diesem Küstenabschnitt mit seinen eleganten Städten und großartigen Stränden vor einer Kulisse aus schneebedeckten Bergen verdankt die Riviera ihren Namen. Im 19. Jh. wurde sie als Winterrückzugsort berühmt, und in den Städten erinnert noch vieles an den Prunk der Belle Epoque.

Heute sind die Orte entlang der Küste fast zu einem einzigen verschmolzen, der sich von Menton bis Cannes erstreckt. Dennoch hat jede Stadt ein Stück ihrer Identität bewahrt. Die alte italienisch-provenzalische Gemeinde Menton mit ihren Jugendstilvillen und Zitrusbäumen an der italienischen Grenze gilt vielen als attraktivster Ort an der Côte d'Azur. Cap Ferrat – die „Halbinsel der Milliardäre" – ist mit ihren prächtigen Villen inmitten subtropischer Gärten die wohl beste Adresse an der Riviera. Wer dort wohnt oder die Ferien verbringt, vergnügt sich auch gern mit Gleichgesinnten in Monaco (▶ 83ff).

Die Corniches, drei berühmte Küstenstraßen, folgen dem gebirgigen Ufer in unterschiedlichen Höhen und verbinden die Orte miteinander. Haarnadelkurven wechseln hier mit Tunneln und schier atemberaubenden Ausblicken. Zwei mittelalterliche Dörfer ragen hoch über der Küste empor: La Turbie mit einem mächtigen römischen Monument und – 427 m über dem Meeresspiegel – das malerische Eze, von dem aus man weit über Meer und Küste schaut. Das Hinterland ist im Unterschied zur Küste dünn besiedelt, fruchtbare Täler grenzen an Hügel mit alten Dörfern. Wer genug vom Touristenrummel an der Küste hat, findet hier Ruhe.

Seite 59:
Bergiger Pfad in Eze;
Die Ruinen von Trophée des Alpes;
Sich sonnende Katze

Gegenüber:
Der Trophée des Alpes, ein Römerdenkmal in La Turbie

Unten: Blick vom Jardin Exotique in Eze auf Meer und Küste

## ★ Nicht verpassen!

## Nach Lust und Laune!

**8** **Coaraze**
1413
Mont Férion
Bendejun
L'Escarène
1264
Pic de Baudon
**6** **Peille**
ALPES-MARITIMES
**5** **Gorbio**
D2204
**7** **Peillon**
Roquebrune
**4** **Menton**
Cap Martin
Drap
E80 A8
La Turbie
**Monte-Carlo**
**MONACO**
**Die Corniches** **1**
**2** **Èze**
Villefranche-sur-Mer
Beaulieu-sur-Mer
**3** **Villa Ephrussi de Rothschild**
St-Jean-Cap Ferrat
N7
**Nizza**
Plage de la Ville
Cap Ferrat

0                    10 km

# In zwei Tagen

Wenn Sie sich nicht sicher sind, wo Sie Ihre Reise beginnen möchten, empfiehlt diese Route eine praktische zweitägige Rundreise rund um Nizza mit den wichtigsten Sehenswürdigkeiten. Sie können dazu die Karte auf der vorangegangenen Seite verwenden. Weitere Informationen finden Sie unter den Haupteinträgen.

## Erster Tag

### Vormittags

Fahren Sie auf der ❶ **Corniche Inférieure** (➤ 64) von Nizza über Villefranche-sur-Mer nach St-Jean-Cap Ferrat, und besichtigen Sie dort die wunderschöne rosarote ❸ **Villa Ephrussi de Rothschild** (unten; ➤ 70f) mit prächtiger Innenausstattung, eindrucksvoller Kunstsammlung und wunderschönem Garten.

### Mittags

Im eleganten Café der Villa Ephrussi kann man mittags essen oder etwas trinken. Besonders lecker sind die *gâteaux* (Kuchen).

### Nachmittags

Wanderer schätzen den schattigen Küstenpfad rund um das Kap. Die zahlreichen Buchten sind ideal für ein Erfrischungs- und Sonnenbad am Nachmittag. Oder man bummelt wie die Einheimischen am Kai von St-Jean-Cap Ferrat mit schönen Bars, Cafés und Restaurants entlang.

### Abends

Kehren Sie nach Villefranche-sur-Mer (➤ 64) zurück, und essen Sie in einem Lokal am Yachthafen. *La Mère Germaine* (➤ 81) bietet besonders gute Meeresfrüchte.

# Zweiter Tag

### Vormittags

Fahren Sie über die spektakuläre  Moyenne Corniche (➤ 66) und dann auf kurvenreichen Straßen hinauf nach **2** **Eze** (➤ 68f), um die phantastische Aussicht vom Steilfelsen über die Riviera zu genießen. Lassen Sie das Auto stehen, und erkunden Sie die schmalen Gassen mit üppigem Blumenschmuck und Kunsthandwerksläden, die sich in Höhlen im Fels verstecken. Besuchen Sie den Jardin Exotique (rechts) mit Kakteen und tropischen Blumen und die Parfümfabrik am Fuß des Hügels.

### Mittags

Eze bietet für seine Größe mehr als genug gute Restaurants, in denen man gemütlich essen kann. Üppig und lecker speist man in *La Bergerie* (➤ 79) oder in *La Chèvre d'Or* (➤ 79). Preiswertere und dennoch köstliche Crêpes bekommt man in *Le Cactus* (➤ 79), einem Gewölbesaal im alten Stadttor.

### Nachmittags

Fahren Sie auf der reizvollen **1** Grande Corniche (➤ 66) Richtung Osten, und genießen Sie von La Turbie aus den Blick auf Monaco, bevor Sie Ihren Weg nach **4** Menton (links; ➤ 72f) fortsetzen. Wenn Sie gern Auto fahren, können Sie von La Turbie aus einen Abstecher über die D53 und D22 zu den *villages perchés* **6** Peille (➤ 74f) und **7** Peillon (➤ 75f), Zwillingsdörfern an Steilfelsen, wählen.

Die Landschaft ist hier besonders wild und eindrucksvoll. In Menton kann man durch die Altstadt mit pastellfarben gestrichenen mittelalterlichen Häusern bummeln oder sich im duftenden Garten des Palais Carnolès, dem größten Zitrusfruchtgarten Europas, entspannen. Kunstliebhaber sollten das Musée des Beaux-Arts, das Musée Jean Cocteau oder die Salle des Mariages (➤ 72) besichtigen.

### Abends

Probieren Sie Regionalgerichte aus Menton im *Au Pistou* (➤ 80).

# Die Corniches

Drei berühmte und überaus klangvolle Küstenstraßen, die Corniche Inférieure, die Moyenne Corniche und die Grande Corniche durchqueren einen der reizvollsten Abschnitte der Riviera, der sich von Nizza über Menton bis nach Monaco zieht. Die reizvollen Landschaftseindrücke überwiegen deutlich und lassen den oft regen Verkehr vergessen.

### Corniche Inférieure (N98)
#### Villefranche-sur-Mer
Das kleine Fischerdorf mit Booten, die im Hafen schaukeln, hat sich seit seiner Gründung als zollfreier Hafen (Villefranche heißt „Freistadt") im 14. Jh. kaum verändert. Angesichts der Nähe zu Nizza und Monte-Carlo ist der Ort erstaunlich natürlich geblieben. Die schöne tiefe Bucht wird von Häusern in warmen Farben, netten Bars, Cafés und Restaurants gesäumt.

Steile Stufen und höhlenartige Durchgänge steigen vom Hafen zur Altstadt an. Die düster-unheimliche **Rue Obscure**, eine schmale überwölbte Straße aus dem 13. Jh., schützte die Bewohner von Villfranche im Laufe der Geschichte vor Bombardierungen aller Art, einschließlich jenen im Zweiten Weltkrieg.

In der trutzigen **Zitadelle** aus dem 16. Jh. dicht am Wasser befinden sich heute das Rathaus und zwei Museen mit Arbeiten einheimischer Künstler und ein paar Werken von Miró und Picasso.

Die **Chapelle St-Pierre** (14. Jh.) am Kai diente lange Zeit zum Aufbewahren von Fischernetzen. 1957 wurde sie jedoch von einem der bekanntesten Bewohner der Stadt, dem Schriftsteller und Regisseur Jean Cocteau, mit Fresken ausgemalt. Seine lichten Bilder zeigen Petrus im Kreise einheimischer Fischerfrauen und Zigeuner.

Boote am Kai von Villefranche-sur-Mer

**Die Marina von St-Jean-Cap Ferrat**

## Cap Ferrat

Genau wie Cap d'Antibes und Cap Martin war auch Cap Ferrat lange ein beliebter Treffpunkt der High Society. Cap Ferrat zählt nach wie vor zu den schicksten Adressen an der Riviera, was sich nicht zuletzt in riesigen Anwesen bemerkbar macht, die gut versteckt in mediterranen Gärten liegen. Unter anderem steht hier die prachtvolle **Villa Ephrussi de Rothschild** (➤ 70f).

Obwohl Cap Ferrat so exklusiv ist, hat es sich für Besucher geöffnet. Im Hauptort der Halbinsel, St-Jean-Cap Ferrat, gibt es sogar eine Touristeninformation. Ansonsten bietet das kleine, verschlafene Städtchen vor allem eine Reihe von Restaurants und Cafés am Hafen. Abseits vom Hafen sind die Straßen und Häuser viel schlichter als die übrigen Anwesen auf der Halbinsel. Ein Netz von Spazierwegen überzieht die Halbinsel, und im Touristenbüro zeigt man gerne, wo der Hafen liegt und wie man zu den Wegen gelangt, die der 14 km langen Küstenlinie mit großartigen Ausblicken folgen.

### Beaulieu-sur-Mer

Beaulieu ist, wie der Name sagt, ein »schöner Ort« und darüber hinaus einer der wärmsten an der Riviera, denn er wird an drei Seiten von Hügeln umschlossen. Seine Glanzzeit erlebte er im 19. Jh., als viele berühmte Persönlichkeiten hierher kamen, darunter der Prince of Wales, die österreichische Kaiserin Sissi, der Komponist Tschaikowski und Gustave Eiffel. Das Kasino des wohlhabenden Städtchens, eine elegante Rotunde im edwardianischen Stil (heute das historische Museum), wurde in den 1920er-Jahren eröffnet. Villen im Belle-Epoque-Stil und eine mit Palmen bestückte Promenade säumen die geschützte Baie des Fourmis.

Hauptattraktion der Stadt ist die **Villa Grecque Kérylos** an der Spitze der nördlichen Landzunge. Die Villa mit Meerblick wurde 1908 von dem Archäologen Théodore Reinach erbaut und ist die perfekte Kopie einer griechischen Villa aus dem 2. Jh. v. Chr. Das Innere ist üppig mit Marmor, Elfenbein und Bronze ausgestattet. Reinach lebte hier rund 20 Jahre lang, wobei er aß, sich kleidete und sich verhielt wie ein Bürger Athens.

Von Beaulieu-sur-Mer führt die Corniche Inférieure weiter an der Küste entlang durch Monaco (➤ 83ff) bis nach Roquebrune-Cap Martin (➤ 66).

### Moyenne Corniche (N7)
#### Eze
Eze ist das am spektakulärsten gelegene und am besten erhaltene *village perché* der Provence. Es liegt hoch auf einer Fels-
nadel, ist nur zehn Autominuten von Nizza und Monaco entfernt und bietet phantastische Panoramablicke auf die gesamte
Riviera bis nach Korsika. Vom Jardin Exotique in Eze (➤ 68f)
sieht man alle drei Corniches.

### Grande Corniche (D2564)
#### La Turbie
Das Dorf La Turbie hängt an einem Felsgrat in den Hügeln
oberhalb von Monaco. Berühmt wurde es durch ein Monument, den **Trophée des Alpes**, der am höchsten Punkt der
alten römischen Via Julia 480 m über dem Meeresspiegel
thront. Das riesige Denkmal war ursprünglich 50 m hoch
und 28 m breit. Es wurde im Jahre 6 v. Chr. zum Gedenken
an die Befriedung der Alpenvölker durch Kaiser Augustus
erbaut. Im Mittelalter diente es als Festung, unter Ludwig
XIV. wurden 1705 große Teile abgerissen. Im 19. Jh. ging das
Zerstörungswerk weiter, als man die Steine für den Bau einer
nahegelegenen Kirche nutzte. Zum Glück blieb genug übrig,
sodass später Teile wiederhergestellt werden konnten. Das
heutige Monument ist 35 m hoch und an der Basis mit einer
langen Liste der besiegten Stämme verziert.

Von dem Park, der sich rund um das Monument zieht,
hat man einen wunderschönen Panoramablick. Ein kleines
Museum dokumentiert den Wiederaufbau des Trophée. Die
Bilder in der benachbarten **Eglise St-Michel-Archange** werden Schülern von Veronese, Raffael, Bréa, Ribera und Murillo
zugeschrieben.

### Roquebrune-Cap Martin
Roquebrune-Cap Martin teilt sich in zwei Bereiche, das alte
Roquebrune, ein attraktives mittelalterliches *village perché,* und
den eleganten Küstenort Cap Martin.

Die karo-
lingische
Burg (10. Jh.)
hoch über
Rouquebrune-
Cap Martin

**Roquebrune** ist ein faszinierendes Gewirr aus blumengeschmückten alten Gassen, Treppen und überdachten Passa-
gen. Sie ziehen sich rund um die **Burg**, die älteste Frankreichs
und einzige erhaltene im karolingischen Stil. Sie wurde im 10.
Jh. errichtet, um Angriffe der Sarazenen abzuwehren. Später
bauten die Grimaldi sie um, und 1911 renovierte sie Lord
Ingram, der mit einer der ersten Wellen wohlhabender Touristen nach Cap Martin kam.

Zu den Besuchern von **Cap Martin** zählen Königin Vik-
toria, Winston Churchill, Coco Chanel und der Architekt Le
Corbusier, der 1965 vor dem Kap ertrank und auf dem Fried-
hof von Roquebrune begraben liegt. Ein nach ihm benannter
Küstenpfad führt rund um das Kap, vorbei an prächtigen
Villen in üppigen Gärten (➤ 160f).

---

**✚ 181 D3**
**Touristeninformation Villefranche-sur-Mer**
✉ Jardin Francois-Binon ☎ 04 93 01 73 68; www.villefranche-sur-mer.com

**Château de Roquebrune**
✉ P1 William Ingram ☎ 04 93 35 07 22 🕐 Juli, Aug. tägl. 10–12.30 und
15–18 Uhr; April–Juni, Sept. tägl. 10–12.30 und 15–19.30 Uhr

**Chapelle St-Pierre**
✉ quai Courbet, Port de Villefranche ☎ 04 93 76 90 70 🕐 Sommer Di–So
10–12 und 16–20 Uhr; Winter Di–So 10–12 und 14–18 Uhr; Frühling Di–So
10–12 und 15–19 Uhr; Mitte Nov.–Mitte Dez. geschl. 💶 preiswert

**Touristeninformation Beaulieu-sur-Mer**
✉ place Georges-Clemenceau ☎ 04 93 01 02 21; www.ot-beaulieu-sur-mer.
fr 🕐 Juli–Aug. Mo–Sa 9–12.30 und 14–19, So 9–12.30 Uhr; Sept.–Juni Mo–Fr
9–12.15 und 14–18, Sa 9–12.15 und 14–17 Uhr

**Villa Grecque Kérylos**
✉ Beaulieu-sur-Mer ☎ 04 93 01 47 29; www.villa-kerylos.com 🕐 Mitte
Feb.–Ukt. tägl. 10–18 Uhr (Juli, Aug. bis 19 Uhr); Nov.–Mitte Feb. Mo–Fr 14–18,
Sa und So 10–18 Uhr 💶 mittel, Audioguide inkl.

**Touristeninformation La Turbie**
✉ place Detras ☎ 04 93 41 21 15; www.ville-la-turbie.fr

**Trophée des Alpes**
✉ 18, avenue Albert 1er ☎ 04 93 41 20 84 🕐 April–Mitte Juni 9.30–18 Uhr;
Mitte Juni–Mitte Sept. 9.30–19 Uhr; Mitte Sept.–Ende März 10–17 Uhr 💶 mittel

---

## DIE CORNICHES: INSIDER-INFO

**Top-Tipps:** Von Villefranche-sur-Mer führt ein **schattiger Küstenpfad** rund um Cap
Ferrat nach St-Jean. Unterwegs laden zahlreiche kleine Buchten zum Baden ein.
Essen gibt's im Hafen von St-Jean.

■ Auf den beiden oberen Corniches kommt es oft zu Unfällen. Wenn Sie es eilig
haben, sollten Sie die Autobahn **A8** nehmen, die hinter den drei Küstenstraßen
von Nizza durch die Berge bis zur italienischen Küste führt.

# 2 Eze

Eze ist das am besten erhaltene und am aufregendsten gelegene *village perché* der Region mit einer wirklich phantastischen Aussicht, die man unbedingt geniessen sollte.

Aufgrund seiner Lage bezeichnet man das Dorf oft als *nid d'aigle* (Adlerhorst). Dort, wo die Berge ans Meer grenzen, thront es in 430 m Höhe auf halbem Weg zwischen Nizza und Monaco auf einem Felssporn. Der Ort, den man über die Moyenne Corniche erreicht, ist außergewöhnlich reizvoll – mit schmalen mittelalterlichen Gassen und Stufen sowie mehreren Aussichtspunkten, von denen man tief hinunter aufs glitzernde Meer blickt.

Die Stadt Eze wurde im 11. Jh. gegründet, doch war der Ort wohl schon seit der Bronzezeit besiedelt und wurde im 14. Jh. befestigt. Jahrhundertelang herrschten hier die Grafen von Savoyen. Nach der Gründung der Region Alpes-Maritimes im Jahre 1792 wurde Eze Teil des Fürstentums Monaco. Erst 1860 stimmten die Bewohner in der Dorfkapelle dafür, fortan zu Frankreich gehören, um den ewigen Machtstreitigkeiten ein Ende zu machen.

Man betritt Eze durch das einzige Tor der **ehemaligen Stadtmauer** und gerät sofort in den Bann der goldfarbenen Häuser und labyrinthartig verschlungenen Gassen mit Kopfsteinpflaster und Steintreppen. Sie führen steil bergan bis zu den Ruinen einer mächtigen **Sarazenenfestung**, die die Franzosen im 19. Jh. zerstörten. Der Blick aufs Meer ist von hier aus einfach wunderschön. Die Ruinen liegen heute im **Jardin Exotique**, der über 400 Kakteen-, Sukkulenten- und seltene Palmenarten versammelt.

**Touristen erkunden die schmalen Gassen**

Nehmen Sie sich Zeit, um die blumengeschmückten Straßen des mittelalterlichen Dorfes mit den schicken Hotels, Restaurants und kleinen, in Felshöhlen versteckten Läden für Keramiken, Zinnobjekte und Olivenholzartikel zu erkunden.

Am Fuß des Hügels liegen die Dependancen zweier Parfümfabriken aus Grasse, **Galimard** und **Fragonard**. In den Werksmuseen werden die Geheimnisse der Parfümherstellung erklärt. Ganz in der Nähe windet sich der **Nietzschepfad**, den der Philosoph einst beschritt, hinunter zum Strand und ehemaligen Fischerdorf Eze-Bord-de-Mer, einem beliebten und heute modernen Ferienort am Wasser.

**Das Dorf Eze**

## KLEINE PAUSE

In Eze isst man gut, jedoch meist auch teuer. Im alten Dorf sind
*Le Nid d'Aigle* und *Le Cactus* (➤ 79) eine gute Wahl. Cafés
und Restaurants findet man auch rund um die Touristeninformation an der **Place du Général de Gaulle**.

---

✚ 181 D3
Touristeninformation
✉ place du Général de Gaulle
☎ 04 93 41 26 00;
www.eze-riviera.com
🕐 Mai–Sept. Mo–Sa 9–19, So 14–19 Uhr; Okt.–April Mo–Sa 9–18.30, So
9.30–13 und 14–18.30 Uhr

Jardin Exotique
✉ rue de Château  ☎ 04 93 41 10 30
🕐 Juli–Aug. tägl. 9–20 Uhr; Mai–Juni, Sept. 9–19 Uhr; Okt.–April 9–17 Uhr
💶 preiswert

---

### EZE: INSIDER-INFO

**Top-Tipps:** Der **höchste Punkt des Jardin Exotique** liegt 429 m über dem Meer und
ist natürlich ein idealer Aussichtspunkt. Auf die wichtigsten Orte, die man von hier
oben sehen kann, wird durch Beschriftungen hingewiesen, sodass sie gut auszuma-
chen sind.

■ Von der **Caféterrasse** der Burg hat man einen der besten Blicke im Dorf.

■ Der Laden der **Parfümfabrik Fragonard**, die direkt an der Moyenne Corniche liegt,
bietet zahlreiche Parfüms zum Verkauf an. In der Maison Fragonard am Ortseingang (avenue du Jardin Exotique) gibt es noch weitere Produkte von Fragonard,
sowie einen Lift für Behinderte.

■ Eze ist **autofrei**. Stellen Sie Ihren Wagen auf dem **Parkplatz** am Fuß des Dorfes ab.

■ Wenn Sie nachvollziehen möchten, wie unzugänglich Eze früher war, sollten sie
zu Fuß kommen. Ein **malerischer Pfad** führt von der Küste hinauf. Er trägt den
Namen Nietzschepfad, weil der Philosoph hier im 19. Jh. einige Zeit verbrachte
und oft auf ihm wanderte.

# 3 Villa Ephrussi de Rothschild

Der rosafarbene Palast aus der Belle Epoque liegt inmitten eines makellosen Gartens mit wundervollen Meerblicken. Das Anwesen wurde 1912 von der extravaganten Baronin Béatrice Ephrussi de Rothschild errichtet, die hier Feste veranstaltete, Gäste verwöhnte und ihre umfangreiche Kunstsammlung unterbrachte.

Béatrice de Rothschild (1864–1934), die Frau des wohlhabenden Bankiers Maurice Ephrussi, verfügte über nahezu unbegrenzte finanzielle Mittel und war eine leidenschaftliche Kunstsammlerin und Weltreisende. An der Côte d'Azur ließ sie ihre Traumvilla im prunkvollen Stil der italienischen Renaissance errichten und einen französischen Garten anlegen. 40 Architekten benötigten fünf Jahre für den Bau, einige wurden schon nach wenigen Stunden von der Baronin aus ihren Diensten entlassen. Die Villa mit Panoramablicken nach allen Seiten liegt am exklusiven Cap Ferrat und gilt als einer der schönsten Aussichtspunkte der Riviera.

Die Baronin starb 1934 und hinterließ das Anwesen der französischen Akademie der Schönen Künste. Besucher können heute durch den Garten spazieren und das Erdgeschoss der Villa besichtigen. Für die Kunstsammlung im 1. Stock muss man sich einer Führung anschließen.

Das **Innere der Villa** ist üppig mit seltenen Antiquitäten ausgestattet, darunter auch Stücke aus dem Besitz von Marie

**Die extra-vagante Villa Ephrussi de Rothschild mit Garten in St-Jean-Cap Ferrat**

**Das Foyer der Villa**

Antoinette. Hinzu kommen teure Teppiche, Wandbehänge und erlesene Kunstobjekte, z. B. eine der weltweit schönsten Sammlungen von Porzellan aus Vincennes und Sèvres. Die Kunstsammlung umfasst rund 5000 Objekte, von Stilmöbeln und Gobelins über Sakralkunst der Renaissance und Porzellan aus dem 18. Jh. bis hin zu rosafarbener Jade und wertvollen Truhen aus China. Trotz all der Museumsstücke wirkt die Villa bis heute wie ein bewohntes Heim.

Der **Garten** gliedert sich in neun thematische Bereiche (Spanien, Florenz, Steingarten, Japanischer Garten, Exotischer Garten, Rosengarten, Provence, Frankreich und Sèvres/Porzellan). Der große Französische Garten ist als Schiffsdeck mit Liebestempel am Bug gestaltet. Die Baronin verfügte sogar, dass ihre Gärtner hier im Matrosenanzug arbeiten mussten.

### KLEINE PAUSE

In der Villa gibt es einen eleganten **Teesalon**, durch dessen große Fenster man auf die Bucht von Villefranche blickt. Nachmittags bekommt man hier Salate und Kuchen.

---

Villa Ephrussi de Rothschild
✚ 181 D3 ✉ St-Jean-Cap Ferrat
☎ 04 93 01 33 09; www.villa-ephrussi.com
🕐 Mitte Feb.–1. Nov. tägl. 10–18 Uhr (Juli, Aug. bis 19 Uhr);
Nov.–Mitte Feb. Mo–Fr 14–18, Sa, So 10–18 Uhr
💰 teuer

## VILLA EPHRUSSI DE ROTHSCHILD: INSIDER-INFO

**Top-Tipps:** Der **Salon des Singes** (Affensalon) im 1. Stock ist mit einem Affenfries und Porzellanaffen ausgestattet, denn diese Tiere liebte die Baronin ganz besonders. Für diesen Raum und den ganzen 1. Stock ist ein zusätzliches Eintrittsgeld fällig.

■ Schauen Sie sich zumindest den ersten Teil des 18-minütigen Films an, der das Leben der Oberschicht an der Riviera während der Belle Epoque schildert. Der Rest des Films dokumentiert die Geschichte des Hauses und die Sammlung.

**Anfahrt:** Die Villa liegt nur 800 m vom Bahnhof Beaulieu-sur-Mer entfernt. Nehmen Sie den Bus 81 oder 100.

# 4 Menton

Menton ist nur 1,5 km von der italienischen Grenze entfernt, und so überrascht es kaum, dass die Stadt von allen französischen das italienischste Flair hat. Hohe, ockerfarbene Häuser drängen sich am Fuß eines schützenden Bergrückens. Der traditionelle Ferienort ist so nahe bei der Grenze, dass die Italiener gern zu Fuß hinübermarschieren.

Bevor die Riviera im 19. Jh. zum Wintererholungsort der High Society aufstieg, war Menton ein wenig bekannter Fischerort im Besitz der Grimaldi von Monaco. 1860 annektierte Napoleon III. das Städtchen. Später entdeckten russische und britische Aristokraten den Ort mit dem milden Klima, und 1882 fand sich sogar Königin Viktoria ein. Palastartige Hotels im Fin-de-siècle-Stil wuchsen empor, und um sie herum entstanden edwardianische Gärten, von denen einige noch heute existieren. Nach dem Ersten Weltkrieg verlor Menton gegenüber Nizza, Cannes, St-Tropez und Monaco an Bedeutung, doch ein wenig vom Charme der Belle Epoque ist noch immer zu spüren.

Die **Altstadt**, überwiegend aus dem 17. Jh., ist ein Gewirr aus alten Häusern in Pastellfarben, zwischen denen terrakottagepflasterte Treppen, Wege und kleine Plätze liegen. Viele Gebäude im italienischen Stil erinnern daran, dass Menton nicht immer zu Frankreich gehörte. Wer die schmale Rue Longue zur Place de la Concepcion hinaufsteigt, stößt auf zwei schöne Barockkirchen mit reich verzierten Fassaden, die **Eglise St-Michel** und die **Chapelle des Pénitents Blancs**. Dazwischen liegt der **Parvis St-Michel**, ein Platz, auf dem als schwarz-weißes Mosaik das Wappen der Grimaldi prangt. Hier findet im Sommer ein Kammermusikfestival (▶ 82) statt.

Am oberen Ende der Altstadt liegt ein eindrucksvoller **Friedhof** mit faszinierendem Meerblick, den der Schriftsteller Guy de Maupassant einst als »aristokratischsten« Frankreichs bezeichnete. Zu den Sehenswürdigkeiten gehören ferner der **Palais Carnolès**, eine Sommerresidenz der Fürsten von Monaco aus dem 18. Jh., in der heute das Musée des Beaux-Arts seinen Sitz hat, und das **Musée Jean Cocteau**, das dem berühmtesten Sohn der Stadt gewidmet ist. Cocteau (1889–1963) gestaltete auch die **Salle des Mariages** (Standesamt) im Hôtel de Ville mit romantischen Hochzeitsszenen.

Menton ist Frankreichs wärmste Stadt mit rund 300 Sonnentagen pro Jahr. Während des edwardianischen Zeitalters ließen reiche Engländer von ihren Gartenbauarchitekten zahlreiche mediterrane Gärten anlegen. Die meisten von ihnen befinden

## MENTON: INSIDER-INFO

**Topp-Tipps:** Die **Fête du Citron** (Zitronenfest) beginnt am Fastnachtsdienstag und dauert zehn Tage.
- Im August findet auf dem Parvis St-Michel (➤ 82) ein **Kammermusikfestival** statt.
- Bummeln Sie durch die Markthalle **(Marché Municipal)** in den Halles Municipales hinter dem Quai de Monléon, und kaufen Sie ein wie die Franzosen (tägl. 5–13 Uhr).
- Der Service du Patrimoine (5 rue Ciappetta, Mo–Fr 8.30–12 und 14–17 Uhr, Tel. 04 92 10 33 68) veranstaltet **Führungen** durch Menton und seine Gärten.

sich im wohlhabenden Garavan-Viertel in den niedrigen Hügeln jenseits der Stadt an der italienischen Grenze. Am schönsten sind der **Jardin Botanique**, der alte Olivenhain im **Parc du Pian** und der valenzianische **Jardin Fontana Rosa**, den der spanische Autor Blasso Ibáñez allen Schriftstellern widmete. Diese Gärten werden auch im Winter von der Sonne verwöhnt, weshalb hier exotische Pflanzen aus aller Welt gedeihen (➤ 12ff).

Menton ist außerdem die »Zitronenhauptstadt der Welt«, und an den umliegenden Hängen gedeihen überall **Zitrusfrüchte**. Der Garten rund um den Palais Carnolès gilt als größter Zitrusgarten Europas. Der Jardin Biovès mit Palmen und Zitronenbäumen im Stadtzentrum ist im Februar Hauptveranstaltungsort der **Fête du Citron** (Zitronenfest) und wird dann mit Skulpturen geschmückt, die über und über mit Zitrusfrüchten bedeckt sind.

Die Barockkirche St-Michel in der Altstadt

### KLEINE PAUSE

Das legere **Le Lido** (➤ 80) serviert frische Meeresfrüchte und Salate.

181 E4
**Touristeninformation**
✉ 8, avenue Boyer ☎ 04 92 41 76 76; www.villedementon.com ⏰ Juni bis Sept. tägl. 9–18 Uhr; Okt.–Mai Mo–Sa 8.30–12.30 und 14–18, So 9–12.30 Uhr

**Musée Jean Cocteau**
✉ quai Napoléon III ☎ 04 93 57 72 30 ⏰ Mi–Mo 10–12 und 14–18 Uhr
💰 preiswert

**Salle des Mariages**
✉ Hôtel de Ville, place Ardoïno ☎ 04 92 10 50 00 ⏰ Mo–Fr 8.30–12.30 (letzter Einlass 11.30) und 13.30–17 Uhr 💰 preiswert, unter 18 frei

# Nach Lust und Laune!

## 5 Gorbio

Das mittelalterliche *village perché* liegt 10 km nordwestlich von Menton und bildet eine willkommene Kulisse für die Souvenirläden entlang der Touristenstrecke. Rund um den **Hauptplatz** des Ortes kann man wunderbar bummeln. Dort stehen auch eine 300 Jahre alte Ulme und die Burg der Grafen Alziari, ferner die barocke Eglise St-Barthélémy und die Chapelle des Pénitents Blancs aus dem 15. Jh. Im Dorf und in der Nähe gibt es weitere interessante Kirchen und Kapellen.

Gorbio lohnt sich am meisten an Fronleichnam (Fête Dieu) im Mai oder Juni, weil aus diesem Anlass die **Procession dai Limaça** stattfindet. Dieser nächtliche Festzug hat seinen Namen von den Schneckenhäusern (provenzalisch: *limaça*), die mit Olivenöl gefüllt und dann entzündet werden. Die flackernden Lichter erleuchten während der Prozession das ganze Dorf. Mit dem traditionellen, heidnischen Ritus dankte man früher für die Olivenernte und vertrieb böse Geister. Die Schnecke ist ein heidnisches Symbol für Erneuerung. Die Schneckenlampen werden an Wänden, in Torbögen, an Fenstern und auf dem Boden befestigt und tauchen das ganze Dorf in einen magischen Schein.

✚ 181 D4
**Touristeninformation**
✉ Mairie: 30, rue Garibaldi
☎ 04 92 10 66 50

## 6 Peille

Nur ein kleines Stück landeinwärts liegt in einer dünn besiedelten Region das Dorf Peille, ein perfekter Ort, um

**Die Häuser von Peille über der Faquin-Schlucht**

sich vom Trubel an der Küste zu erholen. Man erreicht Peille über steile, schmale Straßen, denn der Ort liegt auf einem Felssporn 20 km landeinwärts von Monaco. Früher war er nicht nur eine uneinnehmbare Verteidigungsbastion, sondern konnte sich aufgrund seiner isolierten Lage auch ziemlich ungestört entwickeln, sodass hier sogar ein eigener Dialekt, *Pelhasc* genannt, entstand.

Das Dorf hatte übrigens ein sehr ungewöhnliches Verhältnis zur Kirche. Im Mittelalter wurde Peille mehrfach exkommuniziert, weil die Bewohner sich weigerten, den Zehnten zu entrichten. Die **Chapelle des Pénitents Noirs** wurde in die ortseigene Olivenpresse umgewandelt, und in der Chapelle de St-Sébastien befindet sich heute das Rathaus.

Das *village perché* hat eine ganz eigene Atmosphäre. Entlang der Kopfsteinpflastergassen stehen alte Gebäude mit schönen Torbögen, Brunnen und Steinmetzarbeiten aus der Gotik und Renaissance. In der **Eglise Ste-Marie** zeigt ein Gemälde den mittelalterlichen Ort mit der heute zerstörten Burg der Grafen von Provence in all ihrer früheren Pracht (fragen Sie im Rathaus nach dem Kirchenschlüssel). In der Kirche steht auch ein Rosenkranz-Polyptychon von Honoré Bertone aus der Schule von Nizza.

✚ 181 D4
**Touristeninformation**
✉ Mairie: place Carnot ☎ 04 93 91 71 71

## 🟧 Peillon

Peillon auf 373 m Höhe ist das Nachbar- und Zwillingsdorf von Peille und eines der schönsten *villages perchés* der Riviera. Es duckt sich zwischen die luftigen Felsgipfel hoch über dem Tal von Peillon und ist von unten kaum zu erkennen. Von oben konnte man dagegen früher jeden Angreifer lange im Voraus sehen, denn der Blick öffnet sich sowohl zum Hinterland als auch zur Küste hin. Heute sorgt die Lage dafür, dass auch eine Erschließung für den Tourismus nur bedingt möglich ist, und so bleibt der Ort allen Restaurierungsarbeiten zum Trotz relativ wenig überlaufen und kommerziell.

Durch ein Gewirr von Gassen, Stufen und Torbögen gelangt man hinauf zur kleinen **Kirche** auf dem Gipfel. Die Hauptattraktion ist jedoch die **Chapelle des Pénitents Blancs**

## FÜR KINDER

■ Im **Zoo du Cap Ferrat** leben über 300 Tiere, darunter Krokodile, Affen und Tiger, die nur durch eine Plexiglaswand von den Besuchern getrennt sind. Eine Cafeteria und ein Spielplatz gehören ebenfalls zu dem Gelände (117, boulevard Général-de-Gaulle, St-Jean-Cap Ferrat, Tel. 04 93 76 07 60, www.zoocapferrat.com; April–Okt. tägl. 9.30–19 Uhr, Nov.–März 9.30–17.30 Uhr; teuer, Kinder unter 3 Jahren frei).

■ Das **Koaland** in Menton ist ein Freizeitpark mit den üblichen Fahrgeschäften, einem Bimmelbähnchen und einem Minigolfplatz (5, avenue de la Madone, Tel. 04 92 10 00 40, Sommer 10–12 und 16–24 Uhr, Winter 14–19 Uhr).

■ Viele kleine Dörfer veranstalten im Jahresverlauf traditionelle **Feste**. In Peille findet im August ein **Weizen- und Lavendelfest** statt, in Coaraze im August ein **Mittelalterfest** und im September das **Wintersonnenwendfest**. Diese Feste sind meistens bunt und fröhlich – genau das Richtige für Kinder. Weitere Auskünfte in den Touristeninformationen.

gleich außerhalb des Dorfes, die Giovanni Canavesio im 15. Jh. mit Fresken zur Passion Christi verzierte. Besucher sollten sich vorab telefonisch im Rathaus anmelden. Hinter der Kapelle führt ein **Fußweg** nach Peille. Der Weg über die alte Römerstraße dauert etwa zwei Stunden.

✚ 181 D4

**Touristeninformation**

✉ Mairie: 672, avenue de l'Hôtel de Ville

☎ 04 93 91 98 34

### 8 Coaraze

Das winzige malerische Dorf liegt 650 m hoch auf einem Gipfel in den Hügeln hinter Nizza. Seinen Namen verdankt es einer einheimischen Legende. Sie erzählt, dass die Bewohner von Coaraze den Teufel einfingen, der seinen Schwanz abschneiden musste, um zu entkommen. Im örtlichen Dialekt heißt *coa* »Schwanz« und *raza* »abschneiden«.

Ruhige Gasse in Coaraze

Das Dorf ist auch als besonders sonnenreich bekannt und wird **Village du Soleil** (Sonnendorf) genannt. Jean Cocteau und andere Künstler verzierten es in den 1960er-Jahren mit großen farbenfrohen **Sonnenuhren** aus Keramik. Cocteaus Sonnenuhr befindet sich im Rathaus.

Wie andere mittelalterliche Dörfer besteht auch Coaraze aus Kopfstein-pflastergassen, Treppen, überdachten Durchgängen, Brunnen und sonnigen Plätzen. Einige reiche Einwohner von Nizza ziehen sich auch gern hierher in ihre Zweitwohnungen zurück.

Am Dorfrand steht die **Chapelle Bleue**, die umbenannt wurde, nach-dem der Künstler Ponce de Léon 1965 das Innere mit leuchtend blauen Wandbildern und grünen Buntglas-fenstern verziert hatte. Vorher hieß die Kirche Chapelle Notre-Dame des Sept Douleurs (Kapelle der Jungfrau der sieben Schmerzen). Die kleine Straße hinter der Bar Tabac Les Arts führt zu der Kapelle, der Fußweg dauert 20 Minuten.

✚ 180 C4

**Touristeninformation**

✉ 7, place Sainte-Catherine

☎ 04 93 79 37 47

⏱ Di–Sa 10–12 und 15–17 Uhr

# Wohin zum ...
# Übernachten?

## Preise

Für ein Doppelzimmer pro Nacht gelten folgende Preise:

€ unter 80 Euro    €€ 80–150 Euro    €€€ über 150 Euro

## BEAULIEU-SUR-MER

### La Réserve €€€

Eines der exklusivsten Hotels der Riviera, direkt an der Küste, mit eleganter und formlicher Atmosphäre sowie einem Restaurant mit 2 Michelin-Sternen. Das La Réserve erlebte seine Glanzzeit 1887, als der Playboy und Millionär James Gordon Bennett, Besitzer des *New York Herald*, nach einem Skandal von der amerikanischen Gesellschaft ausgeschlossen wurde, sich hierher zurückzog und die Pariser Ausgabe seiner Zeitung in den 1880er- und 1890er-Jahren vom Hotel aus leitete.

➕ 181 D3
🏠 5, boulevard Maréchal-Leclerc
☎ 04 93 01 00 01; www.reservebeaulieu.com
🕐 Hotel geschl. 26. Okt.–19. Dez.

## EZE

### Château Èza €€€

Die Sicht vom Schloss aus ist atemberaubend und lohnt allemal den recht anstrengenden Aufstieg über Hunderte von Stufen. Das ehemalige Domizil des schwedischen Thronfolgers umfasst mehrere mittelalterliche Häuser, die zu einem luxuriösen Anwesen zusammengeschlossen wurden. Die Lage der Restaurantterrasse ist absolut nicht zu toppen (▶ 79).

➕ 181 D3  🏠 Rue de la Pise
☎ 04 93 41 12 24; www.chateaueza.com
🕐 geschl. Nov bis Mitte Dez., Restaurant geschl. Mo, Di in der Nebensaison

## MENTON

### Hôtel Aiglon €€–€€€

Das schicke 3-Sterne-Hotel in Küstennähe steht in einem hübschen Garten und ist innen mit einer Marmortreppe und schonen Möbeln ausgestattet. Es gibt einen beheizten Außenpool, ein Solarium und einen Kinderspielplatz. Im angeschlossenen Restaurant, dem *Riaumont*, wird provenzalisch gekocht. Man kann auf der schonen Terrasse am Pool speisen.

➕ 181 E4
🏠 7, avenue de la Madone
☎ 04 93 57 55 55; www.hotelaiglon.net
🕐 Hotel geschl. 23. Nov.–19. Dez.

## Grand Hotel Des Ambassadeurs €€€

Mentons bestes Hotel bietet jeden modernen Komfort und liegt mitten im Stadtzentrum unweit des Jardin Biovès.

➕ 181 E4
🏠 3, rue Partouneaux
☎ 04 93 28 75 75;
www.ambassadeurs-menton.com

## Prince de Galles €–€€

Dieses Dreisternehotel in italienischem Stil liegt in der Nähe des Stadtzentrums direkt am Meer und bietet eine großartige Aussicht bis nach Italien. Insgesamt gibt es hier 64 komfortable, schallisolierte Zimmer, einige davon mit Meerblick. Außerdem wird eine Panoramaterrasse geboten und unter den zwei majestätischen Palmen im tropischen Garten können Sie im Sommer zu Abend essen.

➕ 181 E4
🏠 4, ave Général de Gaulle
☎ 04 93 28 21 21;
www.princedegalles.com

## PEILLON

### Auberge de la Madone
€€–€€€

*Die typische auberge wurde liebevoll im traditionellen provenzalischen Stil ausgestattet. Die Zimmer sind mit schönen Stilmöbeln eingerichtet, und von der Terrasse blickt man über das umliegende Land und kann dabei in aller Ruhe die gute Regionalküche genießen, für die es Michelin-Sterne gab.*

+ 181 D4 ✉ 2, place au Village ☎ 04 93 79 91 17; www.chateauxhotels.com/madone ⊘ geschl. 6. Nov.–22. Dez.

## ROQUEBRUNE

### Vista Palace €€€

*Lassen Sie sich von dem hässlichen Gebäude nicht abschrecken. Es liegt 300 m über dem Meeresspiegel an der Grande Corniche mit Blick über Monaco und ist in seinem Inneren mehr als luxuriös.*

+ 181 D4 ✉ D2564/Grande Corniche ☎ 04 92 10 40 00; www.vistapalace.com

## ROQUEBRUNE-CAP MARTIN

### Les Deux Frères €€

*Vom Hotel blickt man auf das Mittelmeer und Monaco. Die zwölf Zimmer sind thematisch gestaltet und sehr elegant. Im Marinezimmer sind die Bettbezüge blau-weiß gestreift, im Mittelalterzimmer steht eine schmiedeeiserne Bank, und im marokkanischen Zimmer liegt ein Leopardenfell. Die Mahlzeiten werden im Restaurant, auf der Terrasse mit Meerblick oder in der Gaststube mit Kamin serviert.*

+ 181 E3 ✉ Le Village, 4, Place des Deux Frères ☎ 04 93 28 99 00; www.lesdeuxfreres.com

## ST-JEAN-CAP FERRAT

### Hôtel Brise Marine €€–€€€

*Diese Villa im italienischen Stil wurde 1878 erbaut und ist heute ein freundliches 3-Sterne-Hotel. Die ockerfarbene Fassade und die Fenster mit blauen Läden sind dem Meer zugewandt, und auch vom Garten, der Terrasse und einigen schönen Zimmern hat man tolle Ausblicke. Das Hotel besitzt kein Restaurant, es gibt aber mehrere im Ort (▶ 80).*

+ 181 D3 ✉ 58, avenue Jean Mermoz ☎ 04 93 76 04 36; www.hotel-brisemarine.com ⊘ geschl. Nov.–Jan.

### Clair Logis €€

*Das schlichte Hotel liegt in einer ruhigen Straße im Herzen der bewaldeten Halbinsel. Es ist eine gute Wahl für alle Feriengäste, die am eleganten Kap wohnen möchten, ohne einen horrenden Preis dafür zu bezahlen. Das Haus hat kein eigenes Restaurant.*

+ 181 D3 ✉ 12, avenue Centrale ☎ 04 93 76 51 81; www.hotel-clair-logis.fr ⊘ geschl. 10. Nov.–20. Dez., 10. Jan.–6. März

### Hôtel Royal Riviera €€€

*Ein extravagantes Hotel mit prächtig ausgestatteten Zimmern, sogar einen eigenen Hubschrauberlandeplatz, tollem Garten und Grillabenden am Pool.*

+ 181 D3 ✉ 3, avenue Jean Monnet ☎ 04 93 76 31 00; www.royal-riviera.com ⊘ geschl. 25. Nov.–13. Jan.

## LA TURBIE

### Hostellerie Jérôme €€

*Dieses luxuriöse Haus bietet Zimmer mit Blick aufs Dorf oder das Meer. Das Essen ist ausgezeichnet, im mit zwei Michelin-Sternen versehenen Restaurant bekommt man alles vom Frühstück (15 Euro) bis zum menu dégustation (98–140 Euro).*

+ 181 D3 ✉ 20, rue du Comte de Cessole ☎ 04 92 41 51 51; www.hostelleriejerome.com

## VILLEFRANCHE-SUR-MER

### Hôtel Welcome €€€

*Ein Kloster aus dem 17. Jh. wurde zum heutigen modernen Gebäude umgebaut. Alle Zimmer sind hell und haben Balkone mit Blick über die Bucht. Der Künstler Jean Cocteau wohnte hier, während er die Chapelle St-Pierre mit Fresken verzierte.*

+ 181 D3 ✉ 3, quai Amiral Courbet ☎ 04 93 76 27 62; www.welcomehotel.com ⊘ geschl. 11. Nov.–21. Dez.

# Wohin zum ...
## Essen und Trinken?

### Preise
Die Preise gelten pro Person für ein Drei-Gänge-Menü ohne Getränke und Trinkgeld:

€ unter 25 Euro  €€ 25–60 Euro  €€€ über 60 Euro

## BEAULIEU-SUR-MER

### Les Agaves €€
Eine sonnige provenzalische Ausstattung ergänzt die traditionelle französische und provenzalische Küche dieses schönen Restaurants unter den wachsamen Augen von Jackie Lelu. Der Schwerpunkt liegt auf Fisch und Meeresfrüchten wie frischem Hummer und Seebarsch, aber es werden auch hervorragende Fleischgerichte wie Foie Gras und Ente Magret angeboten.
🚇 181 D3 ✉ 26, ave Mar.-Foch ☎ 04 93 01 13 12 ◷ geschl. mittags; 20. Nov.–7. Dez.

## EZE

### La Bergerie €€
Zu Traditionsgerichten wird ein guter Côtes de Provence gereicht. Im Winter sitzt man am offenen Kamin, im Sommer auf der schattigen Terrasse mit Meerblick.
🚇 181 D3 ✉ Grande Corniche ☎ 04 93 41 03 67 ◷ Fr–So abends

### Le Cactus €
Erholen Sie sich in diesem kleinen Café vom Sightseeing. Die Mittagskarte bie-

tet Salate, Crêpes, Eiscreme und Tee.
🚇 181 D3 ✉ La Placette, entrée Vieux Village ☎ 04 93 41 19 02 ◷ März–Okt. 9–21 Uhr; im Winter Sa und So und in den Schulferien

### Château Eza €€
Im Schloss mit seinen zehn Sälen können Sie ein Menü der besonderen Art und dazu den prächtigen Panoramablick weit über das 400 m tiefer gelegene Meer genießen. Serviert werden exklusive Köstlichkeiten wie frische Meeresfrüchte, vegetarische Gerichte und leckere Desserts. Dazu gibt's natürlich eine gute Weinauswahl.
🚇 181 D3 ✉ rue de la Pise ☎ 04 93 41 12 24; www.chateaueza.com ◷ geschl. 1. Nov.–15. Dez.

### La Chèvre d'Or €€€
Ein wunderbarer Blick auf Küste und Meer, dazu eine kosmopolitische Küche mit Barsch-Sushi, Hühnchen mit Zitronengras oder Brassenfilet à la plancha, und das alles in extravaganten, renommierten und mit

zwei Michelin-Sternen geschmückten Restaurant des luxuriösen Hôtel Château de la Chèvre d'Or.
🚇 181 D3 ✉ Moyenne Corniche, rue du Barri ☎ 04 92 10 66 66; www.chevredor.com ◷ tägl. 12–14 und 19–23 Uhr

### Le Nid d'Aigle €
Das Restaurant des »Adlernestes« serviert provenzalische Klassiker in lockerer Atmosphäre gleich gegenüber dem Jardin Exotique. Hier bekommt man Regionalküche zu vernünftigen Preisen.
🚇 181 D3 ✉ 1, rue du Château ☎ 04 93 41 19 08 ◷ tägl. während der Hauptsaison; geschl. 9. Jan.–8. Feb.

## GORBIO

### Les Terrasses €
Provenzalische Küche und Pasta stehen auf der Karte des freundlichen Lokals und Cafés im luftigen Gorbio.
🚇 181 D4 ✉ 88, place de la République ☎ 04 93 35 95 78 ◷ Okt.–Mai abends geschl.

## MENTON

### Au Pistou €

Am alten Fischerhafen kann man Spezialitäten aus Menton und der Provence kosten. Ver schmeckt die *Bouillabaisse* so, wie sie sein soll.

➕ 181 E4 ⌖ 9 quai Gordon Bennett
☎ 04 93 57 45 89
🕐 geschl. So, Mo im Winter

### A Braijade Meridounale €€

Dieses einladende rustikale Restaurant in der Altstadt hat sich auf provenzalische Gerichte und Grillfleisch spezialisiert.

➕ 181 E4 ⌖ 66, rue Longue
☎ 04 93 35 65 65
🕐 geschl. Mi; 15. Nov.–7. Dez.

### Le Lido €–€€

Die Brasserie hat sich auf Meeresfrüchte spezialisiert und serviert frische Austern und riesige Meeresfrüchteplatten, außerdem Pasta, Paella und Salat.

➕ 181 E4
⌖ 24 rue Saint Michel
☎ 04 93 28 48 71 🕐 tägl.

### Mirazur €€€

Der talentierte argentinische Chefkoch Mauro Colagreco übernahm das Restaurant 2006 und bereits kurz danach wurde ihm ein Michelin-Stern verliehen. Er verwendet nur die frischesten Zutaten vom lokalen Markt. Zu den Spezialitäten zählen *Gamberoni de San Remo* – rote Garnelen in Spargel und Zucchini mit Borretsch und Knoblauch. Das moderne Dekor passt zu dem Rundumblick aufs Meer. Unbedingt reservieren.

➕ 181 E4 ⌖ ave Aristide Briand
☎ 04 92 41 86 86 🕐 mittags und abends; geschl. Mo, Di (mit Ausnahme von Juli, Aug.) sowie Sa und So mittags

## PEILLON

### Auberge de la Madone €€€

Der mit Michelin-Sternen ausgezeichnete Familienbetrieb hat sich auf aromatische Klassiker aus Nizza mit reichlich Olivenöl, Trüffeln, Ziegenkäse, Oliven und Bergkäse spezialisiert. Eine exzellente Weinauswahl passt zu gartenfrischem Gemüse,

Pasta, Geflügel und Kalbfleisch. Von der Restaurantterrasse hat man einen wunderbaren Blick.

➕ 181 D4 ⌖ 2 place au Village ☎ 04 93 79 91 17; www.chateauxhotels.com/madone
🕐 geschl. Mi; 6. Nov.–26. Dez.

## ROQUEBRUNE-CAP MARTIN

### Le Grand Inquisiteur €€

Die höhlenartigen Gewölbesäle dienten einst als Unterstand für Vieh. Heute eignen sie sich perfekt für ein romantisches Abendessen zu zweit.

➕ 181 D4 ⌖ 15, rue du Château
☎ 04 93 35 05 37
🕐 geschl. Mo, im Winter geöffnet Mi–So

### La Grotte €

Das beliebte Höhlenrestaurant liegt gleich am Dorfeingang. Einige Tische stehen auch auf dem Platz, und wer ein gutes Tagesgericht (*Plat du jour*) oder eine preiswerte Pizza sucht, ist hier genau richtig.

➕ 181 D4 ⌖ Place des Deux-Frères
☎ 04 93 35 00 04
🕐 Mi und Okt. bis März Di abends geschl.

## ST-JEAN-CAP FERRAT

### Capitaine Cook €€

Das Restaurant am Ortsrand serviert vor allem Meeresfrüchte. Die Terrasse ist ideal für ein Abendessen im Sommer.

➕ 181 D3 ⌖ 11 avenue Jean Mermoz
☎ 04 93 76 02 66 🕐 geschl. Mi und Do mittags; geschl. 3. Nov.–26. Dez.

### Le Provençal €€€

Erstklassiges Restaurant mit reichem Meeresfrüchteangebot. Man kann hier eher bescheiden oder sehr teuer essen, ganz nach Lust und Laune.

➕ 181 D3 ⌖ 2, ave Denis-Semeria
☎ 04 93 76 03 97 🕐 tägl. im Sommer; im Winter tägl. mittags, abends Fr–So. geschl. Nov.

## LA TURBIE

### Hostellerie Jérôme €€

Das mit zwei Michelin-Sternen geschmückte Restaurant der alten Hostellerie in einem Gebäude aus dem 15. Jh. serviert ausgezeichnete Regionalküche in schickem Ambiente.

# Wohin zum ... Einkaufen?

## MÄRKTE

In vielen kleinen Dörfern an den Corniches finden täglich oder wochentlich Märkte statt, die ein wahres Fest für die Sinne sind. Man sollte sie nicht verpassen.

An der Corniche Inférieure gibt es in **Beaulieu-sur-Mer** täglich einen Obst- und Gemüsemarkt auf der Place du Marché. Samstags werden dort Kleider und Haushaltswaren verkauft, und am dritten Samstag im Monat ist Trödelmarkt.

In **Villefranche-sur-Mer** kann man sonntags über den Flohmarkt mit vielfältigem Angebot (Jardin François Binon und Avenue Amélie Pollonnais) und am Samstagvormittag über den provenzalischen Markt (Jardin François Binon und Promenade de l'Octroi) bummeln.

An der Grande Corniche veranstaltet **Roquebrune** täglich einen gut besuchten Provencemarkt (Place du Marché) und Mitte September den jährlichen Flohmarkt. In **La Turbie** herrscht am Donnerstagvormittag ein reges Markttreiben.

**Menton** hat eine täglich geöffnete Markthalle (les Halles) für Frischfleisch, Obst, Gemüse und Käse; Kleider werden am Samstagvormittag am alten Hafen (Vieux Port) verkauft, freitags kann man einen Trödelmarkt (Place aux Herbes) besuchen.

## LEBENSMITTEL

Dosen mit Gänsestopfleber und Paté von Biogänsen bekommt man bei **Comtesse du Barry** (36, rue Partouneaux, Menton, Tel. 04 93 35 35 05; Filialen in Cannes und Nizza). Fast so gut wie ein Abstecher über die Grenze ist ein Besuch bei DOC d'Italia (5, rue Piéta, Menton), wo es beinahe alles von *Panettone* bis *Pecorino* gibt.

## SPEZIALITÄTEN

Die **Coutellerie E Garnero** (8, rue St-Michel, Menton, Tel. 04 93 57 03 60) hat sich seit hundert Jahren auf die ungewöhnliche Kombination von Messern und Schirmen spezialisiert. Dieser herrlich altmodische Laden gehört zu den ungewöhnlichsten Geschäften an der Riviera und lohnt unbedingt einen Besuch.

**L'Herminette Èzasque** (1, rue Principale, Èze, Tel. 04 93 41 13 59, Sommer tägl. 10–19, Winter bis 18 Uhr) hat seinen Sitz im alten Stadtor und verkauft provenzalische Weihnachtsfiguren (*santons*) sowie unterschiedliche Souvenirs aus Olivenholz.

## PROVENZALISCHES

**Les Images de Provence** (21 rue St-Michel, Menton, Tel. 04 93 57 09 98, geöffnet tägl. 9–19 Uhr) bietet Stoffe in typischen Provencemustern am Meter oder fertig als Tischdecken, Sets und Bettüberwürfe.

---

⊞ 181 D3 ⊠ 20, rue du Comte de Cessole
☎ 04 92 41 51 51; www.hostellerierome.com
⊙ geschl. Mo–Di (außer Juli–Aug.); 6. Nov.–10. Feb.

## VILLEFRANCHE-SUR-MER

### Joïa €–€€

Dekor und Essen sind gleichermaßen exotisch. Man sitzt zwischen Buddhas und marokkanischen Lampen und isst asiatisch-französische Gerichte.

⊞ 181 D3 ⊠ 18, rue du Poilu
☎ 04 93 76 62 40 ⊙ tägl. 19–0.30 Uhr

### La Mère Germaine €€€

Eines der beliebtesten Restaurants am Wasser mit täglich wechselnder Karte und fangfrischem Fisch.

⊞ 181 D3 ⊠ 9, quai Amiral Courbet
☎ 04 93 01 71 39 ⊙ 12. Nov.–24. Dez. geschl.

### Michel's €€

In der Fußgängerzone (Parkplatz gegenüber) gibt's auf der sonnigen Terrasse mit Meerblick liebevoll angerichtete Meeresfrüchte.

⊞ 181 D3 ⊠ place Amélie Pollonnais
☎ 04 93 76 73 24 ⊙ Di geschl.

# Wohin zum ...
# Ausgehen?

## FESTE RUND UM NIZZA

Im **Februar** veranstaltet Menton die Fête au Citron, ein 15-tägiges Fest zu Ehren der Zitronen, des Hauptanbauproduktes der Region (▶ 22). Höhepunkt ist der Umzug von Festwagen, die – genau wie die Aufbauten im Jardin Biovès – mit Tausenden von Zitronen geschmückt werden.

Im **März** findet in Villefranche-sur-Mer eine *bataille de fleurs* statt, eine Blumenschlacht, oder besser, ein Wettbewerb. Ähnliche Veranstaltungen gibt es überall in der Region.

Der **April** ist der Monat der religiösen Feste. In Roquebrune-Cap Martin beginnt Ostern mit einer Prozession am Gründonnerstag/Karfreitag.

Der **1. Mai** (Tag der Arbeit/ *Fête du Travail*) ist in Frankreich offizieller Feiertag. Überall im Land finden Feste statt. In Menton gibt es überdies im Mai einen Oldtimer-Parcours und ein französisch-italienisches Straßentheaterfestival.

Im **Juni** sollte man Gorbio besuchen und bei der Procession dai Limaca zuschauen. Die Dorfbewohner feiern Fronleichnam mit einer nächtlichen Prozession (▶ 74).

Schauen Sie wegen des genauen Termins – manchmal auch im Mai – im Kalender nach. In Menton öffnen sich im Juni die privaten und öffentlichen Parks und Gärten für Besucher. In ganz Frankreich werden bei der Fête de la Musique Konzerte im Freien veranstaltet.

Zahlreiche Feste, darunter viele Kunst- und Musikfestivals, fallen in den **Juli** und **August**. Im **Juli**

lädt das Monastère de l'Annonciade in Menton zu einer abendlichen Konzertreihe ein, in den Parks finden Musikfestivals und Aufführungen mit südamerikanischer Musik statt. In Roquebrune-Cap Martin kann man zu Monatsbeginn ein Mittelalterfest besuchen. Die Fête de St-Pierre (2. So im Juli) wird vor allem in Cap d'Antibes, Villefranche-sur-Mer und Nizza festlich begangen. Feuerwerke, *batailles de fleurs* und Feste begleiten den Nationalfeiertag am **14. Juli**.

Beim Musikfestival in Menton im **August** wird den ganzen Monat über Kammermusik im Freien gespielt. Dazu kommen Open-Air-Theateraufführungen und der Grand Prix im Kartfahren. Am **5. August** findet in Roquebrune eine Prozession statt, in Peille trifft man sich zum Weizen- und Lavendelfest.

Am **ersten Sonntag im September** geht's zum Festin des Baguettes nach Peille. In Menton kann man zeitgleich bei den Mittelmeer-Gartentagen Pflanzen- und Gartenschauen besuchen.

Im **Dezember** ist noch einmal viel los, wenn überall die Weihnachtsmärkte ihre Stände aufbauen. Besonders schön sind die *santon*-Krippen mit Figuren der heiligen Familie und einfacher Leute aus der Provence.

## SONSTIGE UNTERHALTUNG

Das **Théâtre Français Palermo** (Palais de l'Europe, avenue Boyer, Tel. 04 92 41 76 50) lädt zu französischen Stücken, Operetten und Vorträgen ein.

Es gibt nicht nur das Kasino von Monte-Carlo, sondern auch das **Casino de Menton** mit einarmigen Banditen, Spielsalen, zwei Bars, Restaurant und dem Club Le Brummell (2, avenue Félix Faure, Tel. 04 93 35 78 38; 10–3 Uhr, Fr und Sa bis 4 Uhr).

Der **Golf Club de Monte-Carlo** (route du Mont Agel, La Turbie, Tel. 04 93 41 09 11, Mo 8–17, Di–So 8 bis 18 Uhr) ist ein 18-Loch-Platz mit Blick auf die Küste und die italienischen Alpen.

# Monaco

# Erste Orientierung

Der Jetset hat das reiche, schicke und exklusive Fürstentum schon wegen der Steuervorteile zu seiner Wahlheimat erkoren. Das Durchschnittseinkommen liegt hier deshalb weit höher als anderswo. Nicht nur die Fürstenkinder sind berühmt, sondern auch das Kasino von Monte-Carlo.

Die meisten Menschen kommen allerdings zum Großen Preis von Monaco alljährlich im Mai. Tausende von Zuschauern säumen dann die schmalen, kurvenreichen Straßen von Monte-Carlo, wedeln mit ihren Fähnchen und schauen zu, wie die Rennwagen mit ohrenbetäubendem Lärm und atemberaubender Geschwindigkeit durch das Stadtzentrum donnern.

Der Grand Prix ist nach einem Tag vorüber, dann kehrt wieder Ruhe ein ins Leben der Monegassen, wie die Bewohner des winzigen, blitzsauberen Fürstentums mit der Skyline zwischen Meer und Bergen genannt werden.

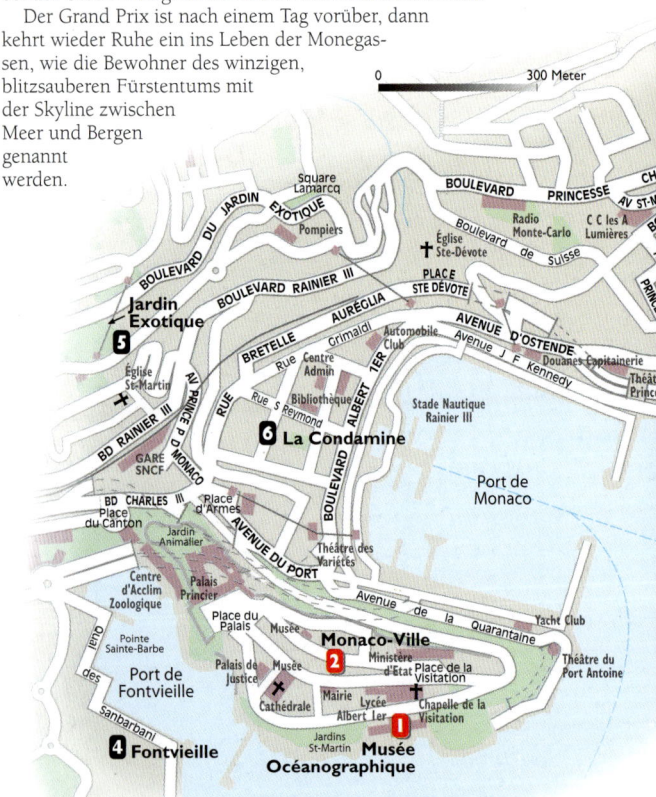

Monaco ist nach dem Vatikan der zweitkleinste souveräne Staat der Welt. Nur 7000 der 30 000 Bewohner sind Einheimische. Die Übrigen zahlen ohne mit der Wimper zu zucken die exorbitanten Preise für Wohnungen und Grundstücke, nur um zur Gemeinschaft der Millionäre, Spieler, Bankiers und

Aristokraten zu gehören. Keine Staatsbürgerschaft der Welt ist so begehrt wie diese. Von den zahlreichen Antragstellern wurden in den letzten 15 Jahren gerade einmal 4000 angenommen, darunter Karl Lagerfeld, Anthony Burgess, Steffi Graf, Alain Prost, Claudia Schiffer und der kürzlich verstorbene Luciano Pavarotti. Monaco bleibt die Tummelwiese der Reichen und Berühmten und der wohl exklusivste Urlaubsort der Welt.

## ★ Nicht verpassen!

**1** **Musée Océanographique** ➤ 88
**2** **Monaco-Ville** ➤ 90
**3** **Casino de Monte-Carlo** ➤ 93

## Nach Lust und Laune!

**4** Fontvieille ➤ 96
**5** Jardin Exotique ➤ 96
**6** La Condamine ➤ 96
**7** Musée Automates et Poupées (Musée National) ➤ 97
**8** Larvotto ➤ 97

Seite 83:
Wolkenkratzer
in Monte-Carlo;
Strand bei
Larvotto;
Shopping in
Monte Carlo

Rechts: Der
Fürstenpalast
Unten: Das
Kasino

# An einem Tag

Sich in Monaco zu orientieren, kann recht schwierig sein, doch
mit dem nachfolgenden Rundgang entdecken Sie viele Facetten
des winzigen Fürstentums, von der Altstadt Monaco-Ville bis zum
schicken Museumsviertel und dem Yachthafen La Condamine.
Monte-Carlo mit seinen Hochhäusern, Designerboutiquen, Bars,
Restaurants und dem Kasino bildet dazu einen scharfen Kontrast.

## Vormittags

Erkunden Sie **2 Monaco-Ville** (► 90ff) mit seinen schmalen Straßen und pas-
tellfarbenen Häusern auf einem 800 m ins Meer hineinragenden Steilfelsen.
Im Herzen steht die üppige neoromanische Kathedrale (► 92), die mit
Gewinnen aus dem Kasino finanziert wurde und einen kostbaren Altar von
Louis Bréa aus Nizza (16. Jh.) und das Grab von Fürstin Gracia Patricia birgt.
Wenn Prinz Albert II. im Sommer abwesend ist, kann man an einer Führung
durch den Fürstenpalast (► 90f) teilnehmen und dabei die Kostbarkeiten
der Staatsgemächer und des kleinen Musée Napoléon bewundern. Ist der
Fürst zu Hause, muss man sich mit der Wachablösung (tägl. 11.55 Uhr)

zufriedengeben.
Durch die erhöhte
Lage von Monaco-
Ville hat man einen
herrlichen Blick auf
das Hafenviertel **6 La
Condamine** (► 97), ein
geschäftiges Viertel an
einem der reizvolls-
ten Ankerplätze der
Riviera. Viele Luxus-
yachten ankern heck-
wärts, und manchmal
erhascht man einen
Blick auf das Leben
an Bord.

## Mittags

Im *Le Castelroc*
(► 100) gegenüber
dem Fürstenpalast
bekommt man tra-
ditionelle mone-
gassische Küche.

## Nachmittags

Nehmen Sie sich ein paar Stunden Zeit für das **1 Musée Océanographique**
(oben rechts; ► 88f), das als bestes Aquarium und Museum für Meereskunde Europas gilt. Das früher von dem Unterwasserforscher Jacques
Cousteau geleitete Haus bietet eine tolle Sammlung an Meeresbewohnern
und nautischen Instrumenten, das älteste U-Boot der Welt und ein
20 m langes Walskelett. Streifen Sie dann durch das schicke Viertel
**4 Fontvieille** (► 96) mit Attraktionen für die ganze Familie. Außer

Fürst Rainiers privater Oldtimersammlung kann man das Schifffahrtsmuseum mit 180 Modellen berühmter Schiffe, das Museum für Münzen und Briefmarken mit einer Dokumentation der Postgeschichte Monacos, einen Skulpturenpfad und Gracia Patricias Rosengarten erkunden.

## Abends

Fontvieille ist der Szenetreff von Monaco. Nirgendwo sonst bekommt man eher Stars und Sternchen zu Gesicht als auf der kühlen Terrasse der *Brasserie Columbus* (➤ 98), die dem Formel-1-Fahrer David Coulthard gehört.

Auch wenn Sie keine Spielernatur sind, sollten Sie später am Abend im **8 Casino von Monte-Carlo (**unten; ➤ 93ff) versuchen, die Bank zu knacken. Falls das Glück Ihnen hold war, können Sie Ihren Gewinn Seite an Seite mit dem Jetset im *Point Rouge* (11, rue du Portier, Monte-Carlo) oder im *Jimmy'z* (➤ 103), der wohl schicksten Disko an der Côte d'Azur, verprassen.

# **1 Musée Océanographique**

Das Museum für Meereskunde mit seinem Aquarium liegt auf einem Steilfelsen über dem Mittelmeer. Es zählt zu den besten seiner Art und gilt als eine der Attraktionen von Monaco.

1910 eröffnete Prinz Albert I., ein begeisterter Meeresforscher, das Museum als Forschungsinstitut und sammelte dort die zahlreichen Arten, die er von seinen Reisen mitbrachte. Elf Jahre dauerte es, bis man die 100 000 t weißen Sandstein aus La Turbie (▶ 66) verbaut hatte. Das mit Gewinnen aus dem Kasino finanzierte Endprodukt mit der 85 m breiten Fassade ist ein Meisterwerk der Monumentalarchitektur und thront direkt über dem Meer.

Das Museum erstreckt sich über mehrere Etagen, sein Herzstück ist jedoch das **Aquarium** im Untergeschoss mit Tausenden von seltenen Fischen in herrlichen, mit lebenden Korallen aus aller Welt bewachsenen Becken. Die größten Fische schwimmen hinter einer dicken Glasscheibe links vom Eingang. Dieser Bereich grenzt an den Felsen, der direkt mit dem offenen Meer verbunden ist. Hier tummeln sich insgesamt 2000 Exemplare von über 250 Arten, darunter 11 Hai- und Rochenarten.

**Die Fassade des Musée Océanographique auf dem Steilfelsen über dem Meer**

**Gegenüber: Ein Becken mit Clownfischen im Aquarium**

In anderen Becken versammeln sich Quallen, karibische Muränen und ihre Freunde, die kleinen Putzergarnelen, unheimliche Laternenfische (auch passend Dämonen der Nacht genannt) sowie viele gut getarnte Arten, z. B. Weitaugenbutte.

Im 1. Stock befinden sich eine außergewöhnliche **Sammlung** nautischer Instrumente und seltene Meeresflora und -fauna, darunter das Skelett eines 20 m langen Wals mitsamt den eindrucksvollen Barten, durch die der Krill gefiltert wird. Ebenfalls auf dieser Etage kann man das **Labor** bewundern, das Prinz Albert auf seinem letzten Schiff, der *Hirondelle II,* einbauen ließ. Schautafeln erklären natürliche Meeresphänomene wie Wellen, Gezeiten, Strömungen und Salzgehalt. Hier liegt auch das älteste U-Boot der Welt von 1774, das mit Pedalantrieb funktionierte und während des amerikanischen Unabhängigkeitskrieges gegen englische Schiffe eingesetzt wurde.

Im Erdgeschoss stehen **Modelle** aller Schiffe, die für die Reisen des Fürsten gebaut wurden. Das **Kino** zeigt regelmäßig Filme des Meeresforschers Jacques Cousteau, der bis 1988 die Forschungsabteilung leitete.

### KLEINE PAUSE

Das **Café La Terrasse** im 2. Stock des Museum ist fast immer geöffnet. In der Nähe des Museums, in der Altstadt, gibt's im **Da Sergio** (place de la Mairie, Tel. 04 91 16 53 64) preiswerte Pizza und einen Espresso.

---

Musée Océanographique
182 B1 ✉ avenue St-Martin
☎ 377 93 15 36 00; www.oceano.mc
🕐 Juli–Aug. tägl. 9.30 bis 19.30 Uhr; April–Juni, Sept. 9.30–19 Uhr; Okt.–März 10–18 Uhr 💶 teuer, unter 6 Jahren frei; geschl. während des Grand Prix

## MUSÉE OCÉANOGRAPHIQUE: INSIDER-INFO

**Top-Tipps:** Im 2. Stockwerk befindet sich ein **Café und eine Terrasse mit Panoramablicken** auf das Fürstentum, die Berge und weit über das Meer. Eine Informationstafel zeigt, wo in der Region interessante Sehenswürdigkeiten liegen.

■ **Wenn Sie kein Französisch,** dafür aber Englisch sprechen, lohnt sich der englischsprachige Museumsführer (8 Euro). Auch die Tafeln im Aquarium sind mehrsprachig, die im 1. Stock allerdings nur französisch.

# 2 Monaco-Ville

Monaco besteht heute aus mehreren Vierteln, doch ursprünglich war der Ort nichts weiter als ein typisches provenzalisches *village perché* hoch oben auf einem Felsen. Der älteste Teil, Monaco-Ville, umfasste den Fürstenpalast und die Altstadt. Sie liegen auf einem Felsen (Le Rocher), der 800 m weit ins Mittelmeer ragt und 300 m tief abfällt.

### Der Fürstenpalast

Der Fürstenpalast erhebt sich am westlichen Ende des Rocher. Der heutige Palast wurde auf den Fundamenten einer genuesischen Festung aus dem 13. Jh. errichtet. François Grimaldi schlich sich 1297 als Mönch verkleidet in die Burg ein und übernahm die Kontrolle über Monaco. Der heutige Fürst, Albert II., ist sein direkter Nachfahre und setzt damit die Linie einer der ältesten Dynastien Europas fort.

**Die Renaissancefassade des Fürstenpalastes, Sitz der Familie Grimaldi**

**Monaco-Ville auf dem Rocher hoch über dem Mittelmeer**

Der elegante Palast, der heute hier steht, stammt aus dem 17. Jh. Die akkurat gekleidete Fürstengarde wacht vor dem Eingang und ist notfalls bereit, das Schloss mit dem Gewehr gegen jeden Eindringling – in welcher Verkleidung auch immer – zu verteidigen. Die **Wachablösung** findet jeden Morgen genau um 11.55 Uhr statt und dauert 10 Minuten. Weht vom Turm die Landesfahne, ist der Fürst zu Hause.

Von Juni bis Oktober können Besucher den Palast mit Unterstützung eines **Audioguides** besichtigen. Der Rundgang umfasst den Ehrenhof, die Herkulesgalerie mit Fresken aus dem 17. Jh., den Thronsaal und die Staatsgemächer mit kostbaren Schätzen. Das kleine **Musée Napoléon** im Südflügel birgt eine Sammlung von Napoleon-Memorabilien, beispielsweise eine Socke und einen Hut.

## FRANÇOIS GRIMALDI

Monaco wurde 1215 als Kolonie der Genueser gegründet, die eine Festung auf dem strategisch günstig gelegenen Felsen errichteten. Sie wurde 1297 von François Grimaldi erobert, der sich, als Mönch verkleidet, mit seinen ebenfalls getarnten Anhängern in die Burg einschlich. Dort töteten sie die Wachen und übernahmen die Festung. 300 Jahre dauerte der Kampf um den Felsen, und immer wieder wurde Monaco erobert und zurückerobert, bis die Grimaldi sich endgültig durchsetzten und sich im 17. Jh. zu Fürsten von Monaco erklärten. Über dem Eingang zum Palast prangt das Familienwappen mit zwei Mönchen, die Schwerter tragen. Vor dem Palast steht eine Statue von François Grimaldi im Mönchsgewand, das Schwert in der Kutte verborgen.

## Die Altstadt

Der Palast, der angrenzende Platz und die Gartenanlagen nehmen einen Großteil von Monaco-Ville ein. Der Rest des Rocher gehört der Altstadt, einem echten Miniaturstädtchen mit einem blitzsauberen Labyrinth von Kopfsteinpflastergassen, Plätzen mit schönen Brunnen, Fassaden im italienischen Stil und natürlich den unvermeidlichen Souvenirläden rund um den Fürstenpalast.

In der Rue Colonel Bellando de Castro im Herzen der Altstadt steht die neoromanische **Cathédrale St-Nicholas**, in der Rainier III. neben seiner geliebten Frau Gracia Patricia (1929–82) beigesetzt wurde. Ihr Grab ist häufig mit Blumen geschmückt. Das Baumaterial für die Kathedrale stammt aus La Turbie. Die Kirche ist nicht besonders eindrucksvoll, birgt aber neben den Grabstätten einen Altar von Louis Bréa und Gräber weiterer Grimaldi-Fürsten.

Oben: Die Festungsmauern des Palastes

In der Altstadt kann man außer dem Musée Océanographique (▶ 88f) noch das häufig übersehene **Musée de la Chapelle de la Visitation** mit Sakralkunst von Ribera, Rubens und italienischen Barockkünstlern besichtigen und vom **Jardin St-Martin** aus den Blick übers Meer genießen.

---

✚ 182 B1
**Palais Princier**
✚ 182 A2 ✉ place du Palais ☎ 377 93 25 18 31; www.palais.mc
🕐 Juni–Sept. tägl. 9.30–18 Uhr; Okt. 10–17 Uhr; Nov.–Mai geschl. 💶 mittel, Eintritt nur im Rahmen der Führung 🚌 1, 2
**Musée Napoléon**
🕐 tägl. 10–17 Uhr, 1.–11. Mai; Di–So 10.30–12 und 14–16.30 Uhr, 17. Dez.–Mai

**Touristeninformation**
✚ 183 D4 ✉ 2a boulevard des Moulins ☎ 377 92 166 166; www.monaco-tourisme.com 🕐 Mo–Sa 9–19, So 10–12 Uhr

---

### MONACO-VILLE: INSIDER-INFO

**Top-Tipps:** Auswärtige Fahrzeuge sind in Monaco-Ville nicht zugelassen. Man erreicht das Viertel von der Place d'Armes aus über einen steilen **Fußweg** oder mit dem Aufzug vom Parking des Pêcheurs, einem Parkplatz am Fuß des Rocher. In Monaco gibt es mehrere **kostenlose** öffentliche **Aufzüge** und Rolltreppen, die auf einer in der Touristeninformation erhältlichen kostenlosen Karte verzeichnet sind.

■ Wenn Sie Monaco im Sommer besuchen, können Sie im **Open-Air-Kino** mit der größten Leinwand Europas allabendlich Filme in Originalsprache mit Untertiteln sehen. Schauplatz sind die Terraces du Parking des Pêcheurs (Ende Juni–Anfang Sept., Tel. 377 95 25 86 60).

■ Falls Sie kein Motorsportfan sind, sollten Sie den **Großen Preis von Monaco** im Mai meiden, denn dann überschwemmen Tausende von Besuchern das Fürstentum, und viele Straßen sind gesperrt.

# **3 Casino de Monte-Carlo**

Wer nach Monaco fährt, sollte mindestens einmal das berühmteste Kasino der Welt besuchen. Die Fassade ist so üppig verziert, dass es ans Kitschige grenzt. Lange Zeit war das Kasino die Haupteinkommensquelle des Fürstentums, und bis heute steht es für den Glanz und Glamour von Monte-Carlo.

Die Grimaldi von Monaco regierten einst einen viel größeren Küstenabschnitt und bezogen ihr Einkommen hauptsächlich aus Abgaben, die sie auf Oliven und Zitrusfrüchte aus Menton erhoben. Die drückende Steuerlast löste 1848 einen Aufstand aus, bei dem Menton und Roquebrune ihre Unabhängigkeit vom Fürstentum erklärten und damit den Grimaldi 80 % ihres

Kasino und
Park von
Monte-Carlo

Besitzes entzogen. Fortan hatte Monaco seine heutige Größe, und Fürst Charles III. stürzte in eine tiefe Finanzkrise. 1878 eröffnete der Fürst, nach dem Monte Carlo benannt wurde, das Kasino, um dem drohenden Bankrott zu entgehen. 95 % der Gewinne flossen in die Staatsschatulle, und das Geschäft erwies sich als so lukrativ, dass der Fürst bereits fünf Jahre später sämtliche Steuern abschaffte, woran sich bis heute nichts geändert hat. Allerdings sind die Tage vorbei, in denen die Monegassen allein von der Verschwendungssucht auswärtiger Gäste leben konnten. Die Einnahmen aus dem Kasino sinken, und mittlerweile ist es eher eine Touristenattraktion.

Charles Garnier, der Architekt der Pariser Oper, entwarf den Prachtbau. In seinen Glanztagen erhielt das Kasino den Beinamen »Kathedrale der Hölle«. Das üppige Belle-Epoque-Interieur erstrahlt in Rosa-, Grün- und Goldtönen. Marmorböden, Bronzeskulpturen, Onyxsäulen und reich verzierte Decken, von denen prunkvolle Lüster herabhängen, schaffen die unverwechselbare Atmosphäre. Linker Hand befinden sich das *Café de Paris* und die **Salons Américains**. Wer sich hier beim Pokern oder an einarmigen Banditen vergnügen will, muss volljährig sein, jedoch keinen Eintritt zahlen.

Man kann auch nur durch die Gartenanlagen spazieren und die Luxusautos bewundern, die vor dem Eingang parken, oder

**Die Fassade des Kasinos ist abends hell angestrahlt**

einen Blick in die Eingangshalle des Kasinos werfen, doch wer die Spielsäle betreten möchte, wird zuerst zur Kasse gebeten. Seit der Eröffnung haben sich hier sonnengebräunte Spieler und teuer gekleidete Spielerinnen aus aller Welt eingefunden. Für 10 Euro erhält man Zutritt zu den **Salons Européens**, einem Miniatur-Las Vegas unter blattvergoldeter Rokokodecke. Einen gediegenen Anzug oder das kleine Schwarze sollten Sie schon tragen, wenn Sie nach 22 Uhr in den **Salons Privés** mithalten möchten. Passend zum noch extravaganteren Dekor wird hier um höhere Einsätze gespielt. Beim Roulette und an den *chemin-de-fer*-Tischen setzen gut aussehende Herren schwindelerregende Summen. Nur wenige Touristen verirren sich hierher, Kameras sind nicht erlaubt, und Spieler wie Croupiers nehmen die ganze Sache äußerst ernst. Wer so weit vorgedrungen ist, sollte die **Pink Salon Bar** aufsuchen, die nicht nur wegen der nackten, Zigarren rauchenden Damen an der Decke berühmt ist, sondern auch, weil Charles Deville Wells hier 1891 in einem dreitägigen Spielmarathon aus 400 Dollar 40 000 machte und damit den Song *The Man Who Broke the Bank at Monte Carlo* inspirierte.

Das Kasinogebäude beherbergt auch die nach dem berühmten Architekten benannte **Salle Opéra Garnier** mit reichem Dekor. Auf einer Seite wird das Kasino vom schicken *Café de Paris* flankiert, auf der anderen Seite vom *Hôtel de Paris* mit dem dekadenten Speisesaal des *Louis XV* (➤ 100). Rund um das Kasino zieht sich ein »goldener Ring« von Designerboutiquen und Juwelieren, wo man das gewonnene Geld rasch wieder loswerden kann.

## KLEINE PAUSE

Auf der Terrasse des *Café de Paris* (➤ 103) kann man bei einem kühlen Drink Kasinoluft schnuppern.

### Casino de Monte-Carlo
🗺 183 D3 ✉ place du Casino ☎ 377 92 16 20 00; www.casino-monte-carlo.com

### Touristeninformation
🗺 183 D4 ✉ 2a, boulevard des Moulins ☎ 377 92 16 61 16 🕐 Mo–Sa 9–19, So 10–12 Uhr. Im Sommer zusätzliche Kioske am Bahnhof und den wichtigsten Sehenswürdigkeiten

---

## CASINO DE MONTE-CARLO: INSIDER-INFO

**Top-Tipps:** Wer ins Kasino will, muss **volljährig** sein und seinen **Pass oder Personalausweis** vorlegen.

■ Im Kasino herrscht eine **strenge Kleiderordnung**, und Herren, die in die hinteren Spielsäle möchten, sollten mindestens Jackett und Krawatte tragen. Shorts und T-Shirts sind undenkbar, in den privaten Sälen herrscht nach 22 Uhr in jedem Fall Krawattenzwang. Uniformen aller Art sind nicht zugelassen.

■ **Monegassen** dürfen ebensowenig im Kasino spielen wie **Geistliche**.

■ Kreditkarten werden **nicht** akzeptiert.

■ Gleich um die Ecke befindet sich das **Sun Casino** mit Automaten (ab 11 Uhr) und Spieltischen (ab 17 Uhr), der Eintritt ist frei (Fairmont Monte-Carlo, Tel. 377 92 16 21 23; www.casino-monte-carlo.com).

# Nach Lust und Laune!

## 4 Fontvieille

Dieses moderne Wohn- und Geschäftsviertel wurde auf dem Areal unterhalb des Rocher von Monaco-Ville erbaut. Es umfasst einen Yachthafen, ein Stadion, Läden, zahlreiche Museen und einen Zoo (**Jardin Animalier**), in den Tiere aus den Tropen gebracht werden, um sich an das europäische Klima zu gewöhnen.

Folgen Sie dem **Skulpturenpfad**, einem von modernen Skulpturen gesäumten Fußweg, der sich von der Place du Campanile St-Nicholas hinauf zur **Roseraie Princesse-Grace** windet. Der Park ist der früheren Hollywood-Schauspielerin und späteren Gemahlin von Fürst Rainier III. gewidmet, die 1982 mit ihrem Wagen auf der Moyenne Corniche tödlich verunglückte. Der Garten in der Avenue des Papalins ist eine friedliche Oase, erfüllt vom Duft der 4000 Rosenstöcke.

Zu den Museen von Fontvieille gehören das **Musée des Timbres et des Monnaies** mit einer Briefmarken- und Münzsammlung, das **Musée Naval** mit Hunderten von Modellen berühmter Schiffe und die **Collection des Voitures Anciennes** mit zahlreichen blitzenden Oldtimern.

✚ 182 A1

Jardin Animalier
✉ Terrasses de Fontvieille
☎ 377 93 25 18 31 🕐 Juni–Sept. tägl. 9–12 und 14–19 Uhr; März–Mai 10–12 und 14–18 Uhr; Okt.–Feb. 10–12 und 14–17 Uhr 🎫 preiswert

Musée des Timbres et des Monnaies
✉ Terrasses de Fontvieille ☎ 377 93 15 41 50 🕐 Juli–Sept. tägl. 10–18 Uhr; Okt–Juni tägl. 10–17 Uhr 🎫 preiswert

Musée Naval
✉ Terrasses de Fontvieille
☎ 377 92 05 28 48; www.musee-naval.mc
🕐 tägl. 10–18 Uhr 🎫 preiswert 🚌 5, 6

Collection des Voitures
✉ Terrasses de Fontvieille
☎ 377 92 05 28 56; www.palais.mc 🕐 tägl. 10–18 Uhr; 25. Dez. geschl. 🎫 mittel 🚌 5, 6

## 5 Jardin Exotique

In luftiger Lage hoch über Fontvieille liegt an der Moyenne Corniche (N7) der Jardin Exotique, eine der Hauptattraktionen Monacos, mit mehreren tausend Kakteen und Sukkulenten in bunten Farben und bizarren Formen. Einige Pflanzen sind fast 10 m hoch.

Der Eintrittspreis schließt einen Rundgang durch die **Grottes de l'Observatoire** ein, Höhlen, die bereits während der Altsteinzeit bewohnt waren. Inbegriffen ist auch der Eintritt ins **Musée d'Anthropologie Préhistorique** mit urzeitlichen Mammutknochen und frühen menschlichen Artefakten.

✚ 182 bei A3 ✉ 62, boulevard du Jardin-Exotique ☎ 377 93 15 29 80 🕐 Mitte Mai–Mitte Sept. tägl. 9–19 Uhr; Mitte Sept.–Mitte Mai 9–18 Uhr oder Einbruch der Dunkel- heit 🎫 mittel 🚌 2

## 6 La Condamine

Im Mittelalter bezeichnete man fruchtbares Land am Rand eines Dorfes oder vor einer Burg als condamine. Heute ist das Gebiet außerhalb des Fürstenpalastes ein quirliges Viertel, das sich rund um den Hafen von Monaco zieht und alljährlich Startpunkt des Großen Preises ist. Die **Rue Grimaldi** ist die wichtigste Einkaufsstraße mit zahlreichen Lebensmittelläden. Der Wochenmarkt findet seit 1880 auf der **Place d'Armes** statt. Dort liegen auch der **Bahnhof** und einige preisgünstigere Hotels und Bars, in denen die Einheimischen noch den alten monegassischen Dialekt sprechen. Am Hafen gibt es ein paar legere Restaurants und natürlich phantastische Yachten zum Bestaunen.

**182 B2 1, 2, 4, 5, 6 Juni–Mitte Sept. tägl. um 11, 14.30 und 16 Uhr Fahrten rund um Le Rocher ab dem Quai des Etats-Unis, Port d'Hercule, Tel. 377 92 16 15 15**

## 7 Musée Automates et Poupées (Musée National)

Monaco baut ein neues Nationalmuseum (der erste Teil soll 2009 eröffnet werden), um vor allem die Sammlung aus dem früheren Musée de Beaux-Arts (das 1958 geschlossen wurde) dort neben der Puppensammlung zu zeigen. Genau wie die Oper und das Kasino wurde auch diese Villa inmitten eines Rosengartens von Charles Garnier entworfen. Die meisten Stücke der Puppensammlung stammen aus dem 19. Jh., einige sind noch älter, andere modern. Alle tragen zeitgenössische Kleidung und sitzen auf Miniaturmöbeln. Besonders interessant sind die beweglichen Puppen mit für die Besucher sichtbaren Spielwerken, die mehrmals pro Tag vorgeführt werden.

**183 F4 17, avenue Princesse-Grace 377 93 30 91 26 Ostern bis Sept. tägl. 10–18.30 Uhr; Okt.–Ostern 10–12.15 und 14.30–18.30 Uhr mittel**

## 8 Larvotto

Was Monaco nicht an natürlichen Reichtümern besitzt, erschafft es sich künstlich. Rainier III. dehnte Monaco um ein Fünftel aus, indem er Land für das Viertel Fontvieille gewinnen ließ und in Larvotto unweit von Beausoleil auf der anderen Seite der französischen Grenze einen künstlichen Strand und Badeeinrichtungen schuf. In Larvotto hat auch der **Sporting Club** seinen Sitz, zu dem ein 6 ha großes Areal am Wasser gehört.

Nicht weit vom Strand von Larvotto bildet der friedliche **Jardin Japonais** einen scharfen Kontrast zur Glitzerwelt von Monte-Carlo. Er umfasst einen originalgetreuen Shinto-Garten mit Teichen, Wasserfällen und einem hölzernen Teehaus (tägl. 9 Uhr–Sonnenuntergang). Das **Forum Grimaldi** ist ein großes Kulturzentrum, das regelmäßig Wechselausstellungen präsentiert. Im Obergeschoss lädt die Restaurant-Bar *Zebra Square* (► 101) zu einem Besuch ein.

**183 F4**

**Le Sporting Club**

**avenue Princesse-Grace**

**377 92 16 20 20**

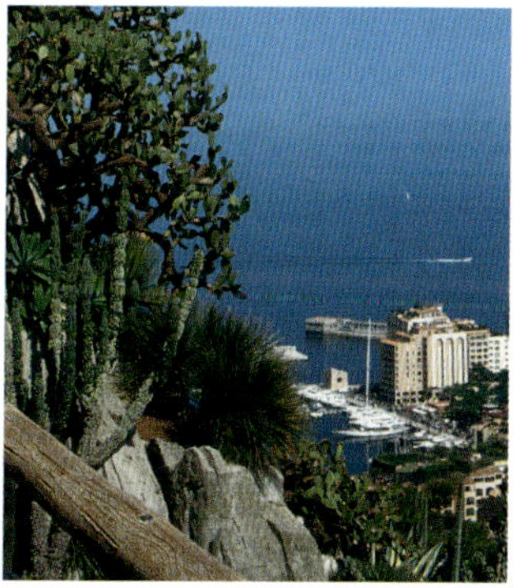

**Jardin Exotique, Monaco**

### FÜR KINDER

- Fontvieille bietet eine ganze Menge für Kinder, beispielsweise einen **Zoo** und auf den Terrasses de Fontvielle (► oben) Museen zu verschiedenen Hobbys.
- Kinder lieben besonders die Puppen und die beweglichen Automaten im **Musée National** (► rechts).
- Auch das Aquarium im **Musée Océanographique** (► 88f) ist für Kinder faszinierend.
- Jedes Jahr im Januar findet das **Internationale Zirkusfestival von Monte-Carlo** (► 104) statt.
- Für eine prima Erfrischung sorgt im Sommer der **Pool** am Quai Albert 1er, Port Hercule. Im Winter verwandelt er sich in eine **Eisfläche** für Schlittschuhläufer.

# Wohin zum ... Übernachten?

**Preise**
Für ein Doppelzimmer pro Nacht gelten folgende Preise:
€ unter 80 Euro  €€ 80–150 Euro  €€€ über 150 Euro

## Hôtel Alexandra €€

Das Hotel liegt zentral und bietet im Vergleich zu anderen Unterkünften an diesem exklusiven Ort ein gutes Preis-Leistungs-Verhältnis. Es ist nur 500 m von den Hauptattraktionen von Monte-Carlo und kaum 10 Minuten vom Strand entfernt. Hinter der Fassade im Belle-Epoque-Stil verbirgt sich ein modernes Gebäude mit klimatisierten und schallgeschützten Zimmern.

🞤 182 D4 ⌷ 35. boulevard Princesse-Charlotte, Monte-Carlo ☎ 377 93 50 63 13; www.monte-carlo.mc/alexandra

## Hôtel Balmoral €€

Das altehrwürdige Hotel eröffnete 1896 und wird seitdem von derselben Familie geführt. Es ist für tolle Meeresausblicke bekannt und umfasst ein Restaurant und eine Bar.

🞤 182 C3 ⌷ 12, avenue de la Costa, Monte-Carlo ☎ 377 93 50 62 37; www.hotel-balmoral.mc

## Columbus €€€

Während das übrige Monaco sich an den Glanz und Glorienschein der Belle Epoque klammert, hat man den alten Plunder in diesem schicken Designerhotel längst über Bord geworfen, ohne deshalb auf Luxus zu verzichten. Neutrale Farben und zeitgenössischer Dekor verleihen diesem Hotel eine schlichte und entspannte Atmosphäre. Die schicke Brasserie passt ins Bild.

🞤 182 bei A1 ⌷ 123, avenue des Papalins, Fontvieille ☎ 377 92 05 90 00; www.columbushotels.com

## Hôtel de France €€

Das Hotel gehört zu den wenigen erschwinglichen Unterkünften im Fürstentum. Es liegt nahe beim Bahnhof im Viertel La Condamine, ist klein, bunt, fröhlich und bietet gemütliche Zimmer, einige sogar mit Balkon.

🞤 182 A2 ⌷ 6, rue de La Turbie, Monte-Carlo ☎ 377 93 30 24 64; www.monte-carlo.mc/france

## Helvetia €

Das preiswerte 2-Sterne-Hotel ist sauber und freundlich und liegt in Hafennähe. Zugänglich ist es sowohl von der Rue Grimaldi als auch von der Rue de La Turbie.

🞤 182 A3 ⌷ 1 bis, rue Grimaldi, Monte-Carlo ☎ 377 93 30 21 71; www.monte-carlo.mc/helvetia

## Hôtel Hermitage €€€

Wer in diesem luxuriösen Palast aus der Belle Epoque mit Blick aufs Mittelmeer im Herzen von Monte-Carlo übernachten möchte, muss schon ein erkleckliches Sümmchen berappen. Dafür darf man dann auch im Wintergarten unter einer von Gustave Eiffel entworfenen Bunglaskuppel frühstücken. Das üppig pink und golden verzierte Restaurant *Vistamar* wartet mit tollen Meerblicken und ausgezeichneter Fischküche auf. Das Hotel hat einen direkten Zugang zum Wellness-Center Thermes Marins de Monaco und eine eigene Hubschrauberverbindung zu den Flughäfen von Monaco und Nizza.

🞤 183 D3 ⌷ place Beaumarchais, Monte-Carlo ☎ 377 98 06 40 00; www.montecarloresort.com

## Hôtel Metropole €€€

Zeitlosen Luxus und Eleganz finden Sie in diesem Palast aus dem 19. Jh.

# Wohin zum ...
# Essen und Trinken?

## Preise
Die Preise gelten pro Person für ein Drei-Gänge-Menü ohne Getränke und Trinkgeld:
€ unter 25 Euro   €€ 25–50 Euro   €€€ über 60 Euro

Man kann in Monaco zweifellos sehr schick, doch durchaus auch preiswert essen. Unweit der italienischen Grenze mangelt es nicht an Pizza und Pasta guter Qualität zu kleinen Preisen.

## Le Bambi €
Gönnen Sie Ihrer Brieftasche eine Pause, und genießen Sie italienische Küche zu kleinen Preisen in einem der freundlichen Lokale von La Condamine. Besonders günstig ist das Tagesgericht.
🏠 182 B3 ⊠ 11, rue Princesse-Antoinette, La Condamine ☎ 377 93 303 506
🕑 So–Fr 11–15 und 18–23 Uhr

## Bar Boeuf & Co €€€
Alain Ducasse öffnet sein mit Michelin-Sternen versehenes Restaurant nur im Sommer und bleibt dann seinem Motto *bar* (Meerbarsch) und *boeuf* (Rind) treu. Die Kreationen sind eindeutig französischen Ursprungs, und zu den augenscheinlich nach dem Zen-Prinzip ausgewählten Zutaten passt der minimalistische Dekor ganz hervorragend. Philippe Starck stattete das Restaurant aus, das tolle Blicke auf das Meer und zudem schicke Gäste verheißt.

Draußen befindet sich ein italienischer Hofgarten und ein schöner Pool, im Inneren bilden die Zimmer einen Tempel der Großzügigkeit und es gibt ein hervorragendes Spa. Auch das Restaurant von Joël Robuchon mit zwei Michelin-Sternen befindet sich hier ( ▸ 100).
🏠 181 D3 ⊠ 4, avenue de la Madone
☎ 377 93 15 15 15; www.metropole.com

## Hôtel Olympia €€
An der Grenze von Monaco und Beausoleil, aber nur wenige Minuten vom Casino entfernt, liegt dieses attraktive und äußerst günstige Hotel mit 31 Zimmern. Die Zimmer sind sauber und geschmackvoll eingerichtet und das Personal ist freundlich und hilfsbereit.
🏠 183 E4 ⊠ 17, bis Général Leclerc, Beausoleil ☎ 04 93 78 12 70; www.olympiahotel.com

## Hôtel de Paris €€€
Monte-Carlos bestes und berühmtestes Hotel ist ein Prunkstück der Belle Epoque mit Marmorsäulen und Kristalllüstern. Es wurde 1865 eröffnet, um den vorbereisenden Mitgliedern der Zaren-, Königs- und Adelshäuser eine angemessene Unterkunft zu bieten. Heutige Gäste dürfen unter der besten Adresse Monte-Carlos noch immer Luxus und Exklusivität erwarten. Zum Hotel gehören drei Restaurants, darunter der Top-Gourmettempel *Louis XV* ( ▸ 100). Es bietet direkten Zugang zu den schicken Thermes Marins und ansonsten jeden nur erdenklichen Luxus.
🏠 183 D3 ⊠ place du Casino, Monte-Carlo
☎ 377 98 06 30 00; www.montecarloresort.com

## Hôtel Le Versailles €
Das 2-Sterne-Hotel liegt sehr günstig zwischen Bahnhof und Le Rocher, nur wenige Minuten von Monte-Carlo entfernt. Die Preise sind absolut moderat, die Zimmer mit allem Nötigen ausgestattet, und es gibt auch ein hauseigenes Restaurant.
🏠 182 A3 ⊠ 4–6. avenue Prince-Pierre, La Condamine ☎ 377 93 50 79 34;
www.monte-carlo.mc/versailles

📍 183 E3 ⊠ avenue Princesse-Grace, Larvotto ☎ 377 98 06 71 71; www.alain-ducasse.com ⏰ Mitte Mai–Ende Sept. nur abends

## Le Castelroc €€

Dem Fürstenpalast gegenüber befindet sich dieses beliebte und meist überfüllte Restaurant, das seit über 50 Jahren von derselben Familie betrieben wird. Monegassische Küche mit Meeresfrüchten und *stocafi* (Stockfisch) mit Knoblauch, Wein, Tomaten und Oliven.

📍 181 A1 ⊠ place du Palais, Monaco-Ville ☎ 377 93 93 36 68 ⏰ Sa und Jan. geschl.

## La Cigale di Mare €

Das lebendige, nüchterne Fischrestaurant ist bei den Einheimischen beliebt und reißt kein großes Loch in die Kasse.

📍 182 B3 ⊠ 4, rue Baron de Ste-Suzanne, La Condamine ☎ 377 97 77 14 64 ⏰ Sa, So und Aug. geschl.

## Joël Robuchon Monte-Carlo €€€

Der bekannte Küchenchef Joël Robuchon vertritt die schlichte Philosophie, dass Essen ganz natürlich schmecken sollte. Mitten im Reich der Exzesse serviert er Gerichte mit nicht mehr als drei Zutaten, die man allesamt gut herausschmeckt. Das elegante, aber nicht übertriebene Ambiente harmoniert mit dem Geschmackserlebnis.

📍 183 D4 ⊠ Hôtel Métropole, 4, avenue de la Madone, Monte-Carlo ☎ 377 93 15 15 10 ⏰ tägl. Mittag- und Abendessen

## Le Louis XV €€€

Alain Ducasse regiert in diesem hoch angesehenen 3-Sterne-Restaurant im prunkvollen *Hôtel de Paris*. Die mediterran inspirierte Küche des Gourmettempels wechselt wie den Jahreszeiten, die Preise sind allerdings immer gleich hoch. Der Speisesaal versetzt die Gäste ins Versailles Ludwigs XV. Rechtzeitig reservieren!

📍 183 D3 ⊠ Hôtel de Paris, place du Casino, Monte-Carlo ☎ 377 98 06 88 64; www.alain-ducasse.com ⏰ Juli–Aug. Do–Mo 12–14 und 19.30–21.30 Uhr, Mi nur abends, geschl. Dez. und 24. Feb.–11. März

## La Maison du Caviar €€

Das schlichte, aber elegante Restaurant serviert in Erinnerung an die Zarenzeit Kaviar, Blinis, Lachs und Wodka in üppigen Mengen.

📍 183 D4 ⊠ 1, avenue St-Charles, Monte-Carlo ☎ 377 93 30 80 06 ⏰ Sa mittags, So und Juli geschl.

## Polpetta €€

Das italienische Restaurant liegt etwas abseits vom Trubel von Monte-Carlo, zieht aber dennoch bekannte Persönlichkeiten auf der Suche nach *la dolce vita* an. In der rustikalen Trattoria bekommt man wunderbare Antipasti, hausgemachte Pasta, Meeresfrüchterisotto und Kalbfleisch. Die italienische Weinkarte ist lang und gut.

📍 182 C3 ⊠ 2, rue Paradis ☎ 377 93 50 67 84 ⏰ Di sowie 10.–30. Juni geschl.

## Quai des Artistes €–€€

Zu der Brasserie im Pariser Stil am Hafen gehört eine schöne Terrasse; die Preise sind moderat.

📍 182 B2 ⊠ 4, quai Antoine 1er, La Condamine ☎ 377 97 97 97 77; www.quaidesartistes.com ⏰ 24. und 31. Dez. geschl.

## Le Saint Benoît €€

Der Panoramablick von der Terrasse über die Marina wird von einem großzügigen modernen Speiseraum ergänzt. Die Speisekarte ist spezialisiert auf Fisch und Meeresfrüchte und auch bei den Einheimischen sehr beliebt.

📍 182 C3 ⊠ 10, ter av. Costa ☎ 377 93 25 02 34; ⏰ geschl. So abends, 21. Dez.–7. Jan.

## Stars'N'Bars €

Familien mit Kindern fühlen sich in diesem Restaurant im amerikanischen Stil wohl und genießen die Burger und die Tex-Mex-Küche, während die Kleinsten spielen dürfen. Die Wände sind mit Sporttrophäen geschmückt, und man hat einen schönen Blick auf den Hafen. Das Restaurant dient auch als Internetcafé und abends als Disko.

🕂 182 C2
✉ 6, quai Antoine Ier, La Condamine
☎ 377 97 97 95 95; www.starsnbars.com
🕐 tägl.; im Winter Mo geschl.; Küche 11.30–24 Uhr

## Maya Bay €€–€€€

Eine Buddhastatue hat in diesem stilvollen asiatisch/japanischen Restaurant ein wachsames Auge auf die Dekoration aus orientalischen Hölzern, Kimonos und Bonsaibäumen. Der Service ist gut und aufmerksam und die Küche hat sich dem Fusion-Stil verschrieben.

🕂 183 F4
✉ 24, ave Princesse Grace
☎ 377 97 70 74 67
🕐 So, Mo und Nov. geschl.

## Le Texan €

Stars und Sportler finden sich hier gern ein, um in der Tex-Mex-Bar mit Restaurant *fajitas*, *enchiladas*, *burritos* und preiswertes Bier aber auch marokkanische oder indische Gerichte zu genießen. Zum Dessert gibt's amerikanische Spezialitäten wie Brownies oder Apple Pie.

🕂 182 B3
✉ 4, rue Suffren-Reymond, La Condamine
☎ 377 93 30 34 54
🕐 tägl.

## Zebra Square €€

Das schicke mediterrane Restaurant mit Sonnenterrasse ist der perfekte Ort, um Tuchfühlung mit der High Society aufzunehmen. Der Name ist Programm: Karte und Geschirr tragen Zebrastreifen.

🕂 183 F4
✉ Grimaldi Forum, 10, avenue Princesse-Grace, Larvotto
☎ 377 99 99 25 50
🕐 tägl. 12–15 und 20–24 Uhr; Feb. geschl.

# Wohin zum ... Einkaufen?

Eine komplette Liste der Läden und Restaurants von Monaco enthält der *Monaco Shopping Guide*, der in der Touristeninformation (2a, boulevard des Moulins, Tel. 377 92 16 61 16; www.monaco-tourisme.com) ausliegt.

## MODE UND SCHMUCK

Monaco ist für Haute Couture und teuren Schmuck bekannt, und wer danach sucht, dürfte im *cercle d'or*, dem »goldenen Kreis« rund um das Kasino und das Hôtel de Paris, fündig werden. Boutiquen mit großen Namen wie Gucci, Valentino, Hermès, Lalique und Prada säumen die Avenue de Monte-Carlo. Auf der anderen Seite des Hôtel de Paris glitzern in der Avenue des Beaux Arts Kreationen von Cartier, Céline, Bulgari, Louis Vuitton, Yves Saint-Laurent, Piaget und Dior in den Auslagen.

Im Hôtel Hermitage an der Place Beaumarchais findet man ebenfalls elegante Boutiquen, darunter das exklusive italienische Label Prada und den bekannten Schuhhersteller Salvatore Ferragamo sowie zahlreiche weitere Modeläden für Herren und Damen.

Am Boulevard des Moulins gibt es weitere Schmuckläden, darunter Bijoux Cassio (10, boulevard des Moulins, Tel. 377 93 25 55 10), die sich auf Schmuckimitationen spezialisiert haben und Stücke großer Schmuckdesigner in vergoldetem Silber für einen Bruchteil des Originalpreises anbieten. In der gleichen Straße können Mütter mit einem Faible für Dior ihre Kinder bei Baby Dior (31, boulevard des Moulins, Tel. 377 93 25 72 12) mit

Kinderdesignermode vom Feinsten einkleiden.

Die **Avenue Princesse-Grace** und der Boulevard des Moulins Richtung Larvotto warten mit weiterem Laden auf. **Stock Griffe** (5 bis, avenue St-Michel, Tel. 377 93 50 86 06) ist ein Schnäppchenladen für Designerstücke.

Das **Galerie du Métropole** im Herzen von Monte-Carlo (unterhalb des Hotels Métropole, avenue de la Madone, Mo–Sa 10–19.30 Uhr) vereint 80 Läden unter einem Dach. In edlem Belle-Epoque-Ambiente mit Marmorböden und Kandelabern aus böhmischem Kristall kann man auf drei Etagen alles von Kosmetik über Mode und Freizeitausrüstung bis hin zu Haushaltswaren finden.

## BESONDERE WÜNSCHE

Im Centre Commercial le Métropole gibt es eine **FNAC**-Filiale mit einem Riesenangebot an französischen und fremdsprachigen Büchern, CDs, DVDs und Elektronikzubehör. Hier bekommt man auch Karten für Theater-, Oper- und Konzertvorstellungen (Centre Commercial le Métropole, Tel. 377 93 10 81 81).

Die **Manufacture de Monaco** (Centre Commercial le Métropole, Tel. 377 93 50 64 63) ist ein kleiner, exklusiver Laden, der die Fürstenfamilie mit traditionellem monegassischem Porzellan, Silber, Glas und Tischwäsche beliefert.

In La Condamine kann man insgesamt preisgünstiger einkaufen, z. B. bei **Marie Dentelle** (10, rue Princesse-Caroline, Tel. 377 93 30 43 40), einer Wunderhöhle für Geschenkideen mit schöner bunter Keramik und wunderbarer Bettwäsche sowie Steppdecken mit typisch provenzalischen Mustern.

Monegassen kaufen gern in der **Rue Grimaldi** ein, denn die Preise sind für hiesige Verhältnisse erschwinglich. Formel-1-Fans kommen in der **Boutique Formule 1** (15, rue Grimaldi, Tel. 377 93 15 92 44) und in der **1@Boutique** (46, rue Grimaldi, Tel. 377 97 70 45 35) auf ihre Kosten, denn dort gibt es Fanartikel von Porsche und Ferrari und das offizielle Formel-1-T-Shirt des Automobilclubs von Monaco.

Wer nach einem Besuch des Musée Océanographique unbedingt sein Aquarium aufrüsten möchte, findet alles Nötige bei **Monaquatic-Aquariophile** in Monte-Carlo (5, rue de la Colle, Tel. 377 97 77 81 41).

## LEBENSMITTEL

Die **Caves du Grand Echanson** (7, rue de la Colle, Tel. 377 92 05 61 01) beliefern die Fürstenfamilie mit Wein und Spirituosen.

**L'Oenothèque** (Sporting Club d'Hiver, 2, avenue Princesse-Alice, Tel. 377 93 25 82 66) hat einen alten holzgetäfelten Weinkeller, der der größte Europas ist und beherbergt über 100.000 Flaschen feinen Cognacs, Armagnacs und französischer Weine.

Weniger exklusive Wünsche lassen sich in den Bäckereien und Blumenläden der **Rue Princesse-Caroline** in La Condamine erfüllen. Das **Centre Commercial Fontvieille** ist ein von Einheimischen besuchtes Einkaufszentrum mit einem Supermarkt für den täglichen Bedarf.

## MÄRKTE

Besonders hautnah erlebt man Monaco auf dem stets gut frequentierten Gemüse-, Blumen- und Obstmarkt auf der **Place des Armes** in La Condamine. Täglich von 9 bis 12 Uhr findet hier draußen und drinnen ein Markt statt. Die Place des Armes ist mit ihren Cafés und dem alten Brunnen sowieso einen Besuch wert. Am Port de Fontvieille (Espace Fontvieille) kann man samstags von 9 bis 17 Uhr über den Trödelmarkt bummeln.

In der nahe gelegenen **Rue du Marché**, Beausoleil, nur wenige Minuten vom Kasino entfernt, ist ebenfalls täglich Markt. In der gleichen Straße erhält man bei **Moulin de Paiou** (Tel. 04 93 78 48) wunderbar frische Croissants und Gebäck.

# Wohin zum ...

## Ausgehen?

In der Touristeninformation liegt ein detaillierter Veranstaltungskalender für Kulturbewusste und Nachtschwärmer aus.

### NACHTLEBEN

Zum **Café de Paris** (place du Casino, Tel. 377 92 16 20 20; www.casino-monte-carlo.com, tägl. ab 10 Uhr), der berühmten Brasserie des *Hôtel de Paris*, gehört auch eine Terrasse im Freien, von der aus man wunderbar das Treiben ringsum beobachten kann. Der glanzvolle Name und das glamouröse Ambiente machen für viele die hohen Preise mehr als wett. Hier wurde übrigens das berühmte Dessert Crêpe Suzette erfunden, benannt nach einer Begleiterin Edwards VII. von England, der häufig zu Gast war. Das Café besitzt auch einen eigenen Spielsaal mit Automaten.

Was wäre eine Nacht in Monaco ohne den Besuch des **Casino de Monte-Carlo** (place du Casino, Tel. 377 92 16 20 00; www.casino-monte-carlo.com, tägl. 12 Uhr bis morgens). Das berühmte Spielerparadies im Belle-Epoque-Stil ist ein Tummelwiese für die Reichen und Schönen der Welt. Für die Kleidung der Damen gilt: je extravaganter, desto besser; Herren sollten in Anzug und Krawatte erscheinen, edenfalls, wenn sie nach 20 Uhr Zutritt zu den privaten Spielsälen begehren. Volljährigkeit (Ausweispflicht) ist eine weitere Voraussetzung (▶ 93ff).

Mit dem Jetset abtanzen kann man im **Jimmy'z** (Le Sporting Club, avenue Princesse-Grace, Tel. 377 92 16 22 77, Mai–Okt. tägl. 23–5 Uhr, Nov.–April Mi–So 23.30–5 Uhr), einem Club mit Außenbereich, kubanischem Raucherzimmer, verspiegelter Tanzfläche und horrenden Getränkepreisen. Die Türsteher sind streng, gute Chancen hat man mit superschicker Kleidung, Mut zum Styling und einem geschickt platzierten arroganten Augenaufschlag, der Berühmtheit signalisiert.

Der **Living Room** (7, avenue des Spélugues, Tel. 377 93 50 80 31, Mo–Sa 23–6 Uhr), ein Szeneclub im Herzen von Monte-Carlo, bietet eine Mischung aus Live- und Tanzmusik. Auch hier sind exklusive Kleidung und ein gut gefülltes Portemonnaie Voraussetzung.

Die 2008 neu eröffnete **Moods Studio & Music Bar** (unter dem Café de Paris, Place du Casino Tel.: 377 98 06 2008) ist ein Treffpunkt für Blues-, Jazz- und Rock-Fans. Das Ambiente ist Avantgarde, die Bar freundlich. Leichte Gerichte wie Tapas werden angeboten. Der Trend geht zum »Dance'n'Ambience« mit viel afroamerikanischer Musik sowie Soul, Electro und Salsa.

Die Terrasse des **Zebra Square** (10, avenue Princesse-Grace, Tel. 377 99 99 25 50) im Obergeschoss des Forum Grimaldi bietet Panoramablicke über den Yachthafen und ist damit einer der besten Plätze in Monaco für einen Abendcocktail. Die schicke Bar mit Restaurant serviert gutes Essen, doch man kann auch nur auf einen Drink vorbeischauen und sich bei gedämpftem Licht in der Lounge oder auf der Terrasse entspannen.

### KINO

**Le Sporting** (Galerie du Sporting d'Hiver, place du Casino, Tel. 377 93 25 36 81; www.cinemasporting.com, tägl. 14–21 Uhr) im Herzen von Monte-Carlo ist der größte Kinokomplex von Monaco. Er befindet sich in einer Einkaufspassage und zeigt teilweise Filme in Originalsprache.

## MUSIK

In der **Salle Garnier**, Monacos Oper (Opéra de Monte-Carlo, place du Casino, Tel. 377 92 16 22 99; www.opera.mc), sind schon viele berühmte Sänger aufgetreten. Das Programm wechselt mit jeder Spielzeit, für die Musik sorgt das Philharmonische Orchester von Monte-Carlo. Da es nur 524 Sitzplätze gibt ist eine Reservierung notwendig.

Die **Salle des Etoiles** (Le Sporting, avenue Princesse-Grace, Tel. 377 98 06 36 36; www.sportingmontecarlo.com, Ende Juni–Anfang Sept. ab 20 Uhr) ist eine Konzerthalle in toller Lage, die viele internationale Stars auf die Bühne lockt. Vor der Show schlürft man einen Cocktail auf der Terrasse, für Herren gilt Jacketpflicht.

## WELLNESS UND BEAUTY

Viele Strände in Monaco verlangen Eintritt, doch an der **Plage du Larvotto** (avenue Princesse-Grace) gibt es Bereiche, in denen man kostenlos und während der Hochsaison unter Aufsicht von Bademeistern ins Wasser springen kann.

Der **Country Club de Monte-Carlo** (155, avenue Princesse-Grace, Roquebrune, Tel. 04 93 41 72 00; www.mccc.mc, tägl. 8–20.30 Uhr) richtet das ATP-Tennisturnier aus und bietet ganzjährig Zutritt zu 23 Sandplätzen und zwei Hartplätzen mit tollem Blick aufs Mittelmeer. Es gibt auch einen Swimmingpool, ein Fitnesscenter mit Physiotherapeuten, eine Sauna und einen Whirlpool. Nichtmitglieder können Tagespässe erwerben.

Die **Thermes Marins de Monte-Carlo** (2, avenue Monte-Carlo, Tel. 377 98 06 69 00; www.montecarlospa.com, tägl. 8–20 Uhr) mit Meerblick sind für Thalassotherapien bekannt und besitzen mehrere Schwimmbecken, geheizte Meerwasserpools, ein Solarium und türkische Bäder. Im Angebot sind klassische Anwendungen, orientalische Massagen mit Aromaölen und die neuesten Meerwassertherapien.

## FESTIVALS UND VERANSTALTUNGEN

Ste-Dévote, die Schutzheilige von Monaco, wurde in Korsika getötet, dann legte man ihren Leichnam in ein Boot, das über das Meer in Richtung Afrika fuhr. Der Legende zufolge flog eine Taube aus dem Mund der Märtyrerin und lenkte das Boot nach Monaco. Dort, wo es auf den Strand lief, steht heute die Eglise Ste-Dévote. Das Patronatsfest findet jährlich am **27. Januar** statt und ist im Fürstentum Feiertag. Die Messe wird auf Monegassisch gelesen, der Abend endet mit einer feierlichen Prozession und einer symbolischen Bootsverbrennung vor der Kirche.

Ebenfalls in der **letzten Januarwoche** bringen bei der weltberühmten dreitägigen Rallye Monte-Carlo Rennfahrer auf den eisigen und winterlichen Straßen rund um Monaco ihre Schlitten auf Hochsttouren. Informationen erteilt der Automobile Club de Monaco (23, boulevard Albert Ier, Tel. 377 93 15 26 00; www.acm.mc).

**Ende Januar/Anfang Februar** heißt es Manege frei beim Festival International du Cirque (espace Fontvieille, avenue des Ligures, Tel. 377 92 05 23 45; www.montecarlofestivals.com). Dann präsentieren Zirkuskünstler ihr Handwerk, und die Highlights werden bei der Abschlussvorstellung gezeigt.

Im **April** finden sich Tennisstars zum ATP-Masters ein (Country Club de Monte-Carlo, 155, avenue Princesse-Grace, Roquebrune, Tel. 04 93 41 30 15; www.mccc.mc).

Monte-Carlos berühmtestes Ereignis ist der Große Preis von Monaco im **Mai**, wenn das Fürstentum zur Rennbahn wird (Automobile Club de Monaco, 23, boulevard Albert Ier, Tel. 377 93 15 26 00; www.acm.mc).

Im **August** lässt ein internationales Feuerwerksfestival den Nachthimmel erstrahlen.

# In und um Cannes

# Erste Orientierung

Kein Zweifel: Cannes gehört zu den schicksten Ferienorten der Welt. Elegante Belle-Epoque-Hotels, Designer-Boutiquen und eine Promenade mit Palmen säumen die üppige Sandbucht, an der sich die »Königin der Küste« und »Perle der Riviera« ausdehnt. Dass die Stadt Partnerstadt von Beverly Hills ist, vermag niemanden zu verwundern. Bekannt ist Cannes wegen des alljährlichen Filmfestivals mit Glanz und Glamour, doch hinter der Fassade kann man auch eine malerische Altstadt mit mittelalterlichen Gebäuden und einem alten Fischerhafen erkunden.

Cannes nimmt unter den schicken, zum Teil sehr touristischen Ferienorten und Yachthäfen von Millionären wie Antibes und Juan-les-Pins eine zentrale Stellung ein. Alle diese Städte bilden einen deutlichen Kontrast zur wilden, einsamen Corniche de l'Esterel mit der rauen Küste, den eindrucksvollen roten Felsen, zerklüfteten Buchten und den unberührten Iles de Lérins mit schönen Spazierwegen und Buchten zum Baden.

Hinter der abwechslungsreichen und reizvollen Küste verbirgt sich die eigentliche Seele der Region – kleine Marktflecken und alte honigfarbene Dörfer in einer wildromantischen Landschaft zwischen Lavendel- und Weinfeldern und Olivenhainen. Hier liegt der typische Duft der Provence in der Luft, und das magische Licht hat über Jahrhunderte zahlreiche Maler angelockt und inspiriert.

Doch die sonnenverwöhnte Region zog auch andere Künstler, Schauspieler, Schriftsteller und natürlich Mitglieder diverser Königsfamilien an. Als Wiege des Impressionismus birgt sie bis heute bedeutende Kunstsammlungen, etwa das Musée Picasso, die Fondation Maeght oder das Musée Renoir. Die Gegend ist zudem bekannt für traditionelles provenzalisches Kunsthandwerk, ganz besonders für Glas aus Biot und Parfüm aus Grasse.

Seite 105: Der Miramar-Strand bei L'Esterel; La Croisette in Cannes; Handabdrücke berühmter Personen in der *Allee des Stars* in Cannes

Vence **13**
D2210
St-Paul- **5** Fondation
de-Vence **12** Maeght
Le Bar-
sur-Loup
Magagnosc
Cagnes-
sur-Mer **11**
D2085
Villeneuve-Loubet
Grasse **6** Grasse
Biot **10** Biot
Peymeinade
ALPES-MARITIMES
N85
Siagne
N85
Mougins **7** Mougins
E80 A8
Musée **4** Musée
Picasso
Golfe-Juan N7
**9** Antibes
Lac de
St-Cassien
**1** Cannes
Golfe
Juan
Juan-les-**8** Juan-les-
Pins
Massif du Tanneron
Massif du Tanneron
Cap d'Antibes
Golfe de Napoule
Mandelieu-la-Napoule
Île Ste-Marguerite
Les Adrets-
de-l'Esterel N7
La Napoule
**2** Îles de Lérins
Théoule-sur-Mer
Île St-Honorat
618
ont Vinaigre
Miramar
496
Pic de
l'Ours
Le Trayas
0                    10 km
Massif de l'Esterel
452
Pic du
Cap Roux **3** Corniche de
l'Esterel
Agay
Anthéor
N98
Cap du Dramont

Rechts:
Turm des Château
Grimaldi in Antibes

Unten:
Die Corniche de
l'Esterel bei Cannes

# In zwei Tagen

Wenn Sie sich nicht sicher sind, wo Sie Ihre Reise beginnen möchten, empfiehlt diese Route einen praktischen zweitägigen Besuch von Cannes und Umgebung mit den wichtigsten Sehenswürdigkeiten. Sie können dazu die Karte auf der vorangegangenen Seite verwenden. Weitere Informationen finden Sie unter den Haupteinträgen.

## Erster Tag

### Vormittags
Streifen Sie durch **[1] Cannes** (rechts; ► 110ff), und nehmen Sie die Luxushotels, die Privatstrände an der Croisette und den Palais des Festivals (Zentrum der Filmfestspiele) in Augenschein. Suchen Sie den Handabdruck Ihres Lieblingsstars auf dem Pflaster der Allée des Stars. Erklimmen Sie Le Suquet (► 111), die alte Römerstadt auf dem Hügel im Westen mit der Burg und dem Musée de la Castre (► 112). Erfrischen Sie sich zwischendurch in einer Bar oder einem Café.

### Mittags
Gönnen Sie sich ein Fischmenü im *Poisson Grillé* (► 129) mit Blick auf den alten Hafen, oder kaufen Sie auf dem Marché de Forville (► 131) für ein Picknick auf den wilden Iles de Lérins ein. Käse sollten Sie sich unbedingt bei Ceneri (► 130) besorgen.

### Nachmittags
Vom Hafen in Cannes dauert die Überfahrt zu den **[2] Iles de Lérins** (► 113f) nicht sehr lange. Besichtigen Sie auf der Ile Ste-Marguerite (links) die nüchterne Festung, in der der Mann mit der Eisernen Maske einsaß, und auf der Ile

St-Honorat die Klosterfeste. Auf beiden Inseln gibt es tolle Spazierwege und Badestrände.

### Abends
Kehren Sie nach Cannes zurück, und gönnen Sie sich einmal ein wirklich exzellentes und unvergessliches Abendessen in der mit zwei Michelin-Sternen ausgezeichneten *Palme d'Or* (► 129).

# Zweiter Tag

**Vormittags** Besuchen Sie die moderne Kunstsammlung der
🖪 **Fondation Maeght** (rechts; ► 120) am Rand von St-Paul-de-Vence.
Erkunden Sie anschließend das hübsche *village perché* mit steilen
Kopfsteinpflaster-
gassen, Galerien
und schicken Bou-
tiquen.

## Mittags
Das *Café de la
Place* in St-Paul-
de-Vence (► 130)
ist der perfekte Ort
für das Mittagessen.
Probieren Sie
Regionalküche auf
der Terrasse, und
schauen Sie den
Einheimischen
beim Boulespielen
zu.

## Nachmittags
Naturliebhaber sollten zur 🖪 **Corniche de l'Esterel** (unten; ► 115ff)
fahren und in einer der winzigen, einsamen Buchten schwimmen oder
durch die blutroten Porphyrfelsen des Massif de l'Esterel wandern.
Kunstliebhaber wird es ins 🖪 **Musée Picasso** (► 118f) im eleganten
Ferienort Antibes ziehen. Hier unterhielt der berühmte spanische
Maler einst in einer Festung am Meer ein Atelier. Er hinterließ alle

Werke aus dieser Periode
dem Burgmuseum als
Dauerleihgabe, wes-
halb das Museum
heute eine der besten
Picassosammlungen der
Welt besitzt.

## Abends
Im Hinterland *(arrière-
pays)* kann man in einem
der Dörfer essen. 🖪 **Mougins** (► 121f) gilt als
kulinarisches Zentrum *par
excellence* mit ausgezeichneten Restaurants wie
Alain Llorcas *Moulin de
Mougins* (► 129) oder dem
*Mas Candille* (boulevard
Rebuffel, Tel. 04 92 28
43 43). Etwas preiswerter
ist die *Auberge du Jarrier*
(► 128f) in Biot.

# Cannes

Wer Cannes hört, denkt an Filme und Stars, teure Boutiquen, prächtige Hotels und rasende Paparazzi. Die Stadt ist einer der mondänsten Ferienorte der Welt und nach Paris die Nummer zwei, was Einkaufsmöglichkeiten und internationale Kultur- und Business-Events in Frankreich betrifft. Grund dafür ist natürlich in erster Linie das weltberühmte Filmfestival, das Cannes alljährlich im Mai in ein »Hollywood-sur-Mer« verwandelt.

Bei so viel Glanz und Glamour vergisst man leicht die bescheidenen Ursprünge als Fischerdorf, das wegen der Vegetation in den umliegenden Sumpfgebieten den Namen Cannes (Schilfrohr) erhielt. Viele der Sümpfe wurden längst in luxuriöse Yachthäfen umgewandelt. Berühmtheit erlangte der Ort, als der britische Ex-Kanzler Lord Brougham 1834 auf dem Weg nach Nizza hier eine Zwangspause einlegen musste, weil dort die Cholera ausgebrochen war. Wider Erwarten genoss er den Aufenthalt in dem ruhigen Städtchen mit dem milden Klima, gab seine ursprünglichen Pläne auf, baute hier eine Villa und verbrachte die nächsten 34 Winter in Cannes, nicht ohne seine prominenten Bekannten auf die Entdeckung hinzuweisen. Bald entstanden am Ufer die ersten Grandhotels, und Ende des 19. Jhs. war Cannes zur Winter-Lounge der High Society aufgestiegen.

In den 1920er-Jahren galt Menton einem populären Reim zufolge als schmucklos, Monte-Carlo als protzig, Nizza als laut, Cannes dagegen als stilvoll, doch erst in den 1930er-Jahren entdeckte man den Ort auch als Sommerfrische. Die 1950er-Jahre brachten den Massentourismus, von ihm lebt Cannes bis heute.

Berühmte Museen, Galerien und Bauwerke gibt es hier nicht, doch die Kasinos und Märkte, die Luxusboutiquen am Ufer und in der **Rue d'Antibes**, die Sandstrände und die Bootsfahrten zu den Iles de Lérins (► 113f) lassen keine Langeweile aufkommen.

## Boulevard de la Croisette

Das moderne Cannes wurde rund um den berühmten Boulevard de la Croisette erbaut, der mit der Promenade des Anglais in Nizza (► 44f) um den Rang der schönsten Uferpromenade der Region wetteifert. Wie an der Promenade des Anglais säumen auch hier Palmen und prächtige Belle-Epoque-Hotels die Uferstraße auf der einen Seite, während der Blick auf der anderen über das glitzernde Wasser schweift. Die Hotels am östlichen Ende sind echte Sehenswürdigkeiten. Besonders gilt dies für die Zwillingskuppeln des 1912 eröffneten **Hotel Carlton**, die den Brüsten der Kurtisane La Belle Otero nachempfunden wurden. Sie verführte Männer wie den britischen König Edward VII. und die russischen Zaren Peter und Nikolaus. Sechs Liebhaber begingen nach Affären mit der berühmten *femme fatale* Selbstmord.

Ebenfalls an der Croisette stehen das *Majestic Barrière*, das *Noga-Hilton* und das *Martinez* (► 126f), ein weißer Art-déco-Traum. Zu diesen Hotels gehören Privatstrände mit Bars, Restaurants und makellosen Reihen bequemer Strandliegen mit Sonnenschirmen. Allerdings dürfen an manchen Stränden auch Nicht-Gäste auf den Liegestühlen Platz nehmen, sofern sie für diesen Luxus 35 Euro zu zahlen bereit sind. Am westlichen Ende der Croisette und am **Boulevard du Midi**, der zweiten Promenade von Cannes, gibt es öffentliche Strände. Der Boulevard de la Croisette ist ein bevorzugtes Ziel der Paparazzi, seit Brigitte Bardot sich hier 1953 in der Sonne aalte. Wenn im Sommer die Touristen anreisen, quillt der Strand vor Menschen förmlich über.

**Badegäste am Strand von Cannes**

Das berühmte Filmfestival findet rund um den unspektakulären **Palais des Festivals** statt, der sich am westlichen Ende des Boulevard de la Croisette unweit des Blumenmarktes erhebt. Auf der **Allée des Stars** vor dem Palais haben Filmstars sich mit ihren Handabdrücken im Straßenpflaster verewigt. Während des Festivals steigen die bekanntesten von ihnen im Hôtel Carlton oder im Hôtel Martinez ab.

## Die Altstadt

Der Boulevard de la Croisette endet am Palais des Festivals, wo die Altstadt beginnt. Hier, auf einem kleinen Hügel westlich der modernen Stadt, lag einst die römische Siedlung Canois Castrum. Heute heißt dieser Teil **Le Suquet**. Der Name – die provenzalische Bezeichnung für eine Fischsuppe – erinnert an die Ursprünge des Ortes als Fischerdorf. Le Suquet hat sich seinen traditionellen Charme bewahrt. In den ehemaligen Fischerkaten befinden sich heute gemütliche Restaurants, und oben auf dem Hügel thront noch die alte Festung mit Wachturm, von der aus man weit über Meer und Küste blickt.

Die Mönche von Lérins bauten die Burg mit der kleinen Kapelle im 11. und 12. Jh. Heute befindet sich hier das **Musée de la Castre** mit einer archäologischen und ethnographischen Sammlung, die Objekte aus aller Welt zeigt. **Notre-Dame d'Espérance**, die nüchterne Kirche im Herzen der Altstadt, wurde 1648 errichtet, nachdem die Kapelle zu klein geworden war.

**Die Altstadt Le Suquet und der Hafen**

Am Fuß des Hügels bilden im Vieux Port, dem alten Hafen, die Fischerboote einen reizvollen Kontrast zu den Millionärsyachten. Spazieren Sie über die Uferpromenade, die hier **La Pantiéro** heißt, oder über die schattige **Place Lord Brougham**, wo die Einheimischen gern Boule spielen. Auf der von Palmen gesäumten **Allée de la Liberté** findet vormittags ein Blumenmarkt statt. Kleine Gassen führen von hier aus zur Markthalle, dem **Marché Forville**, mit erntefrischen regionalen Produkten.

**KLEINE PAUSE**

Im **La Piazza**, beim Hafen gibt es gutes italienisches Essen (► 129).

---

➕ 180 B2
**Touristeninformation Cannes**
✉ Palais des Festivals et des Congrès, 1, boulevard de la Croisette
☎ 04 92 99 84 22; www.cannes.com
🕐 Juli–Aug. tägl. 9–20 Uhr; Sept.–Juni 9–19 Uhr

**Musée de la Castre**
✉ place de la Castre
☎ 04 93 38 55 26
🕐 Juli–Aug. tägl. 10–19; April–Juni 10–18; Sept. Di–So 10–13, 14–17 Uhr

---

### CANNES: INSIDER-INFO

**Top-Tipps:** Wer in Cannes im **Hotel wohnen** möchte, sollte grundsätzlich frühzeitig buchen.
■ Während des **Filmfestivals** im Mai schießen die Preise in die Höhe, und die Stadt platzt aus allen Nähten. Wenn Sie nicht zum Festival anreisen, wählen Sie besser eine andere Jahreszeit.

# 2 Îles de Lérins

Die reizvollen Iles de Lérins erreicht man von Cannes aus nach einer kurzen Überfahrt. Sie sind der perfekte Rückzugsort für alle, die sich vom Trubel der Riviera erholen möchten. Unternehmen Sie einfach einen Spaziergang, picknicken Sie, oder schwimmen Sie in einer der kleinen Buchten.

Die winzigen, autofreien Iles de Lérins sind mit der Fähre von Cannes aus in 20 Minuten erreichbar. Die Inseln wurden nach zwei Heiligen benannt, nach St-Honorat, der Ende des 4. Jhs. auf der kleineren Insel ein Kloster erbaute, und seiner Schwester, Ste-Marguerite, die auf der anderen Insel ein Nonnenkloster gründete. Beide Orte waren zeitweise die wichtigsten kirchlichen Zentren Südfrankreichs.

**In der Festung auf der Ile Ste-Marguerite saß der Mann mit der eisernen Maske ein**

Zur **Ile Ste-Marguerite**, der größeren Insel, pendeln häufig Fähren. Hier gibt es Spazierwege, Picknickplätze unter Kiefern, Buchten zum Schwimmen und schlichte Fischrestaurants am Kai. Hauptattraktion der Insel ist das **Fort Royal** mit dem **Musée de la Mer**, das in alten Gefängniszellen untergebracht ist. Die Festung wurde von 1685 bis Anfang des 20. Jhs. als Gefängnis benutzt; berühmtester Insasse war der geheimnisvolle Mann mit der eisernen Maske. Man kann die Zelle besichtigen, in der er von 1687 bis 1698 saß, und die Wandmalereien des Künstlers Jean Le Gac, eines anderen Gefangenen, betrachten. Im Obergeschoss sind ligurische, griechische und römische Artefakte ausgestellt, die man auf der Insel ausgegraben hat, außerdem Objekte aus Wracks von Schiffen, die hier vor der Küste gesunken sind.

Die kleinere **Insel St-Honorat** gehört Zisterziensermönchen, die sich hier im 5. Jh. niederließen und das **Ancien Monastère Fortifié** im Süden der Insel errichteten. Die Ruinen der Abtei können besichtigt werden. Die Mönche haben ein neues Kloster erbaut, die Abbaye Notre-Dame de Lérins, in der heute rund 25 von ihnen leben und arbeiten. Sie bauen Wein, Lavendel und Orangen an und stellen Honig und süßen Likör her. Alle Produkte sind im Souvenirladen erhältlich.

Ein Netz von **Spazierwegen** überzieht beide Inseln. Besonders schön ist der schattige Rundweg um die Ile St-Honorat, der an **sieben Kapellen** vorbeiführt. Am interessantesten sind die **Chapelle de la Trinité** und die **Chapelle Ste-Croix**.

**KLEINE PAUSE**

Auf Ste-Marguerite gibt es am Fährhafen mehrere **Cafés und Restaurants**, ferner ausgewiesene Picknickplätze an verschiedenen Stellen der Insel.

---

✚ 180 B2
Touristeninformation
✉ Palais des Festivals et des Congrès, 1, boulevard de la Croisette, Cannes ☎ 04 92 99 84 22; www.cannes.com 🕐 Juli–Aug. tägl. 9–20 Uhr; Sept.–Juni 9–19 Uhr

Ile Ste-Marguerite
Musée de la Mer
✉ Fort de l'Île Ste-Marguerite ☎ 04 93 43 18 17 💰 preiswert, 1. So im Monat frei
🕐 April–Sept. Di–So 10.30–17.45 Uhr; Okt.–März Di–So 10.30–16.45 Uhr

Ile St-Honorat
Abbaye Notre Dame de Lérins
☎ 04 92 99 54 00; www.abbayedelerins.com 🕐 Kirche ganzjährig geöffnet

Ancienne Monastère Fortifiée
☎ 04 92 99 54 00
🕐 tägl. 10.30–16 Uhr, Führungen Juli–Mitte Sept. Mo–Fr 10.30–12.30 und 14.30–16.45, So 14.30 bis 16.45 Uhr 💰 Führung preiswert, Mitte Sept.–Juni Eintritt frei

Chapelle de la Trinité
🕐 Führungen Juli–Sept. Mo–Fr 10.30–12.30 und 14.30–16.45, So 14.30–16.45 Uhr 💰 frei

---

## ILES DE LÉRINS: INSIDER-INFO

**Top-Tipps:** In der Abbaye Notre-Dame de Lérins auf der Ile St-Honorat findet unter der Woche um 11.25 Uhr und sonntags um 9.50 Uhr eine **Messe** statt.
■ **Fahrräder** sind auf den Inseln **verboten**, Hunde sind erlaubt, allerdings herrscht Leinenzwang.

### Anreise
**Ile Ste-Marguerite:** Mit der Compagnie Maritime, Abfahrt vom Quai Laubeuf, Cannes (Tel. 04 92 98 71 30; www.trans-cote-azur.com, April–Okt. stündl. 9–12 und 14–15 Uhr, teuer). Die Überfahrt dauert 15 Minuten. Verbindungen auch ab Quai Lunel, Port de Nice (Tel. 04 92 00 42 30).
**Ile St-Honorat:** Société Planaria, Afahrt vom Quai des Iles (nahe Quai Laubeuf), Cannes (Tel. 04 92 98 71 38, Mai–Sept. stündl. 8–12, 14–15, 16.30 und 17.30 Uhr, Okt.–April stündl. 8–12, 14–15 und 16.30 Uhr, teuer). Die Überfahrt dauert 20 Minuten.

# 3 Corniche de l'Esterel

Am Rand eines wilden Bergmassivs aus blutrotem Porphyr-
gestein zieht sich die malerische Esterel-Küstenstraße von
St-Raphaël bis nach Théoule-sur-Mer. Diese Route gehört zu
den schönsten an der Riviera.

**Die roten Felsen des Pic du Cap Roux an der Corniche**

Die Corniche de l'Esterel, auch als Corniche d'Or (»Goldstraße«)
oder schlicht als N98 bekannt, wurde vor über einem Jahrhundert
in die Felsen am Ufer geschlagen. Der Touring Club de France
trug maßgeblich zur Erschließung bei, und die Route ist bei
Radfahrern außerordentlich beliebt. Ob per Auto, Bus oder Zug –
die kurvenreiche Strecke eröffnete großartige Blicke auf die rote
Felsenlandschaft und das blaue Meer. Aussichtspunkte geben den

**Die wilde Felsenküste an der Corniche de l'Esterel**

Blick frei auf einladende Strände, geschützte Yachthäfen, zerklüftete Felsen und einsame Buchten. Das Massif de l'Esterel bildet dazu mit seinen rauen Bergen aus rotem Vulkangestein, die ins Meer hineinragen, die perfekte Kulisse.

Wenn Sie von Osten nach Westen fahren, beginnt Ihre Tour in **Théoule-sur-Mer**, einem kleinen Küstenort am Rand des Parc Forestier de la Pointe de l'Aiguille. Dieser ausgedehnte Küstenpark umfasst eine Vielzahl von Landschaften und Wandermöglichkeiten. Auch von der Küstenstraße aus zweigen zahlreiche Wanderwege ins Massif de l'Esterel ab. Bei Miramar führt ein kurzer Pfad zur Pointe de l'Esquillon hinauf. Von oben blickt man auf Cap Roux und weit über die Küste.

**Le Trayas** liegt am höchsten Punkt der Corniche. Gleich darüber beginnt ein anstrengender Pfad, der landeinwärts zum Pic du Cap Roux hinaufführt. Die Straße windet sich dagegen westwärts über **Anthéor**, **Agay** und **Le Dramont** nach **St-Raphaël**. Der Hauptort des Massif de l'Esterel zieht sich malerisch um eine tiefe, hufeisenförmige Bucht, die als einer der besten Ankerplätze an diesem Küstenabschnitt gilt. Napoleon machte den Ort bekannt, als er hier 1799 auf dem Rückweg von seinem Ägyptenfeldzug landete. Im 19. Jh. entwickelte sich St-Raphaël zu einem schicken Küstenstädtchen, doch während des Zweiten Weltkriegs wurden leider viele der schönen Belle-Epoque-Hotels zerstört. Familien schätzen den Ort immer noch wegen des breiten Sandstrandes.

Im Sommer herrscht auf der Corniche oft starker Verkehr. Alternativ kann man dann über die N7 von **Fréjus** nach **Cannes** fahren. Die Straße folgt der römischen Via Aurelia durch ausgedehnte Korkwälder über den Mont Vinaigre, den mit 614 m höchsten Berg des Massivs. Ein kurzer Pfad führt zum Gipfel hinauf, von dem aus man über unberührte Wälder blickt, in denen über Jahrhunderte Banditen, aber auch Einsiedler und entflohene Galeerensträflinge aus Toulon Zuflucht suchten.

## KURZE PAUSE

Beginnen oder beenden Sie die Tour im *Marco Polo* (► 130), das in Théoule-sur-Mer direkt am Strand liegt.

---

✚ 180 A1
Touristeninformation Théoule-sur-Mer
✉ 1, Corniche d'Or ☎ 04 93 49 28 28; www.theoule-sur-mer.org

St-Raphaël
✉ rue Waldeck Rousseau ☎ 04 94 19 52 52; www.saint-raphael.com

## CORNICHE DE L'ESTEREL: INSIDER-INFO

**Top-Tipp:** Verschiedene Stellen entlang der Corniche bieten sich als Aussichtspunkte zum Verweilen an. Halten Sie Ausschau nach der **Calanque de Petit Caneret** mit tollem Blick auf die roten Felsnadeln.

**Anreise:** Von Cannes nach St-Raphaël fahren stündlich **Züge**, die in Agay und Théoule-sur-Mer halten. Genaue Abfahrtszeiten auf den Fahrplänen.
■ Linie 8 von **Rafaël Bus** (Tel. 04 94 83 87 63) fährt stündlich von St-Raphaël nach Le Trayas. Die acht Verbindungen pro Tag haben Anschluss an einen Bus von Le Trayas nach Cannes. Details bei den Touristeninformationen von Cannes oder St-Raphaël.

# 4 Musée Picasso

Das eindrucksvolle Château Grimaldi hoch auf dem Steilfelsen in Antibes wurde von Picasso 1946 als Atelier genutzt. Heute beherbergt es eine der weltweit besten Sammlungen mit Werken des Meisters.

Die Grimaldi herrschten zwischen dem 13. und dem 16. Jh. von dieser Burg aus, die nach dem Vorbild einer römischen Festung errichtet wurde. 1928 kaufte die Stadt Antibes die Burg, um darin ein Museum für Kunst, Geschichte und Archäologie unterzubringen. Als Pablo Picasso (1881–1973) im Jahre 1946 an sein geliebtes Mittelmeer zurückkehrte – er hatte die Kriegsjahre in Paris verbracht –, suchte er ein passendes Atelier, und der Bürgermeister von Antibes vermietete ihm einen Raum im Château Grimaldi.

Im Juli 2008 nach umfangreichen Renovierungsarbeiten wiedereröffnet, enthält die heutige Sammlung 245 Arbeiten, u.a. Keramiken, Gemälde und andere Arbeiten von Picasso aus unterschiedli-

**Das Musée Picasso im Château Grimaldi, Antibes**

chen Perioden. Hauptsächlich befinden sich hier allerdings Werke, die 1946 vor Ort entstanden. Viele Arbeiten aus jener Zeit spiegeln die heitere Grundstimmung des Künstlers nach den schweren Kriegsjahren wider. Die Lebensfreude des Mittelmeerraumes, die sonnigen Farben und das strahlende Licht verliehen Picassos Werken damals eine ganz neue Dimension. Eine neue, kraftvolle Maltechnik und das Interesse an mythologischen Themen ließen Meisterwerke wie *Ulysée et les Sirènes* (1947), *Nu Couché au Lit Bleu* (1946) und das berühmte Bild *La Joie de Vivre* (1946) entstehen.

Zwar verbrachte Picasso nur drei Monate in Antibes, doch war dies eine seiner schöpferischsten Phasen. Aus Dankbarkeit stiftete er sämtliche Arbeiten jener Periode dem Burgmuseum und ergänzte sie durch eine Sammlung von Tapisserien, Skulpturen und über 150 Keramiken, die im nahegelegenen Vallauris entstanden waren.

*La Joie de Vivre*
*(1946)*

**KLEINE PAUSE**

Rund um den Hafen gibt es **Cafés** und einen **Markt** am Cours Massena (▶ 131) sowie *Le Bacon* (▶ 128) am Cap d'Antibes.

✚ 180 C2
**Musée Picasso Antibes**
✉ Château Grimaldi, place Mariéjol ☎ 04 92 90 54 20; www.antibes-juanlespins. com ⏰ 15. Jun.–15. Sept. Di–So 10–18 Uhr; sonst Di–So 10–12, 14–18 Uhr; Feiertage geschl. 💶 mittel, unter 18 frei
**Touristeninformation**
✉ 11, place Genéral Gaulle, Antibes ☎ 04 92 90 53 00; www.antibes-juanlespins.com ⏰ Juli–Aug. tägl. 9–19 Uhr; Sept.–Juni Mo–Fr 9–12, 13.30–17.30, Sa 9–12 und 14–18 Uhr

---

## MUSÉE PICASSO: INSIDER-INFO

**Top-Tipp:** Wenn Sie mehrere Tage in Antibes verbringen, lohnt sich ein Kombiticket für die verschiedenen Museen der Stadt: das **Archäologische Museum**, das in der Bastion St-André (17. Jh.) untergebracht ist, das **Musée Peynet** mit Werken des gleichnamigen Künstlers und Ausstellungen mit Cartoons und Karikaturen, das **Musée Napoléon**, das **Turmmuseum** und das **Fort Carré**. Das Ticket gilt an sieben aufeinander folgenden Tagen und kostet 7,50 Euro. Es ist in der Touristeninformation und in den Museen erhältlich.

# 5 Fondation Maeght

**Eine der bedeutendsten Sammlungen moderner Kunst in Europa ist in diesem Museum zu bewundern.**

Die Fondation Maeght geht auf Marguerite und Aimé Maeght zurück, erfolgreiche Kunsthändler, zu deren Freunden u. a. Matisse, Miró, Braque, Bonnard und Chagall zählten. Grundstock des Museums ist ihre Privatsammlung. Die Fondation war nicht nur als Museum geplant, sondern sollte auch eine Art Kreativzentrum abgeben; deshalb wurde auch an Unterkünfte für Künstler gedacht. Das Gebäude fügt sich kunstvoll in die Umgebung ein.

Die Dauerausstellung umfasst Werke von nahezu allen großen Künstlern der vergangenen 50 Jahre, vor allem jedoch

von Bonnard, Chagall, Giacometti, Léger, Kandinsky und Miró. Hinter dem Museum liegt Mirós Labyrinth, ein mehrstöckiger Irrgarten aus Mosaiken, Skulpturen, Brunnen, Bäumen und Keramiken des spanischen Surrealisten. Ebenfalls auf dem Gelände stehen Figuren von Giacometti, und zwar auf dem nach dem Künstler benannten Cour Giacometti, während eine winzige Kapelle Braques Buntglasfenster Weißer Vogel auf schwarzem Grund (1962) birgt. Das Fenster erinnert an Maeghts Sohn, der bereits als Kind starb.

*Fondation Maeght, St-Paul-de-Vence*

## KURZE PAUSE
Zum Museum gehört ein **Café** (April–Nov.), in St-Paul-de-Vence (► 130) gibt es weitere.

---

**Fondation Maeght**
✛ 180 C3 ✉ Montée des Trions, St-Paul-de-Vence
☎ 04 93 32 81 63; www.fondation-maeght.com
🕐 Juli–Sept. tägl. 10–19 Uhr; Okt.–Juni 10–18 Uhr
💶 teuer, unter 10 Jahren frei

# Nach Lust und Laune!

## 6 Grasse

Lavendelfelder gehören zu den typischsten Bildern der Provence, und die Blüten, die sie hervorbringen, sind wichtige
Ingredienzen der Parfümindustrie. **Molinard, Galimard** und **Fragonard** heißen
die größten der in Grasse ansässigen
Parfümerien. Die Parfümhauptstadt der
Welt beliefert alle großen Marken, z.
B. Chanel und Dior. Alle drei Fabriken
bieten Führungen an. Rosen und Jasmin, ebenfalls wichtige Grundstoffe der
Parfümherstellung, werden im Mai und
August mit speziellen **Festen** bedacht.

Die Kathedrale auf der Place Godeau
lohnt einen kurzen Besuch,
weil sie drei frühe
Werke von Ru-
bens aus dem
Jahre 1601
birgt.

Der Glockenturm der Cáthedrale Notre-
Dame-de-Puy überragt die Dächer der
Altstadt von Grasse

✚ 180 A3
**Touristeninformation**
✉ Palais des Congrès, 22, cours Honoré Cresp
☎ 04 93 36 66 66; www.grasse-riviera.com
🕐 Juli–Sept. Mo–Sa 9–19, So 9–13 und 14–18
Uhr; Okt.–Juni Mo–Sa 9–12.30 und 14–18 Uhr

## 7 Mougins

Nach außen hin ist Mougins ein
typisch provenzalisches Hügeldorf,
innerhalb der mittelalterlichen Be-
festigungsmauern kann man jedoch
eine der hübschesten Ortschaften der
Côte d'Azur erkunden. Hier lebten
Prominente wie Jacques Brel, Yves
St-Laurent, Catherine Deneuve
und Pablo Picasso, der seine letzten
zwölf Lebensjahre in Mougins verbrachte. Im **Musée de la Photographie** hängen zahlreiche Porträts des
Künstlers.

Mougins Hauptattraktion ist jedoch
eine schier unerschöpfliche Anzahl
immer neuer Restaurants. Aus der
gesamten Umgebung kommen Leute,
um abends in der **Ferme de Mougins**,
dem **Mas Candille** oder im superschicken **Moulin de Mougins** (► 129)

zu speisen, das weltweit zu den Top-Restaurants zählt.

**180 B2**

**Tourist Office**

**15, avenue Charles Mallet**

**04 93 75 87 67**

**Musée de la Photographie**

**67, rue de L'Eglise, Porte Sarrazine**

**04 93 75 85 67 Juli–Aug. tägl. 10–20 Uhr; Sept.–Okt. und Dez.–Juni Mi–So nur nachmittags; Nov. geschl. preiswert**

## 8 Juan-les-Pins

An der Spitze der Halbinsel Cap d'Antibes verschmelzen Antibes und Juan-les-Pins miteinander. Der Ort ist wegen des **Jazzfestivals** bekannt, das hier seit 1960 in jedem Juli stattfindet, zieht aber wegen des regen Nachtlebens ganzjährig vor allem junge Leute an.

Königin Viktorias Sohn, der Herzog von Albany, gründete um 1880 den Ferienort, doch blieb er bis in die 1920er-Jahre eher unbedeutend. Damals schloss sich der Restaurantbesitzer Baudoin aus Nizza mit dem amerikanischen Eisenbahnmagnaten Frank Jay Gould zusammen, um den ersten Sommererholungsort an der Riviera zu gründen, denn Sommerferien waren damals noch etwas absolut Neues. Der Erfolg stellte sich ein, vor allem, nachdem sich Frauen am Strand von Juan-les-Pins erstmals in neuartigen Badeanzügen sonnten. Bald galt der Ort, dessen Name sich

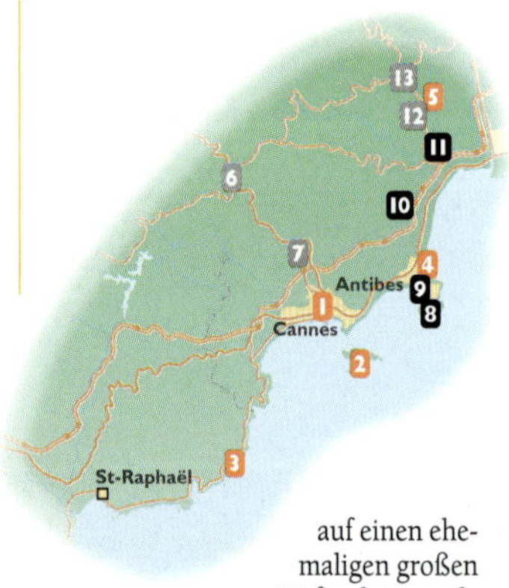


auf einen ehemaligen großen Kiefernhain an der Küste bezieht, als Magnet für diejenigen, die ein ungezwungenes Leben zu genießen wussten.

**180 C2**

**Touristeninformation**

**51, boulevard Guillaumont**

**04 92 90 53 05;**

**www.antibes-juanlespins.com**

**Juli–Aug. Mo–Fr 9–12 und 14–16, Sa 9–12 Uhr; Sept.–Juni Mo–Fr 9–12.30 und 13.30–18 Uhr**

## 9 Antibes

Antibes ist die größte Stadt der Region, aber weniger auffällig als Nizza oder das benachbarte Cannes. Dennoch liegen auch hier viele Luxusyachten vor Anker. Die Altstadt ist

**Sonnenbad in Antibes**

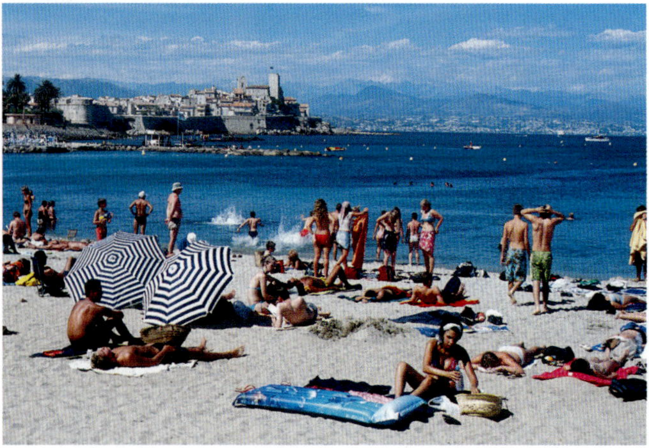

**Kunsthandwerk in Biot**

mit ihren Gebäuden im italienischen Stil der schönste Teil von Antibes. Um sie schließt sich eine noch teilweise erhaltene Stadtmauer, die Vauban, die der Festungsbaumeister Ludwigs XIV., im 17. Jh. anlegte.

Die meisten Besucher kommen wegen des **Musée Picasso** (► 118f) nach Antibes. Die Bilder, Zeichnungen, Keramiken und Skulpturen, die Picasso überwiegend während seines dreimonatigen Aufenthaltes im Jahre 1946 schuf, sind in einer mittelalterlichen Festung ausgestellt, die einst den Grimaldi gehörte.

✚ 180 C2

**Touristeninformation**

✉ 11, place du Général Gaulle
☎ 04 92 90 53 00
🕐 Juli–Aug. tägl. 9 bis 19 Uhr; Sept.–Juni Mo–Fr 9–12.30 und 13.30–18, Sa 9–12 und 14–18 Uhr

## 🔟 Biot

Das hübsche Dorf liegt in einer typisch provenzalischen Landschaft inmitten von Zypressen, Olivenbäumen und Pinien. Steile Kopfsteinpflastergassen zweigen vom Hauptplatz mit Arkaden, sandsteinfarbenen Häusern, Cafés und Antiquitätenläden ab.

Einige Straßen sind mit großen Tonkrügen dekoriert, in denen Geranien und tropische Pflanzen wachsen. Über Jahrhunderte war Biot ein Töpferzentrum, doch ist der Ort auch für

Gold- und Silberarbeiten, Keramiken, Olivenholzschnitzereien und Glaskunst bekannt. Arbeiten einheimischer Handwerker kann man im **Musée d'Histoire Locale et de Céramique Biotoise** besichtigen. In der **Verrerie de Biot** (► 131) können Besucher Glasbläsern bei der Herstellung von *verre bullé* (Glas mit Bläschen) zusehen.

20 Minuten von der Altstadt entfernt liegt das kürzlich wiedereröffnete **Musée Fernand Léger** mit einer leuchtenden Mosaikfassade und mächtigen Buntglasfenstern. Der kubistische Maler Léger kaufte 1955 eine Villa auf dem Gelände, um fortan in Biot zu leben. Leider starb er bereits 15 Tage später. Die Witwe gründete 1959 das Museum, das heute etwa 348 Werke des Künstlers birgt und sich als erstes französisches Museum nur einem einzigen Künstler widmete.

✚ 180 B3

**Touristeninformation**

✉ 46, rue St Sébastien  ☎ 04 93 65 78 00

**Musée d'Histoire Locale et de Céramique Biotoise**

✉ place de la Chapelle  ☎ 04 93 65 54 54
🕐 Sommer Do–So 10–18 Uhr; Winter 14–18 Uhr
💶 preiswert

**Musée national Fernand Léger**

✉ chemin du Val de Pôme
☎ 04 92 91 50 30; www.musee-fernandleger.fr
🕐 Juli–Sept. Mi–Mo 10.30–18 Uhr;
Okt.–Juni Mi–Mo 10–12.30 und 14–17.30 Uhr
💶 preiswert, unter 18 frei; 1. So im Monat frei

## 11 Cagnes-sur-Mer

Cagnes gliedert sich in drei Teile: den Hauptstrand und den alten Fischerhafen **Cros-de-Cagnes** mit alten, *pointus* genannten Booten und mehreren guten Fischrestaurants, **Cagnes-Ville**, ein Einkaufs-viertel mit eleganter Rennbahn (Frankreichs zweitgrößter) direkt am Meer, und **Haut-de-Cagnes**. Das einladende Hügeldorf mit bunten Häusern und prachtvollen Bougainvil-leen, Mimosen und Geranien liegt in einem mittelalterlichen Mauerring am Fuß einer Burg aus dem 14. Jh., die Admiral Rainier Grimaldi als Vorposten gegen Piratenangriffe erbauen ließ. In der Burg zeigt das **Château-Musée** mehrere Dauerausstellungen, unter an-derem eine über Olivenbäume und – im Museum für moderne Kunst des Mittelmeerraumes – Werke von Chagall, Matisse und Pierre Auguste Renoir (1841 bis 1919), dem berühm-testen Künstler der Stadt.

Schmale Gassen in St-Paul-de-Vence

Renoir verbrachte seine letzten zwölf Lebensjahre in der Umgebung von Cagnes, in der Domaine des Collettes, weil ihm in Paris seine Arthritis zu sehr zu schaffen machte. Seine Villa wurde zum **Musée Renoir** umgewandelt, und man kann seine Farbpalette, seinen Rollstuhl und weitere Erinnerungs-stücke sowie einige seiner Arbeiten besichtigen.

✛ 180 C3
**Touristeninformation**
✉ 6, boulevard Maréchal Juin
☎ 04 93 20 61 64

**Château-Musée de Cagnes**
✉ place Grimaldi, Haut-de-Cagnes ☎ 04 92 02 47 30 🕐 Mi–Mo 10–12 und 14–17 Uhr (Mai–Sept. bis 18 Uhr); geschl. die letzten 2 Wochen im Nov. 💶 preiswert

**Musée Renoir**
✉ 19, chemin des Collettes ☎ 04 93 20 61 07 🕐 Mai–Sept. Mi–Mo 10–12 und 14–18 Uhr; Okt., Dez.–April 10–12 und 14–17 Uhr; Di und Nov. geschl. 💶 preiswert

## 12 St-Paul-de-Vence

Das große *village perché* eignet sich so recht als Postkartenmotiv. Es liegt auf einem Hügel bei Cagnes und wurde von König Franz im 16. Jh. zur kö-niglichen Stadt erklärt, wovon immer noch etwas zu spüren ist.

In den 1920er-Jahren entdeckte allerdings eine Gruppe junger, mittel-loser Künstler den Ort, unter ihnen Signac, Bonnard, Modigliani und Soutine. Sie wohnten in der bescheide-nen Auberge de la Colombe d'Or und zahlten die Miete mit ihren Bildern ab. Bald schon gesellten sich andere Maler und junge Intellektuelle zu ihnen. Auf der Gästeliste des schicken **Hôtel La Colombe d'Or** stehen berühmte Na-men wie Braque und Camus, Derain, Maeterlinck, Matisse, Kipling, Picasso und Utrillo, und das Haus besitzt heute eine der besten privaten Kunstsamm-lungen ganz Frankreichs.

Noch immer ist der Ort eine Künst-lerkolonie, vor allem aber eine Touris-tenhochburg, durch die sich Reisebusse zur **Fondation Maeght** (► 120) und Menschenmassen zu den Läden und Galerien in den steilen Kopfsteinpflastergassen schieben. Abends, beim Schein der Laternen, entfaltet das Dörfchen aber seinen eigentlichen Reiz.

✚ 180 C3
**Touristeninformation**
✉ 2, rue Grande ☎ 04 93 32 86 95; www.saint-pauldevence.com

## ⓲ Vence

Die römische Festung Vintium bildet den Kern dieses Städtchens, das im Mittelalter Bischofssitz war. Die **Kathedrale** aus dem 10. Jh. ist die kleinste Frankreichs, im Innern aber birgt sie reiche Schätze wie römische Grabplatten in den Mauern und ein Mosaik von

Chagall. Künstler und Schriftsteller, unter ihnen Gide, Valéry, Dufy und D.H. Lawrence suchten die Stadt, die nur 10 km von der Küste entfernt liegt, gerne auf. 1941 zog Henri Matisse nach Vence, erkrankte aber wenig später schwer. Dominikanerschwestern pflegten ihn gesund, und aus Dankbarkeit baute und verzierte er für sie die **Chapelle du Rosaire**. Das Innere ist schlicht gehalten, mit eindrucksvollen Schwarzweißbildern des Kreuzweges Jesu auf weißer Fayence. Farbe bringen allein die gelben, blauen und grünen Elemente der riesigen Buntglasfenster in die Kirche. Bei der Vollendung dieses Meisterwerkes war Matisse bereits über 80 Jahre alt, und er bezeichnete die Kapelle als sein »letztes Ziel, den Höhepunkt einer intensiven, ernsthaften und schwierigen Anstrengung«.

In Vence gibt es einen kostenlosen Pkw-Parkplatz beim Schwimmbad (*piscine*).

✚ 180 B3
**Touristeninformation**
✉ place du Grand-Jardin ☎ 04 93 58 06 38; www.ville-vence.fr 🕐 Mo–Sa 9–18 Uhr; Juli–Aug. auch So 10–18 Uhr

**Chapelle du Rosaire**
✉ 468, avenue Henri Matisse
☎ 04 93 58 03 26
🕐 Mo, Mi, Sa 14–17.30 Uhr, Di, Do 10–11.30, 14–17.30 Uhr; in den Schulferien auch Fr 14–17.30 Uhr; Messe So 10 Uhr; Mitte Nov.–Ende Dez. geschl. 💶 preiswert

## FÜR KINDER

- **Mougins:** Buggy Cross bietet drei Bahnen für Quads, Karts und Mini-Motorräder, es gibt auch Fahrzeuge für größere Kinder (beim Automobilmuseum; Tel. 04 93 69 02 74, Mi, Sa und So).
- **Mougins Musée de l'Automobile:** Ältere Kinder finden den Besuch des Automuseums meist ziemlich kurzweilig, zumal es Filmausschnitte von klassischen Rennen zu sehen gibt (772, chemin de Font-de-Currault, an der A8, Ausfahrt Les Hautes Bréguires; Tel. 04 93 69 27 80, tägl. 10–18 Uhr).
- **Antibes:** Das Antibes Land ist ein Freizeitpark mit Dschungel, Riesenrad, Autoscooter und sogar Bungeejumping (N7; Tel. 04 93 33 68 03; www.azurpark.com, April–Okt. tägl.).
- **Marineland:** Seelöwen, Schwertwale, Delphine und Haie (vom Plexiglastunnel aus) – Kinder lieben die Meeresbewohner und den Schmetterlingswald, in dem man auch haarige Riesenspinnen und anderes Getier bestaunen kann. Jüngere Kinder können auf Ponys reiten, sich schminken lassen oder den Streichelzoo La Petite Ferme Provençale besuchen. Es gibt auch Wasserrutschen und einen Minigolfplatz (Ave Mozart; Tel. 04 93 33 49 49, Feb.–Dez. tägl. 10–18 Uhr, Mi und Sa, So bis 20 Uhr; Juli–Aug. 10–24 Uhr; www.marineland.fr).

# Wohin zum … Übernachten?

**Preise**

Für ein Doppelzimmer pro Nacht gelten folgende Preise:

€ unter 80 Euro €€ 80–150 Euro €€€ über 150 Euro

## ANTIBES

### La Jabotte €–€€

Dieses charmante Familienhotel in einer Seitenstraße nahe dem Plage Salis ist klein, aber sehr schön. Der Service ist hervorragend und die Zimmer mit den blauen Fensterläden sind farbenfroh und exquisit dekoriert. Sie liegen um einen Innenhof und einige haben eine eigene kleine Terrasse.

⊞ 180 C2 ⊠ 13, ave Max Maurey
☎ 04 93 61 45 89; www.jabotte.com

### Hotel du Cap Eden Roc €€€

Das todschicke und sündhaft teure Hotel (zwischen 460 und 1600 Euro pro Nacht ist alles drin) am Cap d'Antibes ist der Inbegriff von Luxus und wird in der Regel von bekannten Persönlichkeiten und deren Begleiterstab gewählt. Normalsterbliche können die Bar besuchen und gegen Entgelt mit der Seilbahn vom Hotel zum Privatstrand fahren.

⊞ 180 C2 ⊠ boulevard JF Kennedy
☎ 04 93 61 39 01; www.edenroc-hotel.fr

### Le Relais du Postillon €

Diese komfortable alte Herberge im Herzen von Antibes bietet 16 ruhige Zimmer in Laufweite zum Musée Picasso. Das Restaurant serviert Feinschmeckermenüs. Im Sommer sitzt man im Patio, im Winter am Kamin. In der Nähe gibt es einen öffentlichen Parkplatz.

⊞ 180 C2 ⊠ 8, rue Championnet ☎ 04 93 34 20 77; www.relaisdupostillon.com

## BIOT

### Galerie des Arcades €–€€

Das Hotel aus dem 15. Jh. steht an einem Platz mit schattigen Arkaden. Das mit Kunstwerken dekorierte Restaurant serviert provenzalische Küche.

⊞ 180 B3 ⊠ 16, place des Arcades
☎ 04 93 65 01 04 ⊘ geschl. im Nov.

## CANNES

### Carlton Intercontinental Hotel €€€

Das legendäre Hotel umfasst 338 Zimmer, darunter 36 Super-Luxussuiten. Wer auf 007 steht, sollte die Sean-Connery-Suite wählen und sich einen geschüttelten Wodka-Martini bestellen. Natürlich bietet das Hotel Restaurants, Bars, Fitnesscenter und Ballsäle, und vor der Tür warten schon die Luxusboutiquen auf solvente Kunden.

⊞ 180 B2 ⊠ 58, La Croisette ☎ 04 93 06 40 06; www.intercontinental.com/cannes

### Cezanne €€–€€€

Dies ist das letzte Boutiquehotel in Cannes, in dem die attraktiven Zimmer in stilvollen gedeckten Tönen mit hellen, sonnigen Akzenten dekoriert sind. Es gibt ein Hammam und ein Fitnesscenter und das herrliche Frühstück wird im Freien unter Palmen serviert. Außerdem ist ein privater Strand im Angebot.

⊞ 180 B2 ⊠ 40, boulevard d'Alsace
☎ 04 92 59 41 00; www.hotel-cezanne.com

### Chalet de l'Isère €

Nur zehn Minuten sind es zu Fuß vom Palais des Festivals bis zu diesem zentral gelegenen 2-Sterne-Hotel. Die Zimmer sind schlicht, aber sauber und bequem, es gibt ein Restaurant, und das Frühstück wird im hübschen Garten eingenommen.

⊞ 180 B2 ⊠ 42, avenue de Grasse
☎ 04 93 38 50 80;
http://hotelchaletisere.monsite.wanadoo.fr

### Hôtel l'Esterel €

Das moderne Hotel direkt am Bahnhof eignet sich für alle, die mit dem

Zug oder Bus anreisen. Den schlichten Zimmern mangelt es in wenig an Individualität, doch dafür sind sie preiswert, bequem und sauber, und vom Frühstücksraum im Obergeschoss blickt man auf Cannes.

🚪 180 B2 ✉ 15, rue du 24 Août
☎ 04 93 38 82 82; www.hotellesterel.com

### Martinez €€€

Cannes bestes Restaurant, *La Palme d'Or* (▶ 129), bittet in diesem Hotel zu Tisch, und natürlich kann man hier auch prima Stars während des Filmfestivals beobachten. Das Interieur im Art-déco-Stil ist ebenso verlockend wie der Luxus-Givenchy-Wellnessbereich und der Privatstrand.

🚪 180 B2 ✉ 73, La Croisette
☎ 04 92 98 73 00; www.hotel-martinez.com

### Hôtel Molière €€

Das zentral gelegene Hotel erkennt man leicht an der prächtigen Fassade. Es umfasst einen makellosen Garten und bequeme Zimmer in provenzalischen Farben, die meisten mit Balkon. Es liegt in der Nähe der Croisette und des Strandes. Reservieren Sie rechtzeitig, vor allem, wenn Sie während des Festivals kommen.

🚪 180 B2 ✉ 5–7, rue Molière
☎ 04 93 38 16 16; www.hotel-molière.com

## GRASSE

### Bastide St-Antoine €€€

Das Luxushotel der Gruppe Relais et Châteaux liegt in einem alten Olivenhain und ist eine Unterkunft der besonderen Art mit elf geräumigen Zimmern und einem bekannten Restaurant mit Michelin-Sternen, in dem Jacques Chibois seine Kreationen auf den Tisch bringt.

🚪 180 A3 ✉ 48, avenue Henri-Dunant
☎ 04 93 70 94 94; www.jacques-chibois.com

### Hôtel des Parfums €€

Ein Swimming- und ein Whirlpool sorgen in diesem Hotel für Wohlbefinden. Ein 90-minütiger Film erklärt die Parfümherstellung und bereitet auf einen Besuch der Parfümfabriken vor.

🚪 180 A3 ✉ boulevard Eugène-Charabot
☎ 04 92 42 35 35; www.hoteldesparfums.com

### Le Manoir de l'Étang €€€

Ein kleines Anwesen aus dem 19. Jh. in einem 5 ha großen Park, dazu Pool, Solarium und ein erstklassiges Restaurant sowie fünf Golfplätze ganz in der Nähe. Im Sommer wird draußen am Pool serviert.

🚪 180 B2 ✉ 66, allée du Manoir, route d'Antibes ☎ 04 92 28 36 00; www.manoir-de-letang.com ⊘ Nov.–Mitte März geschl.

### Les Muscadins €€€

Pablo Picasso wohnte einst im ehemaligen Gästehaus des heutigen 4-Sterne-Boutiquehotels, das zum Hôtel Le Mas Candille gehört. Von außen wirkt das Haus typisch provenzalisch, innen ist es jedoch keineswegs rustikal und bietet alle Annehmlichkeiten des 5-Sterne-Wellnesshotels Le Mas Candille.

🚪 180 B2 ✉ 18, boulevard Courteline ☎ 04 92 28 43 43; www.hotel-mougins-muscadins.com

## ST-PAUL-DE-VENCE

### La Colombe d'Or €€€

In den 1920er-Jahren bezahlten Braque, Matisse, Picasso und Léger ihre Drinks in dem bescheidenen Café mit ihren eigenen Bildern und legten damit den Grundstein für das heutige Luxushotel. Rechtzeitig buchen!

🚪 180 C3 ✉ place du Général de Gaulle ☎ 04 93 32 80 02; www.la-colombe-dor.com ⊘ geschl. 22. Okt.–20. Dez. und 10.–20. Jan.

### La Grande Bastide €€–€€€

Ein Landhaus aus dem 18. Jh. mit 14 hübschen provenzalischen Zimmern und Blick auf St-Paul. Sehr gutes Preis-Leistungs-Verhältnis. Kein Restaurant.

🚪 180 C3 ✉ 1350, Route de la Colle ☎ 04 93 32 5030; www.la-grande-bastide.com ⊘ geschl. 26. Nov.–20. Dez.;15. Jan.–15. Feb.

### Hostellerie Les Remparts €

Das preiswerteste Hotel des Dorfes umfasst neun hübsche Zimmer und ein Restaurant.

🚪 180 C3 ✉ 72, rue Grande
☎ 04 93 32 09 88

### Le St-Paul €€€

Das romantische Hotel der Gruppe Relais et Châteaux bietet ein mit

# Wohin zum …
# Essen und Trinken?

## Preise

Die Preise gelten pro Person für ein Drei-Gänge-Menü ohne Getränke und Trinkgeld:
€ unter 25 Euro  €€ 25–60 Euro  €€€ über 60 Euro

## Le Figuier de St-Esprit €€€

Dieses sehr schöne kleine Restaurant an der Stadtmauer unweit des Musée Picasso wurde um einen Feigenbaum errichtet. Der ehemalige Michelin-Sternekoch vom Juana in Juan-le-Pins, Christian Morisset mit seinem berühmten Schnurrbart, serviert innovative Highlights wie Cannelloni mit Tintenfisch und Muscheln sowie Kaninchenrücken mit Zucchiniblüten. Für Feinschmecker gibt es Fünf-Gänge-Menüs sowie unterschiedliche Weine zu jedem Gang. Der Service ist in diesem hervorragenden Familienbetrieb elegant und charmant.

🚹 180 C2 ⊠ 14, rue St Esprit, Antibes ☎ 04 93 34 50 12; www.christianmorisset.fr ⏰ geschl. Mi mittags, Di mittags 15. Juni bis 31. Aug.; 23. Nov.–21. Dez.

## Le Brûlot €

Ein gemütliches, bescheidenes provenzalisches Restaurant mit rustikalem Dekor und altem Holzofen, der zinnvoll genutzt wird. Auf der Karte stehen *socca*, Steak mit Kräutern der Provence und mit *Pastis* flambierte Scampi.

---

Michelin-Sternen ausgezeichnetes Restaurant sowie 4-Sterne-Unterkünfte im Herzen des Ortes und tolle Blicke über das Tal oder auf das Dorf.

🚹 180 C3 ⊠ 86, rue Grande ☎ 04 93 32 65 25; www.lesaintpaul.com

## Le Jardin des Arènes €

Ein verwunschenes kleines Hotel mit Buntglasfenstern im Treppenhaus, einem hübschen Garten und sauberen, bequemen Zimmern. Es liegt zentral und bietet das beste Preis-Leistungs-Verhältnis des Ortes.

🚹 179 F4 ⊠ 31, avenue du Général Leclerc ☎ 04 94 95 06 34 ⏰ Jan. geschl.

## Le Trayas Hostel €

In einer Villa aus den 1930er-Jahren wurde eine Jugendherberge mit Schlafsalen für vier bis acht Personen untergebracht. Der Blick aufs Meer und die Küste ist grandios. Vom Bahnhof bis zur Herberge sind es 2 km bergauf zu Fuß oder mit dem Bus (Haltestelle »Auberge«). Wer keinen internationalen Jugendherbergsausweis besitzt, bezahlt mehr.

🚹 180 A2 ⊠ 9, avenue de la Veronese, Theoule sur mer ☎ 04 93 75 40 23; www.fuaj.org ⏰ April–Sept.

## Château du Domaine St-Martin €€€

Um eine alte Tempelritterruine entstanden attraktive Villen. Auf dem Gelände gibt es einen Swimmingpool, und man kann reiten, angeln und Tennis spielen.

🚹 180 B3 ⊠ avenue des Templiers ☎ 04 93 58 02 02; www.chateau-st-martin.com ⏰ 8. März–14. Nov.

## Le Relais Cantemerle €€–€€€

Eine Oase der Ruhe in den Hügeln von Vence mit eleganten Zimmern, Pool und gutem Restaurant.

🚹 180 B3 ⊠ 258 Chemin Cantemerle ☎ 04 93 58 08 18; www.relais-cantemerle.com

# Wohin zum ... 129

✚ 180 C2 ✉ 3, rue Frédéric Isnard
☎ 04 93 34 17 76; www.brulot.com
⊙ Mo–Sa: im Aug. geschl.

## BIOT

### Auberge du Jarrier €€

Das freundliche und mit Michelin-Sternen geschmückte Restaurant in einer alten Töpferei serviert kreative Regionalküche, bei gutem Wetter auf der Terrasse mit schönem Ausblick.

✚ 180 B3 ✉ 30 passage de la Bourgade
☎ 04 93 65 11 68
⊙ geschl. Mo, Sa mittags; So abends

## CANNES

### Caffe Roma €

Die quirlige italienische Bar mit Restaurant liegt gegenüber dem Palais des Festivals. In der Gaststube und auf der sonnigen Terrasse bekommt man Käse-Spinat-Ravioli oder Kalbfleisch mit Zitronensoße. Lassen Sie etwas Platz für das hausgemachte Tiramisu.

✚ 180 B2 ✉ 1, square Mérimée ☎ 04 93 38 05 04; www.cafferoma.fr ⊙ tägl. 7–1 Uhr

### Astoux et Brun €€

Das beliebte Bistro serviert große Meeresfrüchteplatten, fangfrische Austern und sonstige Meeresfrüchte. Die überdachte Terrasse ist sehr gemütlich, aber man kann die Gerichte auch mitnehmen.

✚ 180 B2 ✉ 27, rue Félix Faure ☎ 04 93 39 21 87; www.astouxbrun.com ⊙ tägl. 8–24 Uhr

### La Palme d'Or €€€

In Cannes Spitzenrestaurant (zwei Michelin-Sterne) können Sie sich zu den Stars gesellen und die neuesten Kreationen des preisgekrönten Küchenchefs probieren.

✚ 180 B2 ✉ Hôtel Martinez, 73 La Croisette
☎ 04 92 98 74 14
⊙ geschl. So–Mo vom 2. Jan.–28. Feb.

### La Piazza €

Hausgemachte Pasta, Pizza, außerdem Fleisch- und Fischgerichte serviert dieses große Restaurant unweit des alten Hafens.

✚ 180 B2 ✉ 9, place Cornut-Gentille
☎ 04 92 98 60 80; www.restaurant-lapiazza.com
⊙ tägl. 12–14.30 und 19–22.30 Uhr

### Au Poisson Grillé €€

Das Restaurant am alten Hafen hat sich seit über 50 Jahren auf Grillfisch spezialisiert und bietet ein Drei-Gänge-Menü zu angemessenem Preis.

✚ 180 B2 ✉ 8, quai St Pierre ☎ 04 93 39 44 68; www.poisson-grille.com ⊙ tägl. 12–14, 19–23 Uhr

### La Tarterie €

Köstliche süße und saftige Torten zum Essen oder Mitnehmen – perfekt für ein Picknick an der Corniche de l'Esterel.

✚ 180 B2 ✉ 33, rue Bivouac Napoléon
☎ 04 93 39 67 43 ⊙ tägl.

## GRASSE

### La Bastide St-Antoine €€€

Jacques Chibois, einer der besten Küchenchefs der Riviera, serviert köstliche provenzalische Küche in einem alten Stadthaus aus dem 18. Jh. inmitten von Olivenbäumen gleich außerhalb von Grasse. Reservieren Sie sehr frühzeitig in diesem mit zwei Michelin-Sternen ausgezeichneten Restaurant. Das Mittagsmenü ist preiswerter und ebenfalls sehr gut.

✚ 180 A3 ✉ 48, avenue Henri-Dunant
☎ 04 93 70 94 94; www.jacques-chibois.com
⊙ tägl. 12–13.30 und 20–21.30 Uhr

### La Marine €–€€

Auf der Terrasse mit Mittelmeerblick gibt es die wohl besten Sardinen an der Corniche de l'Esterel.

✚ 180 A2 ✉ La Figuerette ☎ 04 93 75 49 30 ⊙ Mi und in der Nebensaison geschl.

## MOUGINS

### Le Moulin de Mougins €€€

Diese Bastion der provenzalischen Küche in einer alten Ölmühle aus dem 16. Jh. ist fest in den Händen von Alain Llorca, der sich zwei Michelin-Sterne erkocht hat. Die Karte wechselt mit den Jahreszeiten, und im Keller liegen über 5000 Weinflaschen.

✚ 180 B2 ✉ quartier Notre-Dame-de-Vie
☎ 04 93 75 78 24; www.moulin-mougins.com
⊙ geschl. Mo, Nov.–April

### Les Muscadins €€

Das Restaurant der gehobenen Klasse gehört zu dem gleichnamigen Hotel

► 127) und serviert köstliche Regionalküche mit italienischem Einschlag.
+ 180 B2 ⊠ 18. boulevard Courteline
☎ 04 92 28 30 90; www.les-muscadins.com
◷ geöffnet März–Okt.

## ST-PAUL-DE-VENCE

### Café de la Place €–€€

Ein schlichtes Bistro am Ortseingang mit Blick auf die Boulespieler, die den Platz bevölkern.
+ 180 C3 ⊠ place Général de Gaulle ☎ 04 93 32 80 03 ◷ geöffnet 7–24 Uhr (im Winter 20 Uhr)

### Chez Andreas €

Eine fröhliche Café-Bar an der Stadtmauer, ideal für eine leichte Mahlzeit provenzalischer *tapas* oder ein Glas Wein bei Sonnenuntergang. Es gibt einen kleinen Sitzbereich im Freien mit Blick über das Tal.
+ 180 C3 ⊠ rempart Ouest ☎ 04 93 32 98 32 ◷ tägl. 12–24 Uhr

### Le Saint-Paul €€€

Dieses stilvolle Michelin-Sterne-restaurant gehört zu dem liebenswürdigen Hideaway Hotel. Leckere Meeresfrüchte und Fischgerichte sowie frische saisonale Produkte werden in dem eleganten Speiseraum serviert, während man von der Panoramaterrasse einen hervorragenden Blick auf die Dächer des kleinen Dorfes hat.
+ 180 B2 ⊠ 86. rue Grande
☎ 04 93 32 65 25
◷ geschl. Mi mittags; Di von März–Nov.

### Le Mas d'Artigny €€–€€€

Das Gourmet-Restaurant serviert außergewöhnliche Fischspezialitäten inmitten der schönen Parklandschaft des Relais-und-Château-Hotels.
+ 180 C3 ⊠ route des Hauts de St Paul
☎ 04 93 32 84 54; www.mas-artigny.com
◷ tägl.

## THÉOULE-SUR-MER

### Le Marco Polo €–€€

Frischer als in diesem Restaurant am Sandstrand von Théoule-sur-Mer kann der Fisch nicht sein.
+ 180 A2 ⊠ 47, avenue de Lérins ☎ 04 93 49 96 59 ◷ tägl. 12–14.30 und 19.30–22.30 Uhr

# Wohin zum ... Einkaufen?

## MODE UND DÜFTE

Cannes ist für seine schicken Boutiquen bekannt. Im Januar findet hier sogar ein Einkaufsfestival mit Modenschauen im Palais des Festivals statt. Haupteinkaufsmeilen sind die **Rue d'Antibes** und der **Boulevard de la Croisette**, wo man zwischen dem Majestic und dem Carlton Marken wie Chanel und Lacroix, Gucci, Bulgari, Louis Vuitton, Salvatore Ferragamo, Hermes, Dior, Dolce und Gabbana, Fendi, YSL, Valentino und Cartier findet.

Wenn Designerkleidung nicht Ihr Stil ist, bietet das **Style de Vie Da Cavanna** (67 rue Grande, St Paul-de-Vence, Tel. 04 93 32 77 60), eine Fundgrube im neuen Stil, für ungewöhnliche und bezahlbare Schmuckstücke, Keramik, Taschen und lackiertes Bambusgeschirr aus fairem Handel. Alles wurde sorgfältig von Annie und Daniele Da Cavanna ausgesucht.

Natürlich ist die Region auch für Parfüm bekannt. Besuchen Sie eine der großen Parfümfabriken in Grasse, z. B. die **Parfumerie Fragonard** (20, boulevard Fragonard, Tel. 04 93 36 44 65), und decken Sie sich mit wundervollen Düften aus der Provence ein.

**L'Occitane** (14, rue Maréchal Joffre, Cannes, Tel. 04 93 68 20 32) verkauft Düfte, Seifen und Hautpflegeprodukte aus natürlichen Stoffen in den traditionellen Farben und Duftnoten der Provence. **Herbier à Provence** (7, Montée de la Castre, St-Paul-de-Vence, Tel. 04 93 32 91 51) hat ebenfalls Seifen, Kräuter, Parfum und Badeartikel im Angebot.

## LEBENSMITTEL

Frankreich ist die Käsenation schlechthin, und bei **Ceneri** (22, rue Meynadier, Cannes, Tel. 04 93 39 63 68) bestätigt sich dieses Klischee aufs Angenehmste. Der Laden, einer der führenden des Landes, bietet über 300 Sorten, von riesigen Brie-Rädern bis hin zu winzigen *boutons de culotte* (Hosenknöpfen) aus Ziegenkäse. In St-Paul-de-Vence können Sie in der **Petite Cave de Saint-Paul** (7, rue de l'Etoile, Tel. 04 93 32 59 54) in einem Keller aus dem 14. Jh. aus einer riesigen Sammlung provenzalischer Weine (darunter auch einige aus den umliegenden Weinbergen) den passenden Begleiter zum Käse wählen. Ebenfalls in St-Paul verkauft **Les Huiles de Monde** (68, rue Grande, Tel. 04 93 32 58 35) bestes Olivenöl und weitere Produkte aus Olivenöl bzw. -holz. **La Cave Gourmande** (64 rue Grande) ist ein Süßwarenladen mit Bonbons, Lutschern und allerlei Leckereien zum Selbstabfüllen.

Nougat ist die süße Spezialität der Region. Füllen Sie Ihren persönlichen Vorrat in St-Raphaël im **Nougat Cochet** (98, boulevard Félix Martin, Tel. 04 94 95 01 67) auf.

## KUNST, HANDWERK, BÜCHER

Die Provence ist bei Künstlern beliebt, und so findet man in der Region Arbeiten der unterschiedlichsten Stilrichtungen und Qualität. In Biot verkauft die **Galerie Danièle Vogt** (27, impasse des Arcades, Tel. 04 93 65 50 13) Drucke, Radierungen und Gemälde.

In St-Paul-de-Vence stolpert man von einer Galerie in die nächste; zu den besseren gehört die **Galerie Pascal Retelet** (1, place Géneral de Gaulle). Sie handelt mit Werken von Arman, Appel, Bacon, Hartung, Chagall, Warhol und zeitgenössischen Künstlern der Provence.

Biot ist für seine Tonwaren berühmt. Eine schöne Auswahl bietet die **Poterie du Vieux Biot** (4, chemin Neuf, Tel. 04 93 65 63 30), ein alter Laden mit Keramiken in allen Farben und

Größen. Das traditionelle Bläschen-Glas aus Biot erhält man in der **Verrerie de Biot** (chemin des Combes, Tel. 04 93 65 03 00). Hier kann man auch Glasbläsern bei der Arbeit zuschauen und findet bestimmt das passende Souvenir für die Lieben zu Hause.

## MÄRKTE

In **Antibes** findet am Cours Masséna ein provenzalischer Markt für Obst, Gemüse, Blumen und andere lokale Produkte statt (Juni-Aug. tägl., Sept.–Mai Di–So). Donnerstags und samstags kann man auf der Place Jacques Audiberti über den Flohmarkt bummeln. Auf der Place Barnaud (Di und Sa) und dem Parkplatz vor der Post (Do vormittags) gibt es Kleidermärkte.

In **Biot** wird der Obst- und Gemüsemarkt immer dienstags- und freitagsvormittags abgehalten.

Die Cité Marchande (Di–So vormittags) in **Cagnes-sur-Mer** lädt mit einer verführerischen Auswahl an frischem Obst und Gemüse, Fleisch, Milchprodukten und Blumen zum

Bummeln ein. Daneben bietet der Ort noch einen Markt am Boulevard Kennedy (Fr vormittags) und einen allgemeinen Markt mit Kleidern und Trödel am Mittwochvormittag gegenüber dem örtlichen Busbahnhof.

Der Marché de Forville (rue du Marché de Forville, Di–So 7–13 Uhr) in **Cannes** ist ein quirliger, zum Teil überdachter Markt für Obst, Gemüse, Blumen und Käse. Hier kaufen die Küchenchefs der örtlichen Restaurants ein. Montags findet am gleichen Ort ein Antiquitätenmarkt statt, außerdem gibt es einen täglichen Blumenmarkt in den Allées de la Liberté und einen Trödelmarkt auf der Place de l'Etang (Fr 15–19 Uhr).

**Grasse** bietet einen allgemeinen Markt auf der Place aux Aires (Di bis So vormittags) und Trödel- bzw. Antiquitätenmärkte am Cours H Cresp (1. und 3. Fr im Monat).

Die Place du Grand Jardin in **Vence** ist der Marktplatz der Stadt. Obst und Gemüse, Kleider und Haushaltswaren findet man hier täglich, mittwochs ist außerdem Flohmarkt.

# Wohin zum ...
# Ausgehen?

**NACHTLEBEN**

In Cannes ist das **Les Coulisses** (29, rue du Commandant André, Tel. 04 92 99 17 17, tägl. 18 bis 2.30 Uhr) einer der beliebtesten Clubs.

**Disco 7** (7 rue Rouguière, Tel. 04 93 39 10 3, geöffnet 23–6 Uhr) ist wie der berühmte »Cage aux Folles« und bekannt für seine Technomusik und Transvestitenshows (zweimal pro Nacht). Das **Whisky à Gogo** ist eine der ältesten Diskotheken Europas (115, avenue de Lérins, Tel. 04 93 43 20 63, Juli Mi–Sa, Aug. tägl., Sept.–Juni Fr–Sa 23–5 Uhr).

**Morrison's Irish Pub** (10, rue Teisseire, Tel. 04 92 98 16 17, tägl. 19–2 Uhr) ist ein typisch irisches Pub mit gemütlichem Holzdekor und Guinness in rauen Mengen. Mitt-

wochs und donnerstags wird zudem Livemusik geboten.

Die schwulenfreundliche **Zanzibar** (85, rue Félix-Fauré, Tel. 04 93 39 30 75, tägl. 18 Uhr bis zur Morgendämmerung) befindet sich in der Nähe des Palais des Festivals in Cannes. Gut gebaute Matrosen zieren die Wände.

Im Obergeschoss des Palais des Festivals kann man sich im **Jimmy'z** (1, boulevard La Croisette, Tel. 04 92 98 78 00), der Dependance des exklusiven Nachtclubs von Monaco, auf mehreren Tanzflächen austoben.

**La Siesta** (route du Bord-de-la-Mer zwischen Antibes und Biot, Tel. 04 93 33 31 31, Mitte Juni–Mitte Sept. tägl., ansonsten Fr–Sa 23–5 Uhr) gehört mit Tanzflächen im Freien, Brunnen, einem Swimmingpool, Restaurant und dem wellenförmig

gestalteten Kasino zu den exotischsten Nachtclubs an der Côte d'Azur.

Im **Casino Croisette** (1, esplanade Lucien Barrière, Tel. 04 92 98 78 00, 10–5 Uhr) können Sie Ihr Glück an einem der 300 Automaten, beim Roulette oder Blackjack (Spielsale kosten Eintritt) versuchen. Weniger förmlich geht es im **Casino de Cagnes-sur-Mer** (116, boulevard de la Plage, Tel. 04 92 27 14 40, 10–4 Uhr) zu. Für die Automaten und Spieltische benötigen Sie hier kein Jackett.

**KINO**

Das **Cinema Les Arcades** in Cannes (77, rue Félix-Fauré, Tel. 04 93 39 10 00) zeigt regelmäßig Filme in Originalsprache.

**THEATER UND MUSIK**

Das **Théâtre Alexandre III** (19, boulevard Alexandre, Cannes, Tel. 04 93 94 33 44) zeigt Stücke von Klassikern bis hin zu modernen Werken.

In der **Eglise Reformée de France** (9, rue Croix, Cannes, Tel. 04 93

39 35 55) aus dem 19. Jh. finden regelmäßig Konzerte mit Chören, klassischer Musik, Kammer- und Orgelmusik statt.

Während des Filmfestivals in Cannes strömen Cineasten aus aller Welt in den **Palais des Festivals et des Congrès** (1, boulevard La Croisette, Tel. 04 93 39 01 01; www.cannes. fr). Zu anderen Zeiten dient das Gebäude für Ausstellungen, Theaterstücke, Ballettaufführungen und Konzerte.

**WELLNESS UND BEAUTY**

**Thalazur Antibes** (770, chemin Moyennes Bréguières, Antibes, Tel. 04 92 91 82 00) bietet Thalassotherapie und verfügt über Schwimmbecken, eine Sporthalle, einen Hammam, außerdem Sauna, Whirlpool, Solarium und Kinderbetreuung.

Im **Spa Shiseido au Mas Candille** (boulevard Clément-Rebuffel, Mougins, Tel. 04 92 28 43 43, 10–19 Uhr) können Sie zwischen fernöstlichen Techniken und Anwendungen wie Shiatsu, Chi und Shiseido-Produkten wählen.

# In und um St-Tropez

# Erste Orientierung

Das einstige Fischerdorf St-Tropez ist ohne Zweifel einer der elegantesten Ferienorte der Côte d'Azur, die Stadt, in die man fährt, um zu sehen und gesehen zu werden – und natürlich eine echte Touristenhochburg. Obwohl im Sommer Menschen den Ort förmlich überschwemmen, bleibt St-Tropez doch eines der verführerischsten Ferienziele Südfrankreichs und vermittelt mit seinen pastellfarbenen Häusern, den kleine Bistros, schicken Boutiquen und den teuren Yachten, die im alten Hafen im Licht der Sonne schaukeln, die typisch mediterrane *joie de vivre* (Lebensfreude). Jahrzehntelang kamen Maler, Schriftsteller und berühmte Persönlichkeiten genau deswegen hierher, und heute ist St-Tropez die Wahlheimat von Stars wie Jean-Paul Belmondo, Jean-Michel Jarre und natürlich von Brigitte Bardot, der heimlichen Königin von St-Tropez.

So viel Trubel in St-Tropez herrscht, so wohltuend sind Ruhe und Schönheit des Hinterlandes. Die Halbinsel St-Tropez hat den Charme der provenzalischen Küstenlandschaft mit ihren Wildblumen und Weinfeldern bewahrt. Auf dem mittleren Küstenabschnitt liegen die Hügeldörfer Ramatuelle und Gassin mit herrlichen Blicken auf den Golf von St-Tropez und die Iles d'Hyères. Landeinwärts dehnt sich ein wilder, unberührter Landstrich mit verschlafenen Dörfern aus, in denen es gemächlich zugeht und wo die Einheimischen im Schatten der Platanen Boule spielen oder in den Cafés sitzen. Hier bekommt man einen Eindruck vom schlichten Landleben der Provence.

Oben: Am Alten Hafen kann man shoppen oder sich im Café sonnen

Lorgues
D562
Le Muy
Les Arcs-sur-Argens **10**
N7
E80 A8
Le Thoronet
Argens
**4** Abbaye du Thoronet
Vidauban
A8
Argens
N98
E80 A8
N7
Aille
Le Luc
Les Issambres
Besse-sur-Issole
D558
Val d'Esquières
VAR
Maures
La Garde-Freinet **9**
Ste-Maxime
Gonfaron
D25
Golfe de St-Tropez
N97
636
Roches Blanches
Port-Grimaud
Beauvallon
A57
779
La Sauvette
des
Grimaud **6**
**5**
**1** St-Tropez
D98A
440
Le Peyrol
Cogolin
Gassin
D93
**8** Collobrières
N98
D559
**2**
**2** Ramatuelle
Massif
La Croix-Valmer
528
Les Pradels
Le Rayol-Candel-sur-Mer
Cavalaire-sur-Mer
Bormes-les-Mimosas
D559
Cavalière
Cap Lardier
**7**
N98
Le Lavandou
Corniche des Maures

0          10 km

Cap Bénat
Rade d'Hyères
Cap Blanc
Île du Levant

Île de Porquerolles
Îles d'Hyères
Île de Port-Cros
Porquerolles
**3**
Port-Cros
Parc National de Port-Cros

**Sonnenbad am geschützten Süd-ufer des Golfs von St-Tropez**

# In drei Tagen

Wenn Sie sich nicht sicher sind, wo Sie Ihre Reise beginnen möchten, empfiehlt diese Route einen praktischen dreitägigen Besuch von St-Tropez mit den wichtigsten Sehenswürdigkeiten. Sie können dazu die Karte auf der vorangegangenen Seite verwenden. Weitere Informationen finden Sie unter den Haupteinträgen.

## Erster Tag

### Vormittag

Beginnen Sie Ihren Rundgang durch ❶ St-Tropez (oben; ➤ 138ff) am malerischen Hafen, der sich allem Trubel des beliebten Ferienortes zum Trotz kaum verändert hat. Bei *Sénéquier* (➤ 156) kann man wunderbar frühstücken und Leute beobachten. Schlendern Sie durch das Labyrinth der kleinen Gassen bis hinauf zur Citadelle (➤ 140), und genießen Sie den Blick über die Küste. Kaufen Sie dann auf dem Marché Provençal (➤ 157, Di und Sa) an der Place des Lices ein.

### Mittags

*Le Café* (➤ 156) serviert ein leichtes, aber genussvolles Essen auch auf der Terrasse.

### Nachmittags

Besichtigen Sie das Musée de l'Annonciade (➤ 141) mit wundervollen postimpressionistischen Gemälden früher Besucher von St-Tropez wie Signac, Matisse, Bonnard, Utrillo und Dufy.
Gönnen Sie sich anschließend ein paar erholsame Stunden an einem der Strände von St-Tropez in der Baie de Pampelonne (➤ 139f).

### Abends

Kehren Sie nach St-Tropez zurück, und speisen Sie in der *Citadelle* (➤ 156) oder in Alain Ducasses berühmtem *Spoon Byblos* (➤ 156). Tanzen Sie dann mit der High Society in den *Caves du Roy* oder der *Bodega de Papagayo* (➤ 158) in den Morgen.

# Zweiter Tag

### Vormittag
Erkunden Sie die Halbinsel
St-Tropez mit der herrlichen
Küste und den alten Dörfern.
Besonders attraktiv sind **2 Ramatuelle und Gassin** (rechts;
► 142f) mit steilen Straßen,
schmalen Gassen und pastellfarbenen Häusern direkt am Hügel.

### Mittags
*Le Microcoulier* (place dei Barri, Tel. 04 94 56 14 01) und *Le Bello Visto*
(place dei Barri, Tel. 04 94 56 17 30) in Gassin bieten leckere provenzalische Gerichte und eine tolle Aussicht.

### Nachmittags
Fahren Sie mit der Fähre von Le Lavandou zur **3 Ile de Port-Cros** (► 144f),
der unberührtesten unter den Iles d'Hyères. Spazieren Sie am Palmenstrand
entlang oder über die Naturpfade, oder schnorcheln Sie vor der Küste.

### Abends
Genießen Sie ein klassisches provenzalisches Abendessen im *L'Escondudo*
(► 155) im Blumendorf Bormes-les-Mimosas.

# Dritter Tag

### Vormittags
Beginnen Sie den Tag mit einem Besuch
der **4 Abbaye du Thoronet** (links; ► 146f),
einer schönen Abtei aus dem 12. Jh. im
Herzen der Vallée d'Argens.

### Mittags
Fahren Sie südwärts über reizvolle und kurvenreiche Landstraßen nach **8 Collobrières**
(► 151) im Herzen des Massif des Maures, das
erstaunlicherweise bisher kaum vom Tourismus
entdeckt wurde. Gesellen Sie sich zu Wein und
Mittagessen zu den Dorfbewohnern in *La Petite
Fontaine* (► 155) auf dem Hauptplatz.

### Nachmittags
Das Massif des Maures eignet sich vorzüglich zum Wandern; seine niedrigen
Hügel sind mit dichten Korkeichen-, Nadel- und Kastanienwäldern bedeckt.
Nehmen Sie sich Zeit, um in den schier endlosen Wäldern sonnige Weiden
oder Mimosenhaine zu entdecken.

### Abends
Fahren Sie zum Essen ins alte *village perché* **6 Grimaud** (► 148), und speisen Sie dort im *Les Santons* (► 155).

# ❶ St-Tropez

St-Tropez gilt als besonders schick und glamourös, und so wundern sich viele Touristen, dass die Kleinstadt nur 5500 Einwohner besitzt. In den 1950er- und 1960er-Jahren erlangte der Ort durch Brigitte Bardot Weltruhm, und bis heute zieht er Millionäre und Urlauber an, die die entspannte und zugleich luxuriöse Atmosphäre und die natürliche Schönheit des Küstenstädtchens genießen.

Das Leben in St-Tropez kann zweifellos extravagant, dekadent und exzessiv sein. Die Franzosen sprechen daher mit einem Augenzwinkern von St-Trop – »trop« heißt auf Französisch »zu viel«. Im Sommer kann es einem hier tatsächlich zu viel werden, doch wer auf Glanz und Glamour steht, mag in den Cafés am Kai Ausschau nach Berühmtheiten halten oder die Millionärsyachten in Augenschein nehmen, die vor der pastellfarbenen Uferfront (nach dem Zweiten Weltkrieg wieder aufgebaut) im Wasser schaukeln. Man sollte sich aber auch Zeit nehmen, um die andere Seite von St-Tropez zu entdecken. Schlendern Sie durch das Labyrinth der schmalen Gässchen und friedlichen Plätze der *vieille ville* (Altstadt), in denen eine eher dörfliche Atmosphäre herrscht und freundliche Märkte und Bistros zum Verweilen einladen.

Versuchen Sie nicht, während der Hauptsaison mit dem Auto nach St-Tropez hineinzufahren. Es herrscht starker Verkehr mit langen Staus, und ist man einmal drinnen, gibt es keine Parkplätze. Stellen Sie Ihr Auto lieber auf dem öffentlichen Parkplatz am Port Grimaud ab, und fahren Sie mit der Fähre über die Bucht.

**Der Alte Hafen von St-Tropez mit der pastellfarbenen Häuserfront**

**Die schmalen Gassen der Altstadt**

## Vieux Port

Trotz der hohen Besucherzahlen und der Luxusyachten wirkt der Hafen mit der **pastellfarbenen Häuserfront** und den ge-

mütlichen Cafés noch sehr malerisch. Doch der Kai ist gerade im Sommer natürlich der Treffpunkt schlechthin. Falls Sie nicht über die Mittel verfügen, um stilvoll auf einer schicken Yacht einzulaufen, können Sie auch einfach am Pier spazierengehen, die Schiffe anschauen und einen Blick auf die Schönen und Berühmten dieser Welt werfen, die sich an Deck ihrer Yachten von weiß gekleidetem Personal Drinks servieren lassen.

Der Kai umrahmt eine saphirblaue Bucht. Sie wird an einem Ende von den Überresten der alten Stadtbefestigung, der **Tour Vieille**, der **Tour Suffren** und der **Tour Portalet**, außerdem von der **Môle Jean-Réveille** begrenzt. Die Mole ist ein guter Standort für eine Panoramaaufnahme vom Hafen. Hinter der Mole liegt das alte Fischerdorf **La Ponche** mit der **Tour Jarlier**, einem weiteren Überbleibsel der Stadtmauer. Am anderen Ende des Kais befindet sich das **Musée de l'Annonciade** (➤ 141).

**La Tarte Tropezienne, die Konditorei ist berühmt für die süßen Brioche**

## Vieille Ville

Die Altstadt ist im Sommer für den Verkehr gesperrt. Sie umfasst ein Netz aus schmalen Straßen mit kleinen alten Häusern und einer Handvoll schicker Boutiquen. Die meisten Leute halten sich am Kai auf, nur wenige Meter dahinter geht es dagegen eher ruhig zu.

Am Rand der Altstadt liegt die **Place des Lices**, der Hauptplatz der Stadt und das eigentliche Herz von St-Tropez. Platanen und Künstlercafés wie *Le Café* (➤ 155) säumen den Platz. Dienstags und samstags findet hier ein Markt statt, ansonsten kann man den Boulespielern zuschauen oder mit den Einheimischen einen Pastis (Anisschnaps) trinken.

## ST TORPES

St-Tropez ist nach Tropez oder Torpes benannt, einem römischen Zenturio, der 68 v. Chr. unter Nero den Märtyrertod starb. Sein Kopf wurde in Pisa begraben, seinen Rumpf legte man in ein Boot, setzte einen Hund und einen Hahn dazu und ließ es aufs Meer treiben. Am Strand des heutigen St-Tropez wurde das Boot mit dem unversehrten Leichnam an Land gespült. Das wichtigste Fest des Ortes ist die **Bravade de St-Torpes** (16.–18. Mai), die seit über 400 Jahren zu Ehren des Heiligen gefeiert wird. In der neobarocken **Eglise de St-Tropez** (19. Jh.) mit einem markanten rosagelben Glockenturm steht eine vergoldete Büste des Heiligen.

## Strände

Die besten Strände von St-Tropez liegen an der **Baie de Pampelonne**, einer etwa 6 km langen Halbinsel mit zwei getrennten, herrlich weißen Sandstränden. Hier sonnte man sich in den 1960er-Jahren erstmals »oben ohne«.

## La Citadelle

Die Ruinen der Befestigungsmauer von St-Tropez aus dem 16. und 17. Jh. liegen auf einem von Oleanderbäumen bedeckten Hügel östlich der Stadt. Die Zitadelle ist schon allein wegen des schönen Ausblicks einen Besuch wert, denn man schaut weit über die orangefarbenen Dächer der Altstadt, auf die dunklen Hügel des Massif des Maures und des Massif d'Esterel und natürlich über die blaue Bucht mit den weißen Tupfern der Segelboote. Halten Sie Ausschau nach Pfauen, eine Gruppe dieser Vögel hat ihr Revier auf dem Gelände der Zitadelle.

Im Innern können Sie das **Musée Naval** besichtigen, ein Meeresmuseum, das zum Musée de la Marine im Palais de Chaillot in Paris gehört. Es zeigt Schiffsmodelle und dokumentiert die Geschichte von St-Tropez. Eine Abteilung

Ganz oben: Boulespieler auf der Place des Lices

Oben: Das berühmte Le Café

**Die Zitadelle überragt die Stadt**

widmet sich der Landung der Alliierten im Jahre 1944, bei der die Stadt schwer beschädigt wurde.

## Musée de l'Annonciade

Ende des 19. und Anfang des 20. Jhs. war St-Tropez bei Avantgardekünstlern sehr beliebt. Das Museum, das in einer Kapelle aus dem 16. Jh. untergebracht ist, zeigt Werke aus dieser Zeit, vor allem solche mit Motiven aus der Region. Die rund hundert um die Jahrhundertwende entstandenen Gemälde sind stilistisch Strömungen wie dem Pointillismus oder dem Fauvismus zuzuordnen. Schauen Sie sich unbedingt Paul Signacs *L'Orage* (1895), Camoins *La Place des Lices* (1939) und die Bilder von Dufy, Dérain und Vuillard an. Es gibt auch ein Bild von Matisse (*La Femme à la Fenêtre*, 1920), doch Anhänger dieses Künstlers kommen im Musée Matisse in Nizza (➤ 40) eher auf ihre Kosten.

✚ 179 E3

**Touristeninformation**
✉ quai Jean-Jaurès ☎ 04 94 97 45 21; www.ot-saint-tropez.com
🕐 Juli–Aug. tägl. 9.30–20 Uhr; April–Juni, Sept. 9.30–12.30 und 14–19 Uhr; Okt.–März 9.30–12.30 und 14–18 Uhr; So, Nov. und Jan. geschl.

**La Citadelle**
✉ Montée de la Citadelle ☎ 04 94 97 59 43 🕐 April–Sept. tägl. 10–12.30 und 13.30–18.30 Uhr; Okt.–März 10–12.30 und 13.30–17.30 Uhr; geschl. 1. Jan. und an manchen Feiertagen
💰 preiswert, unter 12 Jahren frei

**Musée de l'Annonciade**
✉ place Georges-Grammont ☎ 04 94 17 84 10 🕐 Juni–Sept. Mi–Mo 10–12 und 14–18 Uhr; Okt. und Dez.–Mai 10–12 und 14–18 Uhr; geschl. Di, Nov. und an manchen Feiertagen 💰 preiswert, unter 12 Jahren frei

## ST-TROPEZ: INSIDER-INFO

**Top-Tipps:** Besorgen Sie sich in der Touristeninformation einen **Stadtplan** *(plan de la ville)* mit dem Straßenverzeichnis von St-Tropez und eine Karte der Region, auf der die Strände verzeichnet sind.
■ Kommen Sie Mitte Mai oder Mitte Juni, um eine der zwei farbenprächtigen **Bravades** (Festivals) zu erleben: die Bravade de St-Torpes im Mai oder die Bravade des Espagnols im Juni. Letztere erinnert an den Einsatz der Männer von St-Tropez, die 1637 die an der Küste vordringenden Spanier stoppten.
■ Wenn Sie keine **Menschenmassen** mögen, sollten Sie in die ruhigen Nachbardörfer **Ramatuelle** und **Gassin** (➤ 142f) auf der Halbinsel St-Tropez ausweichen.
■ Der **Spaziergang** (➤ 162f) im hinteren Teil des Buches führt an allen wichtigen Sehenswürdigkeiten und an schönen ruhigen Winkeln der Stadt vorbei.

# 2 Ramatuelle & Gassin

Von St-Tropez ist es nur ein kurzes Wegstück landeinwärts zu der erstaunlicherweise vom Tourismus kaum
berührten Halbinsel, auf der Wildblumen blühen und zwei
hübsche Dörfchen, Ramatuelle und Gassin, inmitten einer
ausgezeichneten Weinbauregion schlummern.

Das Hügeldorf **Ramatuelle** war ursprünglich eine Sarazenenfestung namens Rahmatu'llah (arab. »Gottesgeschenk«). Das
wunderhübsche Dörfchen gehört heute zusammen mit dem
benachbarten Gassin zu den schicksten Orten und beliebtesten
Zweitresidenzen der Region. Trotz der vielen Ferienhäuschen
hat sich Ramatuelle seinen provenzalischen Charme bewahrt
und lohnt vor allem während des zweiwöchigen **Festival de
Ramatuelle** im August einen Besuch, wenn Jazzmusiker und
Schauspieler den Ort mit Leben füllen. Zu anderen Zeiten des
Jahres kann man die steilen Straßen des Ortes erkunden, durch
die Kunsthandwerksläden und Galerien streifen und die romanische Kirche besichtigen. Sie steht der Touristeninformation
gegenüber und zeichnet sich durch ein Portal (17. Jh.) aus, das

**Das malerische
Ramatuelle,
ein typisches
Hügeldorf auf
der Halbinsel
St-Tropez**

**Gegenüber:
Gasse in Rama-
tuelle**

aus grünem Serpentin gehauen wurde. Das Dorf ist konzentrisch angelegt, den **Ortskern** erreicht man durch einen Bogen auf der linken Seite der Kirche.

Fahren Sie von Ramatuelle über die D89 (Route Moulins de Paillas) nach Gassin. Zwischen den beiden Dörfern stehen die Überreste von fünf Windmühlen, eben den **Moulins de Paillas**, von denen eine restauriert wurde. Von hier aus hat man einen herrlichen Blick auf das Meer bis hin zu den Iles d'Hyères und über die umliegende Gegend. Deutlich erkennt man auch die Zwillingsgipfel La Sauvette (779 m) und Notre-Dame-des-Anges (780 m), die höchsten Erhebungen des **Massif des Maures**.

Das mittelalterliche Dorf **Gassin** bietet ebenfalls Panoramablicke, denn es wurde während der Zeit der Sarazenenangriffe als Aussichtsposten errichtet. Wegen der Nähe zu St-Tropez reiht sich in dem farbenfrohen Provenceort eine Boutique an die andere.

## KLEINE PAUSE

In Gassin liegen rund um die **Place dei Barri** am höchsten Punkt des Ortes zahlreiche Restaurants mit Tischen im Freien und schöner Aussicht auf die Berge, Weinfelder, Nachbardörfer und die Küste. Probieren Sie Ihr Glück im *Microcoulier* oder im *Bello Visto* (➤ 137).

Im neueren Teil des Dorfes können Sie sich in Yann Bonneaus **Boulangerie-Pâtisserie** (Ecke rue des Ecoles und rue de Gallembert, Tel. 04 94 56 03 01, Do–Di 8–13, 16–19 Uhr, geschl. So nachmittags) einen Imbiss besorgen.

✚ 179 E2
**Touristeninformation**
✉ place de l'Ormeau, Ramatuelle
☎ 04 98 12 64 00;
www.ramatuelle-tourisme.com
🕐 Juli–Aug. tägl. 9–13 und 15–19.30 Uhr; mittlere Saison Mo–Sa 9–13 und 15–19 Uhr; Nebensaison Mo–Fr 9–12.30 und 14–18 Uhr

## RAMATUELLE & GASSIN: INSIDER-INFO

**Top-Tipps:** Die Region ist für exzellente **Côtes-de-Provence-Weine** bekannt, die hier angebaut werden. An der D61 zwischen St-Tropez und Ramatuelle liegen mehrere Schlösser, die Weinproben anbieten. Im Touristenbüro von Ramatuelle können Sie sich über die Winzer des Gebietes informieren.

■ Fahren Sie niemals in der Hoffnung auf ein **spätes Mittagessen** eines der kleinen Dörfer an. Die meisten Restaurants, Cafés und Bäckereien schließen um 13 oder 14 Uhr und öffnen erst abends wieder. Dies gilt noch verstärkt im Winter – manche Lokale bleiben dann wochenlang vollständig geschlossen.

# ❸ Îles d'Hyères

Im 19. Jh. gehörte die Stadt Hyères zu den bevorzugten Winterquartieren der britischen Aristokratie. Als man dazu überging, im Sommer zu verreisen, wurden die Iles d'Hyères vor der Küste wegen ihrer schönen Strände, des azurblauen Wassers und der dichten Waldlandschaften insgesamt beliebt. Die ruhigen, autofreien Inseln sind ein ideales Ziel, um sich bei einem Tagesausflug vom Trubel der Küstenorte zu erholen.

Die Altstadt von Hyères

## Ile de Porquerolles

Weite Teile der mit 18 km² größten der Iles d'Hyères sind Naturschutzgebiet, und die von Pfaden durchzogenen Wälder eignen sich perfekt für Spaziergänge und Radtouren. An der Nordküste der Insel dehnen sich schöne **Sandstrände** aus, an der zu Fuß etwa 40 Minuten entfernten Südküste kann man von den zerklüfteten Klippen weit über das Meer blicken. Auf der Insel gibt es außerdem noch einen eindrucksvollen Botanischen Garten mit Oliven-, Feigen- und Pfirsichbäumen (▶ 14).

Der **Hauptort** liegt an der Nordseite der Insel. Die **Place d'Armes** wird von (eher teuren) Hotels und Restaurants gesäumt, aber natürlich fehlt auch der Bouleplatz nicht. Im Süden des Ortes steht **Fort Ste-Agathe** aus dem 16. Jh., das heute für Ausstellungen genutzt wird.

## Ile de Port-Cros

Die wildeste, südlichste Insel ist 10 km² groß und wurde komplett zum Nationalpark erklärt. **Markierte Pfade** führen durch die unberührte Waldlandschaft mit artenreicher Flora. Der *sentier botanique* (botanischer Pfad) gehört zu den kürzeren Strecken, es gibt aber auch bis zu 10 km lange Wege für ausführliche Inselerkundungen.

## ANREISE

Die Iles d'Hyères sind mit der Fähre ab dem Port St-Pierre in Hyères oder ab dem Hafen auf der Halbinsel Giens zu erreichen.

■ Die Iles d'Hyères sind mit der Fähre ab dem Port St-Pierre in Hyères oder ab dem Hafen auf der Halbinsel Giens zu erreichen.

■ In der Hauptsaison fahren die Fähren von Giens über Porquerolles weiter nach Port-Cros.

■ Fähren ab dem Port St-Pierre brauchen nach Port-Cros eine Stunde, nach Le Levant 90 Minuten.

■ Alle drei Inseln sind auch vom weiter östlich gelegenen Le Lavandou erreichbar.

## ILES D'HYERES: INSIDER-INFO

**Top-Tipps:** Erkundigen Sie sich rechtzeitig nach der **letzten Fähre**.
- La Palud auf Port-Cros ist einer der **besten Strände** der Inseln.
- Die Inseln sind autofrei, **parken** kann man am Fähranleger in Giens oder beim Hafen von Hyères (mittel).
- Am Hauptstrand (Les Grottes) der Ile du Levant darf man nur **nackt** baden.
- **Verboten sind:** Autos, Fahrräder (auf Port-Cros), Camping, Rauchen, Lagerfeuer, Angeln, das Hinterlassen von Müll und das Pflücken von Pflanzen. Hunde müssen an die Leine.

Die Pfade erstrecken sich bis ins Wasser: **Schnorchler** können einem speziellen Weg durch die bunte Unterwasserlandschaft folgen (kostenlose Schnorchelführungen beginnen am Strand La Palud). Man kann Fische und Pflanzen auch vom Glasbodenboot *Aquascope* im Rahmen eines halbstündigen Ausflugs beobachten.

## Ile du Levant

Die nur 8 km² große Felseninsel ist die östlichste der drei Inseln. Große Teile sind militärisches Sperrgebiet, für Besucher also nicht zugänglich, den Rest nimmt eine Nudistenkolonie namens Héliopolis ein. Die meisten Besucher kommen demzufolge, um ihre Ganzkörperbräune zu pflegen. Etwa hundert Menschen leben dauerhaft in kleinen Chalets auf den Hügeln hinter dem Hafen.

### Île de Porquerolles
🞣 178 B1
🚢 tägl. ab Giens, im Juli bis Aug. in kürzeren Abständen
☎ 04 94 58 21 81; www.tlv-tvm.com 💻 mittel

### Ile de Port Cros und Ile du Levant
🞣 178 D1
🚢 tägl. ab Port d'Hyères, im Winter seltener
☎ 04 94 57 44 07; www.tlv-tvm.com;
www.portcrosparcnational.fr; www.iledulevant.com.fr 💻 mittel

Flora und Fauna bestimmen das Bild

### Touristeninformation
🞣 178 B2 ✉ 3, avenue Ambroise Thomas, Hyères
☎ 04 94 01 84 50; www.ot-hyeres.fr

# 4 Abbaye du Thoronet

**Tief in den Wäldern des Var liegt nicht weit von der D79 zwischen Brignoles und Draguignan die Abbaye du Thoronet, eine bedeutende Sehenswürdigkeit der Provence.**

Le Thoronet ist die älteste von drei im 12. Jh. von Zisterziensern erbauten Abteien. Dieser Orden führte ein einfaches Leben bei körperlicher harter Arbeit, und so fügt sich auch die wunderschöne romanische Abtei in ihrer nüchternen Schlichtheit perfekt in die friedlichen Wälder, die sie umgeben.

Die Zisterzienser richteten sich mit ihrer religiösen Hingabe und ihrem kargen, spartanischen Lebensstil bewusst gegen die Korruption und Ausschweifungen der römischen Kirche des Mittelalters. Ihr Mutterhaus lag in Cîteaux im Burgund, von hier aus breitete sich der Orden aus und gründete in der Provence die drei großen Abteien Le Thoronet, Silvacane und Sénanque. Die Mönche mieden das gesellschaftliche Leben und bauten ihre Klöster an einsamen Orten oder in Wäldern wie hier um Le Thoronet.

Der 1160 begonnene Bau war 1190 fertiggestellt. Zwar ging der Trend damals schon hin zur Gotik, doch das Kloster ist noch im Stil der provenzalischen Romanik gehalten. Die

Mönche lebten zwar bescheiden, gelangten aber dennoch durch großzügige Stiftungen rasch zu Reichtum. Karge Ernten, Überfälle im 14. Jh. und Angriffe während der Religionskriege führten zum Niedergang der Abtei. Während der Französischen Revolution wurde das Gebäude säkularisiert und vom Staat verkauft. 1854 erwarb die Regierung den eindrucksvollen Bau zurück und restaurierte ihn.

Wer durch das Torhaus tritt, blickt genau auf die wohlproportionierte **Kirche** mit dem viereckigen Glockenturm und dem niedrigen roten

**Die Abbaye du Thoronet**

**Buntglasfenster in der Abtei**

Ziegeldach. Das Innere der Kirche ist nüchtern, doch gleich nebenan befindet sich der **Kreuzgang**, der über drei Stockwerke gebaut wurde, um Unebenheiten im Boden auszugleichen. In der Mitte des Kreuzgangs birgt das **Brunnenhaus** einen Brunnen, in dem die Mönche sich vor dem Essen die Hände wuschen. Das **Kapitelhaus** ist weniger karg und lässt schon Einflüsse der Gotik erkennen. Das **Dormitorium**, der Schlafsaal der Mönche, liegt über dem Kapitelsaal.

### KLEINE PAUSE

Im nahegelegenen Le Thoronet kann man in der *Hostellerie de l'Abbaye* (chemin du Château, Tel. 04 94 73 88 81) und im *Le Tournesol* (rue des Trois Ormeaux, Tel. 04 94 73 89 91, nur mittags) etwas essen.

---

**Abbaye du Thoronet**
🕂 178 C4 ✉ Le Thoronet
☎ 04 94 60 43 90; www.monum.fr
🕐 April–Sept. Mo–Sa 10–18.30, So 10–12 und 14–18.30 Uhr;
Okt.–März Mo–Sa 10–13 und 14–17, So 10–12 und 14–17 Uhr;
geschl. 1. Jan. und an manchen Feiertagen
💶 mittel, unter 18 Jahren frei, 1. Sa im Monat frei

**Die obere Etage des Kreuzgangs**

### ABBAYE DU THORONET: INSIDER-INFO

**Top-Tipps:** Sonntags um 12 Uhr singen die Schwestern von Bethlehem.
■ In der Abtei finden Konzerte mit **mittelalterlicher Musik** statt. Infos beim Centre des Monuments Nationaux (Tel. 04 94 60 43 90; www.monum.fr).

**Anfahrt:** Die Abtei liegt 11 km von **Carcès** entfernt an der D79 zwischen der D13 und der D84.

# Nach Lust und Laune!

### 5 Port-Grimaud

Port-Grimaud ist ein modernes Klein-Venedig aus pastellfarbenen Villen auf kleinen Inselchen, die durch Kanäle voneinander getrennt und durch schattige Plätze und Brücken miteinander verbunden sind. Der Architekt François Spoerry entwarf das Dorf in den 1960er-Jahren, heute ist es eine der Haupttouristenattraktionen Frankreichs. Die Preise für die 2500 Häuser an den Kanälen (jedes mit eigenem Bootsanleger) sind wahnwitzig hoch, und doch verbringen viele der Bewohner hier lediglich die Sommerferien.

Port-Grimaud ist ein hübscher Ort, doch umgeben hohe Zäune das Areal, alles ist überteuert, und Autofahrer müssen ihre Pkws auf einem gebührenpflichtigen Parkplatz außerhalb der Stadt abstellen. Den Hafen erkundet man am besten mit dem Wasser-taxi (*coche d'eau*), alle 10 Minuten legen diese Boote am Hauptplatz (**place du Marché**) zu ihren Rundfahrten ab. Im Zentrum steht auf einer eigenen kleinen Insel die pseudoromanische Kirche **St-François d'Assise** mit Buntglasfenstern des aus Ungarn stammenden Künstlers Victor Vasarély. Vom Turm aus blickt man über den gesamten Ort.

✚ 179 D3

**Touristeninformation**

✉ Annexe Port Grimaud, chemin Communal ☎ 04 94 55 43 83 🕐 Juli–Aug. Mo–Sa 9–12.30 und 15–19 Uhr; Juni und Sept. Mo–Sa 9–12.30 und 14.30–18.15 Uhr

### 6 Grimaud

Das mittelalterliche Grimaud ist eines der meistfotografierten *villages perchés*

**Yachten vor Port-Grimaud**

und lohnt unbedingt einen Besuch. Hoch über dem Ort ragen die Ruinen einer **Burg** aus dem 11. Jh. empor. Sie gehörte den Grimaldi, nach denen der Ort benannt ist. Von der Burg aus blickt man über Port-Grimaud und hinunter zum Golf von St-Tropez.

Zwischen blumengeschmückten Straßen und schattigen Plätzen steht in der malerischen Rue des Templiers eine schöne romanische Kirche (**Eglise St-Michel**), auch kann man eine restaurierte Mühle (12. Jh.) und ein **Hospiz der Tempelritter** entdecken.

✚ 179 D3

**Touristeninformation**

✉ 1, boulevard des Aliziers ☎ 04 94 55 43 83; www.grimaud-provence.com

🕐 Juli–Aug. Mo–Sa 9–12.30 und 15–19 Uhr; April–Juni, Sept. Mo–Sa 9–12.30 und 14.30–18.15 Uhr; Okt.–März Mo–Sa 9–12.30 und 14.15–17.30 Uhr

## 7 Bormes-les-Mimosas

Auf einem Hügel im Massif des Maures gleich hinter der Küste liegt das mittelalterliche Dorf Bormes-les-Mimosas mit pastellfarbenen Häusern, Durchgängen und hübschen Gassen, die sich bis hinauf zu den Ruinen einer Burg ziehen.

Wenn im Februar die Mimosen blühen, feiert das Dorf dies mit einem phantastischen *corso fleuri*, einem Umzug mit Wagen, die mit Tausenden winziger gelber Mimosenblüten geschmückt sind. Das Dorf ist aber ganzjährig sehenswert, auch im Sommer, wenn anstelle der Mimosen die Bougainvilleen und Geranien leuchten.

Folgen Sie dem *circuit touristique*, der bei den Maisons des Associations am Boulevard de la République be-

ginnt. Falls Sie keine Hinweisschilder entdecken (sie werden häufig gestohlen), besorgen Sie sich am besten in der Touristeninformation einen Stadtplan. Der *circuit* führt über die steilen mittelalterlichen Treppen und durch die malerischen Gassen des Ortes. Besonders hübsch sind die Venelle des Amoureux (Liebesgasse), die Draille des Bredouilles (Pechwinkel) und die extrem steile Rue Roumpi-Cuou (Halsbrecherstraße).

An der Strecke liegen die wichtigsten Sehenswürdigkeiten, z. B. eine **Kapelle** aus dem 16. Jh., die dem Schutzheiligen des Ortes, St-François de Paule, geweiht ist. Er soll Bormes 1481 vor der Pest gerettet haben. In der **Eglise St-Trophyme** aus dem 18. Jh. im romanischen Stil wohnt der französische Präsident im Sommer der Messe bei, und oben auf dem Hügel liegen die Ruinen des **Château des Seigneurs de Fos**, einer Burg aus dem 13./14. Jh. Sie ist in Privatbesitz, doch ein Aussichtspunkt gleich in der Nähe eröffnet wunderbare Ausblicke auf die Bucht von Le Lavandou und das Massif des Maures.

Gartenliebhaber sollten die Informationstafeln an vielen Pflanzen entlang des *circuit touristique* beachten.

Das **Musée d'Art et d'Histoire** (103 rue Carnot, Tel. 04 94 71 56 60, Di–So 10–12 und 15.30–18.30 im Sommer, Di–Sa 10–12, 14.30–17, So 10–12 Uhr im Winter) zeigt Wechselausstellungen und dokumentiert die Geschichte des Ortes.

✚ 179 C2

**Touristeninformation**

✉ 1, place Gambetta

☎ 04 94 01 38 38;

www.bormeslesmimosas.com

🕐 Sommer tägl. 9–12.30 und 14.30–18.30; Winter Mo–Sa 9–12.30 und 14–18 Uhr

Mit Blumen geschmückte Gasse im Dorf
Bormes-les-Mimosas

## 8 Collobrières

Im Herzen des Massif des Maures liegt in einem Kastanienwald
dieses traditionelle kleine Dorf,
das vor allem für seine glasierten Maronen (*marrons glacés*)
bekannt ist. Collobrières veranstaltet alljährlich Ende Oktober
ein **Fest** zu Ehren der Esskas-
tanien, die man natürlich auch
auf dem **Wochenmarkt** (So,
im Sommer auch Do) bekommt.
Wirtschaftlich wichtig ist darüber
hinaus der Kork von Korkeichen
aus den umliegenden Wäldern, der
in Collobrières verarbeitet wird.

Zum Dorf gehören eine **Brücke**
aus dem 12. Jh. und eine von Arkaden
gesäumte Straße, die **Place Rouget de
l'Isle**. Folgt man der D14, gelangt man
zur **Chartreuse de la Verne**, einer
ehemaligen Kartäusereinsiedelei, die
12 km hinter Collobrières einsam im
dichten Wald steht. Die Kartause wurde
1170 gegründet, mehrfach zerstört und
wieder aufgebaut. Der Komplex umfasst
Kreuzgänge, Kapellen und Mönchszel-
len aus dem typischen roten Schiefer der
Region mit Torbögen, die mit grünem
Serpentin verziert sind. Ursprünglich
lebten hier Kartäusermönche, seit den
1990er-Jahren wohnen Schwestern des
Bethlehem-Ordens in den Räumen der
Kartause.

✚ 179 C3
**Touristeninformation**
✉ boulevard Charles Caminat
☎ 04 94 48 08 00 🕐 Sept.–Juni Di–Sa 10–12

und 14–18 Uhr; Juli–Aug. auch Mo
**Chartreuse de la Verne**
🕐 Mitte Mai–Mitte Okt. Mi–Mo 11–18 Uhr;
Mitte Okt.–Mitte Mai Mi–Mo 11–17 Uhr; an
kirchl. Feiertagen geschl

## 9 La Garde-Freinet

Eingebettet zwischen Korkeichen-,
Eukalyptus- und Kastanienhainen liegt
dieser Ort, der sich im 19. Jh. als Frankreichs größter Korkproduzent einen Namen machte. La Garde gehörte wegen
seiner Lage in 360 m Höhe im 10. Jh. zu
den letzten Sarazenenfestungen in der
Provence. Heute ist das Städtchen die
»Hauptstadt« des Massif des Maures.
Alleen, Brunnen und Höfe fügen sich zu
einer schmucken Altstadt zusammen.
Ein 20-minütiger Spaziergang zum **Fort
Freinet** im Westen verheißt wunderbare Ausblicke über die Le-Luc-Ebene bis
hin zu den Ausläufern der Alpen.

## FÜR KINDER

■ **Village des Tortues:** Das Schildkrötendorf in Gonfaron ist ein Schutzzentrum für
Griechische Landschildkröten, eine seltene Art, die man in Frankreich nur im
Massif des Maures und auf Korsika findet. Man kann die Tiere in ihrer natürlichen
Umgebung beobachten, die Klinik für verletzte Schildkröten, die Aufzuchtstation
und das Labor besichtigen, in dem Nester und Eier untersucht werden. Ein Pfad
mit Tafeln informiert über diese bedrohten Reptilien. Die beste Zeit ist das Früh-
jahr, weil die Schildkröten dann am aktivsten sind. Sie schlüpfen zwischen Mai
und Juni und überwintern von November bis März (Les Plaines, Tel. 04 94 78 26
41; www.tortues.com, März–Nov. tägl. 9–19 Uhr; teuer, unter 4 Jahren frei).

In der **Maison des Vins Côtes de Provence** (Tel. 04 94 99 50 20) an der N7 südlich des Dorfes kann man alles über die Weine der Region erfahren und sie natürlich auch probieren und kaufen. Die **Eglise St-Jean-Baptiste** (tägl. 10–12 und 14–17 Uhr) ist wegen der großen Krippe interessant, die Le Parage zu früheren Zeiten zeigt, außerdem besitzt sie einen Flügelaltar von Jean de Troyes aus dem 15. Jh.

Nur wenige Kilometer vom Dorf entfernt steht das **Château Ste-Roseline** aus dem 10. Jh., in dem einer der besten Weine der Region gekeltert wird. Ursprünglich befand sich hier ein Kloster. Roseline, die Tochter des Marquis de Villeneuve, trat in das Kartäuserkloster ein und war viele Jahre lang bis zu ihrem Tod 1329 dessen Oberin. Ihr Leichnam liegt in einem gläsernen Schrein in der Kapelle, einem Wallfahrtsort, der auch künstlerische Bedeutung erhielt, nachdem 1978 Marc Chagall die **Chapelle de Ste-Rosaline** mit Mosaiken vom Mahl der Engel ausschmückte. In der Kapelle kann man ferner ein Fenster von Jean Bazaine und Raoul Ubac, Skulpturen von Giacometti und einen Altaraufsatz bewundern, der die hl. Roseline in einer Krippenszene mit ihren Eltern zeigt. Zum stattlichen Anwesen des Château Ste-Roseline gehören ein alter Weinberg, ein Weinverkauf, ein Restaurant und gepflegte Gartenanlagen. Regelmäßig finden hier Musik- und Kulturveranstaltungen statt.

✚ 179 D3
**Touristeninformation**
✉ place de la Republique
☎ 04 94 08 99 78; www.ville-lagarde.fr
🕐 Mo–Fr 9–12.30, 14.30–18, Sa 9–12.30 Uhr

## 🔟 Les Arcs-sur-Argens

Im Argens-Tal, südlich von Draguignan, gibt es ein weiteres hübsches Dorf mit einer gepflegten Altstadt namens **Le Parage**, die sich über den Ruinen einer Burg aus dem 13. Jh. erhebt. Von hier aus hat man einen wunderbaren Blick auf das Massif des Maures und die umliegenden Weinfelder, auf denen Côtes de Provence angebaut wird.

**Blick vom Wehrgang des Fort Freinet auf La Garde-Freinet**

✚ 179 D4
**Touristeninformation**
✉ place Général de Gaulle
☎ 04 94 73 37 30
🕐 Mo–Fr 9–12 und 14–17 Uhr

**Château Ste-Roseline**
✉ Les Arcs-sur-Argens
☎ 04 94 99 50 30;
www.sainte-roseline.co

# Wohin zum …
## Übernachten?

### Preise
Für ein Doppelzimmer pro Nacht gelten folgende Preise:
€ unter 80 Euro  €€ 80–150 Euro  €€€ über 150 Euro

## LES ARCS-SUR-ARGENS

### Logis du Guetteur €€
Von den komfortablen Zimmern dieser schön restaurierten Burg aus dem 11. Jh. blickt man über das Dorf und auf die Berge. Das Essen wird im Winter in der gemütlichen Gaststube, im Sommer auf der Terrasse am Außenpool serviert.
🚉 179 D4
✉ place du Château
☎ 04 94 99 51 10;
www.logisduguetteur. com
🕐 Feb. geschl.

## BORMES-LES-MIMOSAS

### Le Bellevue €
Der einfache Familienbetrieb überrascht mit tollen Ausblicken über die roten Dächer hinunter zum Meer und ist in guter Standort in dieser eher teuren Gegend. Im freundlich geführten Restaurant gibt es frischen Fisch und provenzalische Gerichte.
🚉 178 C2
✉ 14, place Gambetta
☎ 04 94 71 15 15;
www.belleuvebormes.fr.st
🕐 Mitte Nov.–Mitte Jan. geschl.

## COGOLIN

### La Maison du Monde €€
Das kleine komfortable Hotel mit freundlichem Service ist gerade wegen der Nähe (10 km) zu St-Tropez eine ausgezeichnete Wahl. Die zwölf Zimmer sind mit Möbeln aus aller Welt eingerichtet. Im schattigen Garten und am Pool kann man sich vom Trubel erholen.
🚉 179 D3
✉ 63, rue Carnot
☎ 04 94 54 77 54; www.lamaisondumonde.fr
🕐 geschl. 1.–14. März, 16. Nov.–31. Dez.

## GASSIN

### Le Mas de Chastelas €€€
Der *mas* (Gehöft) aus dem 18. Jh. gleich außerhalb von St-Tropez liegt im besten Côtes-de-Provence-Gebiet. Das efeuumrankte Haus mit den typischen Fensterläden ist innen im Stil der Provence gehalten. Im Restaurant bekommt man ausgezeichnetes Essen und natürlich guten Wein.
🚉 179 E2
✉ quartier Bertaud
☎ 04 94 56 71 71; www.chastelas.com
🕐 geöffnet an Wochenenden in der Nebensaison

## GRIMAUD

### La Palmeraie €€
Die attraktiven Selbstversorgerhäuschen liegen rund um zwei Swimmingpools, nur 3 km von den Stränden von St-Tropez entfernt. Restaurant, Tennisplätze, Bar und Kinderspielplatz gehören zur Anlage. Man kann Autos, Fahrräder und Fernseher mieten.
🚉 179 D3
✉ quartier La Boal, Grimaud
☎ 04 94 55 68 00
🕐 geöffnet 6. Feb. bis 4. Nov.; Mindestaufenthalt 7 Nächte von Sa–Sa

## RAMATUELLE

### Camping Kon Tiki €–€€
Der beliebte Campingplatz liegt am Rand des Pampelonne-Strandes. Wohnwagen kann man hier mieten, aber man kann natürlich auch mit dem eigenen Wohnmobil oder Zelt anreisen. Zur Anlage gehören ein Lebensmittelladen, ein Restaurant, Bar, Tennisplatz und heiße Duschen.
🚉 179 E2
✉ route des Plages
☎ 04 94 55 96 96; www.campazur.com
🕐 Nov.–März geschl.

## La Ferme d'Augustin €€–€€€

Das 3-Sterne-Hotel in Strandnähe bietet gemütliche Zimmer in rustikaler Atmosphäre. Terrassen mit Gartenblick, einen beheizten Pool mit Massagedüsen und drinnen schönes Deckengebälk und einen Kamin in der Lounge.

+ 179 E2 ⊠ route de Tahiti ☎ 04 94 55 97 00; www.fermeaugustin.com 🕐 Mitte Okt.–Mitte März geschl.

## La Vigne de Ramatuelle €€€

Ein todschickes Anwesen in den Weinbergen, unweit der Strände und Nachtclubs von St-Tropez.

+ 179 E2 ⊠ route des Plages ☎ 04 94 79 12 50; www.hotel-vignederamatuelle.com 🕐 Mitte Okt.–Ende März geschl.

## Villa Marie €€€

Auf einem Hügel oberhalb von Pampelonne kann man sich in diesem schicken Boutique- und Wellnesshotel optimal entspannen. Jedes der großen Zimmer ist elegant eingerichtet. Die Mahlzeiten werden im Restaurant oder auf der Terrasse eingenommen. Den Abend lässt man am Pool und in der Bar unter freiem Himmel ausklingen.

+ 179 E2 ⊠ Chemin Val de Rian, Ramatuelle ☎ 04 94 97 40 22; www.villamarie.fr 🕐 5. Okt.–24. April geschl.

## ST-TROPEZ

## Benkiraï St-Tropez €€€

Die Handarbeiten des französischen Designers Patrick Jouin haben dieses neue moderne Hotel zu einem Riesenerfolg gemacht. Fast alle Zimmer haben Balkon oder Terrasse mit Blick auf den hübschen Swimmingpool und die Bar. Stilvolles, elegantes Metall und Leder und flammendes marokkanisches Rot in Kontrast zu kühlem Blau.

+ 179 E3 ⊠ 11, chemin du Pinet ☎ 04 94 97 04 37; www.hotel-benkirai.com 🕐 geöffnet April–Mitte Okt.

## Hôtel Byblos €€€

Das Byblos ist ein angesagtes Jetset-Hotel. Türsteher achten darauf, dass die Anlage den privilegierten Gästen vorbehalten bleibt. Im Innern stehen kleine Häuschen mit Blumengärten und Patios rund um einen Pool, es gibt ein Fitnesscenter und Läden. Im Sommer besuchen die Gäste den schicken Nachtclub *Les Caves du Roy* und Alain Ducasses Restaurant *Spoon* (▶ 156).

+ 179 E3 ⊠ avenue Paul Signac ☎ 04 94 56 68 00; www.byblos.com 🕐 6. Okt.–16. April geschl.

## Château de la Messardière €€€

Das luxuriöse Hotel auf einem eigenen Hügel 2 km außerhalb von St-Tropez mit Blick über das Meer und den Golf von St-Tropez befindet sich in einem Schloss aus dem 19. Jh., nur einen Steinwurf vom Strand entfernt. Ein Swimmingpool, Fitness- und Beautycenter, Tennisplätze und ein bekanntes Restaurant garantieren zufriedene Gäste.

+ 179 E3 ⊠ route de Tahiti ☎ 04 94 56 76 00; www.messardiere.com 🕐 3. Nov.–21. März geschl.

## Hôtel Les Lauriers €

Das 2-Sterne-Hotel liegt etwas abseits vom Trubel in einer Straße hinter der Place des Lices. Die Zimmer sind freundlich und kühl, auch im schattigen Garten entkommt man der Hitze.

+ 179 E3 ⊠ rue du Temple ☎ 04 94 97 04 88 🕐 Nov.–März geschl.

## Hôtel Lou Cagnard €–€€

Das komfortable, aber eher preisgünstige Hotel ist eine ausgezeichnete Wahl. Die Zimmer sind luftig, sauber und schlicht, Frühstück gibt's an Sonntagen im Garten, und ein Privatparkplatz steht auch zur Verfügung.

+ 179 E3 ⊠ 18, avenue Paul Roussel ☎ 04 94 97 04 24; www.hotel-lou-cagnard.com 🕐 1. Nov.–27. Dez. geschl.

## Hôtel la Maison Blanche €€€

Das alte Stadthaus ist elegant und minimalistisch mit einer Vorliebe für Weiß ausgestattet. Es steht an der Place des Lices, bis zum Hafen ist es nicht weit.

+ 179 E3 ⊠ 15, place des Lices ☎ 04 94 97 52 66; www.hotellamaisonblanche.com

# Wohin zum ...
# Essen und Trinken?

## Preise

Die Preise gelten pro Person für ein Drei-Gänge-Menü ohne Getränke unc Trinkgeld:

€ unter 25 Euro  €€ 25–60 Euro  €€€ über 60 Euro

## BORMES-LES-MIMOSAS

### L'Escondudo €€

Gesunde Regionalküche mit Kräutern von den umliegenden Hügeln, serviert auf einer sonnigen Terrasse mit bunten Bougainvilleen.

✚ 178 C2  ⌖ 2, ruelle du Moulin  ☎ 04 94 46 42 56  ⏰ Do–Mo nur abends, Nebensaison nur Do, Fr und Mo

### Lou Portaou €€

Marktfrische Provenceküche in einem verborgenen Winkel des Ortes.

✚ 178 C2  ⌖ 1, rue Cubert des Poètes

☎ 04 94 64 86 37  ⏰ geschl. Sa mittags im Sommer; So, Mo abends; 15. Nov.–20. Dez.

## COLLOBRIÈRES

### Auberge Restaurant des Maures €

In diesem einladenden rustikalen Familienrestaurant, das auch Zimmer vermietet, können Sie auf der charmanten Terrasse mit Blick über den Real Collobrier zu Abend essen. Auf der Speisekarte steht Wildschwein und vor allem Nussliebhaber werden sich wie im Himmel fühlen – die Maroneneiscreme ist ganz besonders lecker.

✚ 178 C3  ⌖ 19, bd Lazare Carnot  ☎ 04 94 48 07 10  ⏰ Mitte Nov.–März geschl.

## LA GARDE-FREINET

### Longo Maï €€

Das gemütliche Restaurant im Herzen des Massif des Maures serviert hervorragendes cassoulet Provencal (Eintopf mit weißen Bohnen, Schweinefleisch und Weißwein), das im Winter am Kamin besonders gut schmeckt.

✚ 179 D3  ⌖ D558, Massif des Maures

☎ 04 94 55 59 60  ⏰ Di–So 12–14.30 und 19–22 Uhr

## LES ARCS-SUR-ARGENS

### Le Bacchus Gourmand €€

Nach einer Côtes-de-Provence-Weinprobe in der Maison des Vins Côtes de Provence (▶ 152) geht es ins Oberschoss zum provenzalischen Menü – natürlich ebenfalls mit Weinen der Region.

✚ 179 D4  ⌖ N7  ☎ 04 94 47 48 47  ⏰ So und Okt.–März geschl.

## GRIMAUD

### Les Santons €€€

Das beliebte und mit Michelin-Sternen dekorierte Restaurant ist eines der besten der Region. Reservieren Sie daher im Sommer und an Wochenenden frühzeitig. Marktfrische Produkte werden hier zu französischen und mediterranen Klassikern verarbeitet. Tadelloser Service und elegantes Ambiente.

✚ 179 D3  ⌖ N558  ☎ 04 94 43 21 02  ⏰ Mo, Do–So 12–14.30 und 19–22, Di–Mi 19–22 Uhr

## RAMATUELLE

### Chez Camille €€–€€€

Dieser Familienbetrieb besteht seit 1913 und ist für Hummer, gegrillten Fisch und Bouillabaisse berühmt geworden. Da das Restaurant in einer Fischerhütte direkt am Strand liegt, ist der Fisch unglaublich frisch. Der ideale Ort für ein authentisches Stranderssen. Am Wochenende und in der Hochsaison muss reserviert werden.

179 E2 Quartier de Bonne Terrasse (Cap Camart am Ende des Strandes von Pampelonne) 04 98 12 88 98 19. April bis Mitte Okt.; geschl. Di und Fr mittags

## ST-TROPEZ

### La Bouillabaisse €€

Fischspezialitäten in einer alten Fischerkate am Strand.

179 E3 Quartier de la Bouillabaisse 04 94 97 54 00 Mitte Mai–Sept. tägl. mittags und abends, ab Mitte März und Okt. nur am Wochenende

### Le Café €€

Das frühere *Café des Arts* mit der gemütlichen Bar und dem schicken Restaurant war reine Bastion der Intellektuellen und Künstler. 1971 richteten Mick Jagger von den Rolling Stones und Bianca Perez Morena de Macias hier ihren Hochzeitsempfang aus. Die französische Bar präsentiert sich im alten Stil mit braunen Ledersofas, Holzdekor und Boulepokalen. Beim Café oder Imbiss auf der Terrasse können Sie den Boulespielern zuschauen.

179 E3 5, place des Lices 04 94 74 44 69; www.lecafe.fr Küche tägl. 12–14.30 und 19.30 bis 23 Uhr, Café 8–24 Uhr

### Chez Fuchs €€

Die freundliche, bescheidene Bar-Tabac bietet neben Zigarren auch herzhafte Bistroküche. Die Traditionsgerichte und die lebendige Atmosphäre haben das winzige *Chez Fuchs* zu einer beliebten Adresse gemacht. Frühzeitig reservieren!

179 E3 7, rue des Commerçants 04 94 97 01 25 So–Mo geschl.

### Maison Leï Mouscardins €€€

Nehmen Sie zwischen den Yachten am Hafen von St-Tropez Platz, und genießen Sie fangfrischen Fisch in diesem bekannten Restaurant am Kai. Eine Meeresfrüchteplatte und eine Flasche gut gekühlter Weißwein – das perfekte Mittagessen!

179 E3 tour de Portalet 04 94 97 29 00 geschl. Sa mittags, So abends, Mo sowie Nov.–Feb.

### Pizzeria du Vieux Port €–€€

Für ein Restaurant am Kai von St-Tropez mit tollem Ausblick ist der Preis für Pizzen und andere Gerichte akzeptabel.

179 E3 17, quai Frédéric Mistral 04 94 97 20 49 Sommer tägl. 12–1 Uhr, Winter 12–23 Uhr

### Sénéquier €€

Die knallroten Markisen am Quai kann man nicht übersehen. Das Sénéquier ist sehr bekannt und vor allem zum Frühstück beliebt. Der Kaffee ist zwar teuer, aber schöner kann man einen sonnigen Tag in St-Tropez kaum beginnen.

179 E3 quai Jean-Jaurès 04 94 97 00 90 tägl., Sommer 8–2 Uhr, Winter 8–20 Uhr

### Spoon Byblos €€€

Das *Spoon Byblos* im exklusiven *Hôtel Byblos* (▶ 154) bietet internationale Küche und eine interessante Karte im Querformat, bei der man sich Gerichte, Soßen und Beilagen aus drei Spalten selbst zu einem kulinarischen Chef d'Oeuvre zusammenstellt. Verschiedene Kulturen des Mittelmeerraumes (Riviera, Italien, Katalonien, Andalusien, Tunesien und Marokko) gehen dabei spannende Verbindungen ein.

179 E3 avenue du Maréchal Foch 04 94 56 68 20; www.byblos.com/spoonbyblos Mitte April–5. Okt. tägl. 8–23 oder 24 Uhr; geschl. Di–Mi in der Nebensaison

### La Table du Marché €–€€

Starkoch Christophe Leroy bereitet in diesem eleganten und doch lässigen Bistro provenzalische Gerichte aus marktfrischen Zutaten zu. Die Abendkarte lässt keine Wünsche offen, aber man kann auch nachmittags hier Tee trinken und dazu Kuchen und Gebäck vom Tresen wählen oder sich mit Olivenöl und weiteren Regionalprodukten eindecken.

179 E3 38, rue Georges Clemenceau 04 94 97 85 20; www.christophe-leroy.com tägl. 7.30–24 Uhr

Der **Marché Provençal** (place des Lices, St-Tropez, Di und Sa 8–13 Uhr) bietet typische Produkte der Provence, dazu allerlei Trödel und des regionalen Kunsthandwerks. Nur Barzahlung.

Auf dem **Marché Collobrièrois** (place de la Libération, Collobrières, Do und So 8–13 Uhr) kann man Kastanienprodukte von glasierten Maronen über Kastanienmarmelade bis hin zu Körben aus Kastanienzweigen kaufen, außerdem Korkprodukte und regionale Spezialitäten wie Oliven und Honig. Nur Barzahlung.

## PROVENZALISCHE PRODUKTE

Im Jahr 1927 begann mit der Erfindung der St-Tropez-Sandale, eines Sommerschuhs im Gladiatorenstil, die Geschichte von St-Tropez als Modestadt. **Rondini's** (16, rue Georges Clemenceau, Tel. 04 94 97 19 55; www.nova.fr/rondini) brachte die Sandale damals auf den Markt, dort wird sie immer noch geführt (verschiedene Modelle, ca. 100 Euro das

Paar) und ist nach wie vor ein beliebtes Souvenir aus St-Tropez.

Wellness-Produkte von **L'Occitane** (rue Georges Clemenceau; www.loccitane.com) erhält man fast überall, doch der kleine Laden in St-Tropez ist besonders hübsch und verkauft wohlriechende Düfte der Provence.

**Pépinières Cavatore** (chemin de Bénat, Tel. 04 94 00 40 23; www.pepinierescavatore.com) in Bormes-les-Mimosas hat sich auf die Zucht von Mimosen spezialisiert. Im Februar stehen sie in voller Blüte. Der Besuch lohnt sich auch, wenn Sie nichts kaufen möchten. Nur Barzahlung.

Im Familienbetrieb **Pipes Courrieu** (58–60, avenue Georges Clemenceau, Cogolin, Tel. 04 94 54 63 82; www.corrieupipes.fr, Mo–Sa 9 bis 12 und 14–18 Uhr) stellt man seit 1802 Pfeifen nach Methoden her, die von Generation zu Generation weitergegeben werden. Sie bestehen aus Holz aus dem Massif des Maures und tragen als Emblem des Hauses einen silbernen Hahn, das Wahrzeichen des Ortes.

# Wohin zum … Einkaufen?

## LEBENSMITTEL

Was wäre eine Fahrt nach St-Tropez ohne einen Einkauf bei **La Tarte Tropézienne** (36, rue Clemenceau, Tel. 04 94 97 71 42, www.tarte-tropezienne.com)? Der Laden ist nach einer absoluten Kuchenspezialität mit feiner Vanillecreme und Puderzucker benannt, die Brigitte Bardot 1956 bei den Dreharbeiten zu *Und immer lockt das Weib* hier das ein oder andere Mal vernaschte. Alexandre Micka erfand die Tarte für die Drehpausen, die Bardot gab ihr den Namen.

Zwischen den Weinbergen von Gassin liegt **La Maison des Confitures** (chemin Bourrian, Tel. 04 94 43 41 58), in der man über 500 Sorten Marmelade in zum Teil ausgefallenen Geschmacksrichtungen (Thymian, Lavendel, Feige und Nuss oder Zwiebel) bekommt. Probieren geht über Studieren.

Im **Petit Village** in Gassin (carrefour de la Foux, Tel. 04 94 56 32 04) können Sie Weine von den Maîtres Vignerons (Winzermeis:ern) kaufen, die zu den besten aus dem Côtes-de-Provence-Gebiet zählen. Auch in der **Maison des Vins Côtes de Provence** (▶ 52) in Les Arcs-sur-Argens können Sie sich mit Wein eindecken.

## MÄRKTE

Der **Marché aux Poissons** in St-Tropez (place aux Herbes, tägl. 7–13 Uhr) ist ein kleiner Fischmarkt, der die Stadt in einem ganz anderen Licht präsentiert. Meeräschen, Skorpionfische und Meerjunker füllen die Auslagen. Verkauft wird die frische Ware nur gegen Barzahlung.

# Wohin zum ...
# Ausgehen?

## NACHTLEBEN

An exklusiven Nachtclubs herrscht in St-Tropez kein Mangel. Zu den besten gehören die **Caves du Roy** im *Hôtel Byblos* (avenue Paul Signac/avenue Foch, Tel. 04 94 56 68 00, Juli–Aug. tägl. 23–5 Uhr; Sept.–Okt. nur Fr–Sa). Wer Einlass in diese Enklave der High Society begehrt, sollte bereits früh am Abend kommen und sehr schick gekleidet aussehen. Der Eintritt ist frei, dafür sind die Getränkepreise schwindelerregend.

**La Bodega de Papagayo** (résidences du Nouveau Port, rue Gambetta, Tel. 04 94 79 29 50) ist ein Restaurant mit Nachtclub am alten Hafen. Der Blick von der Terrasse ist großartig, und häufig finden sich bekannte Persönlichkeiten ein. In der Hauptsaison treten fast jeden Abend Bands auf, die Musik spricht vor allem jüngere Gäste an.

Für **The VIP Room** (résidences du Nouveau Port, Tel. 04 94 97 14 70, Mai–Sept. tägl. 21–5 Uhr; Mitte Okt.–April 21–3 Uhr) muss man ein VIP sein oder zumindest so aussehen. Hierher kommt man zum Tanzen, und die elektrisierende Musik hält alle Gäste bis zum Morgen auf den Beinen.

Im 1. Stock des schicken *Hôtel Sube* kann man in der **Bar Anglais** (Hôtel Sube, 15, quai Suffren, Tel. 04 94 97 30 04, Mai–Okt. tägl. 19.30–1 oder 3 Uhr) aus der umfangreichen Bierkarte wählen oder auf dem winzigen Balkon mit schönem Blick auf den Hafen einen Cocktail schlürfen und dabei den Urlaubstag ausklingen lassen.

Wer keine Clubs mag, fühlt sich vielleicht im **Octave Café** (place de la Garonne, St-Tropez, Tel. 04 94 97 22 56) wohl, einem schicken Café mit bequemen Stühlen, niedrigen Tischen, Lounge und Livemusik. Im hinteren Bereich treten oft Jazzmusiker auf.

## FESTIVALS

In der Gegend von St-Tropez finden zahlreiche Feste und Festivals statt. Genaue Daten und Auskünfte sowie Informationen sind bei den örtlichen Touristeninformationen erhältlich.

Im **Februar** fährt man nach Bormes-les-Mimosas zum Mimosenfest mit Umzug (*Corso fleuri*), um die Blüte der nach Vanille riechenden Pflanze zu feiern, die dem Dorf den Namen gab.

Im **April** begleitet die Fête de la Transhumance in Collobrières den Almauftrieb der Schafe.

**Mitte Mai** feiert man in St-Tropez mit der Bravade den Namenspatron St-Torpes (oder Tropez). Die Bravade des Espagnols findet am **15. Juni** statt.

Am **14. Juli**, dem Nationalfeiertag, gedenkt man in ganz Frankreich der Erstürmung der Bastille im Jahre 1789.

Im **August** hat man die Qual der Wahl: In Collobrières sprudelt beim Brunnenfest (Grande Fête des Fontaines) Roséwein aus den Brunnen der Stadt. In Ramatuelle gibt es ein Festival mit Theater und Musik (▶ 142).

Im **September** trifft sich die Elite des Pétanquespiels (Boule) zur Weltmeisterschaft in Bormes-Les-Mimosas. Am Monatsende laufen die Yachten der Nioulargue-Regatta in St-Tropez ein.

Zur Kastanienernte im **Oktober** geht es nach Collobrières zum Kastanienfest. Straßenkünstler sorgen für Unterhaltung, und es gibt mehr Kastanienprodukte, als Sie jemals essen könnten.

# Spaziergänge & Touren

# 1 Cap Martin
## Spaziergang

Cap Martin liegt östlich von Monaco dicht an der italienischen Grenze. Im reichen Umland von Menton stehen schicke Anwesen zwischen süß duftenden Mimosen und Olivenbäumen. Der Spaziergang führt in eine Richtung (Rückkehr mit dem Zug) an der Küste des Kaps entlang, vorbei an einigen der schönsten Stellen der Côte d'Azur. Zur Linken glitzert das blaue Meer, zur Rechten blühen Geißblatt, Mimosen und Rhododendren, unterbrochen von einigen Küstenorten vor Monaco.

**LÄNGE:** 6 km **DAUER:** 1½ Stunden (bis Monte-Carlo länger)
**START/ZIEL:** Cap Martin/ Cabbé oder Monte-Carlo. Achtung: Die Rückkehr beinhaltet eine Zugfahrt, informieren Sie sich vorher über Abfahrtszeiten ✚ 181 E3

### 1–2
Wenn Sie mit dem Auto bis Cap Martin fahren, können Sie am Ende der Avenue Winston Churchill dicht am Wasser **parken**. Laufen Sie von hier aus bis zur Spitze des Kaps, vorbei am Restaurant *Le Roc Martin* (links) bis zu einem breiten Pfad direkt am Meer. Er heißt **Promenade Le Corbusier** nach dem bedeutenden Architekten der 1920er-Jahre. Le Corbusier ist in der Gegend bekannt, weil er mit der Designerin Eileen Gray zusammenarbeitete, deren Haus in der Nähe steht. Der Spaziergang beginnt am Wegweiser zur **Ville de Roquebrune-Cap Martin**.

### 2–3
Wandern Sie auf der Promenade Le Corbusier weiter, die an privaten Gartenanlagen und ele-

### Der Wachturm von Cap Martin
Von der Landspitze des Kaps hat man einen guten Blick über das gesamte Gebiet. Seit jeher diente sie daher als Ausguck. Im Zentrum liegen die Ruinen eines befestigten Aussichtsturms aus dem Mittelalter und die Überreste einer Abtei aus dem 11. Jh. Der Legende nach bestand ein Abkommen zwischen den Mönchen und den Einheimischen, dass Letztere zur Landspitze eilen würden, sobald die Glocke Alarm läutete. Eines Nachts wollte der Abt die Leute testen, schlug die Glocke, und tatsächlich kamen alle herbeigelaufen. Als die Abtei einige Nächte später tatsächlich von Piraten angegriffen wurde, blieben die verärgerten Anrainer beim Läuten der Glocke in ihren Betten, und die Mönche wurden getötet.

Rhododendren blühen im Frühsommer

## Kleine Pause

Am Kap gibt es teure, hochklassige Restaurants. Am anderen Ende in Cabbé kann man preiswerter essen.

---

ganten Hotels vorbei dem Küstenverlauf folgt. Am Rand des Kaps führt der Weg nach Westen und gibt wunderbare Blicke auf Monaco und das Meer frei. **Eileen Grays Haus**, das seit 1998 unter Denkmalschutz steht, liegt verborgen unterhalb des Pfades, der nun an der Westseite des Kaps verläuft.

### 3–4

An mehreren Stellen führen Stufen hinauf zum Kap, doch

Angler am Cap Martin

sollten Sie besser bis nach **Cabbé** gehen, von wo ein Zug zurück bis nach **Carnolès** bringt. Vom Bahnhof gehen Sie einfach Richtung Wasser und folgen dann dem Küstenpfad in umgekehrter Richtung bis zum **Ausgangspunkt**.

### 4–5

Hinter Cabbé können Sie weiter bis nach **Monte-Carlo** wandern, allerdings führt der Weg ins Fürstentum teilweise an der Straße entlang. Vor Monaco fahren ebenfalls Züge nach Carnolès.

### Tipps

■ Schauen Sie vor der Abfahrt auf den Zugfahrplan, und timen Sie Ihren Spaziergang so, dass Sie in Cabbé einen Zug zurück nach Carnolès erwischen.

■ Nehmen Sie an windigen Tagen und bei rauer See eine Regenjacke mit, oft spritzt Gischt über die Ufer.

■ Legen Sie den Spaziergang auf den Nachmittag, wenn die größte Hitze vorüber ist und die Sonne in einem günstigen Winkel steht.

## 2 St-Tropez
### Spaziergang

**LÄNGE:** 2 km **DAUER:** 2 Stunden (ohne Besichtigungen)
**START/ZIEL:** Place des Lices (parken Sie auf dem Parkplatz des Lices)
⊞ 179 E3

Streifen Sie durch die schicken Läden und den Hafen von St-Tropez, besuchen Sie eine Kunstgalerie, entdecken Sie den alten Stadtkern, und steigen Sie hinauf zur Zitadelle, um den Blick über die Stadt und die Bucht zu genießen.

### 1–2
Ausgangspunkt ist die **Place des Lices**, ein groβer offener Platz mit schattigen Platanen, der zum Boulespielen genutzt wird. Dienstags und samstags findet hier ein Markt statt.

### 2–3
Gehen Sie auf der **Rue Georges Clemenceau** (mit dem *Café Clemenceau* am Eck) von der Place des Lices Richtung Hafen. Legen Sie einen Pause bei *La Tarte Tropézienne* (➤ 157) ein, und probieren Sie die Biskuittorte mit Vanillecreme, die hier 1950 kreiert wurde und sich seitdem großer Beliebtheit erfreut. Schicke Boutiquen säumen die Fußgängerzone bis hinunter zum Hafen. Überqueren Sie die

Hauptstraße und biegen Sie am **Quai Gabriel Péri** links ab. Am Eck, dort, wo der Kai nach rechts verläuft, steht das Musée de l'Annonciade (➤ 141, Di geschl.). Das Museum zeigt viele pointillistische und fauvistische

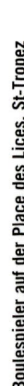

Werke vom Ende des 19. Jhs., als St-Tropez ein wichtiger Anlaufpunkt für Avantgarde-Künstler war.

### 3–4
Gehen Sie am Kai entlang zurück (Wasser zur Linken). Von hier aus haben Sie einen tollen Blick auf die im Hafen ankerden Luxusyachten. Zur Rechten steht eine **Statue** von Pierre-André de Suffen, einem Admiral aus dem 18. Jh., der als Gründervater von St-Tropez gilt. Wenig später folgt rechter Hand die **Touristeninformation**, in der Sie sich einen Stadtplan besorgen können. Hier befindet sich auch das berühmte *Café Sénéquier* (➤ 156) mit den roten Markisen – kein schlechter Ort für eine Kaffeepause mit Blick auf den Hafen und die Yachten.

### 4–5
Folgen Sie dem Kai bis zur **Môle Jean-Reveille**, die den Abschluss des Hafens bildet.

*Boulespieler auf der Place des Lices, St-Tropez*

## Kleine Pause

Tarte Tropézienne (▶ 157)
Sénéquier (▶ 156)
Chez Fuchs (▶ 156)
Le Café (▶ 155)

Steigen Sie die Stufen zum gepflasterten Pier hinauf, um den Panoramablick mit der Stadt auf der einen und der Bucht von St-Tropez auf der anderen Seite zu genießen. Spazieren Sie von der Mole weiter zur **Tour du Portalet** und von dort durch eine kleine Straße am Fuß des Turms, die Rue Portalet, an deren Eck **Lei Mouscadins** (▶ 156) liegt. Links geht es in die Rue St-Esprit und dann gleich wieder rechts in die Rue du Puits. Biegen Sie links auf die **Place de l'Hôtel de Ville** ab und dann in die dritte Querstraße rechts, die Rue St-Jean, um zur **Eglise de St-Tropez** (▶ 140) zu gelangen. Zum Eingang kommen Sie rechts durch die Rue du Clocher und abermals rechts durch die Rue Commandant Guichard. Im pinkfarbenen Turmhaus steht die Büste von St-Torpes (oder Tropez), dem Schutzheiligen der Stadt, der alljährlich im Mai mit der Bravade de St-Torpes gefeiert wird.

### 5–6

Kehren Sie zurück zur **Place de l'Hôtel de Ville**, und biegen S e rechts ab, um durch die Porte du Revelen, einen Torbogen am Ende der Straße, zum kleinen **Port des Pêcheurs** (Fischerhafen) zu gelangen, der einst den Kern der Stadt bildete. Gehen Sie die Rue des Remparts hinauf, die links hinter der kleinen Place des Remparts beginnt, und folgen Sie der Rue des Quatre-vents bis zu den Stufen am Ende der Straße. Nun geht es rechts die Rue de l'Aïoli hinunter und dann bei der Unterkunft Le Baron links und die Stufen hinauf zur **Zitadelle** (▶ 140f) aus dem 16. Jh , in der sich heute das **Musée Naval** (▶ 141) befindet.

### 6–7

Von der Zitadelle führt der Weg über

Stufen hinunter und über die Straße zur Fußgängerzone Rue de la Citadelle. Folgen Sie ihr bis zu einer kleineren Kreuzung, an der Sie rechts in die Rue des Commerçants biegen sollten. Auf der rechten Seite können Sie im **Chez Fuchs** (▶ 156) vorbei an Tausenden von Zigarren die Wendeltreppe hinauf zum beliebten provenzalischen Bistro steigen.

### 7–8

Vor dem *Chez Fuchs* führt die erste Straße links durch eine schmale Gasse abwärts zur Rue du Marché, die in die **Place aux Herbes** mündet, einen kleinen, hübschen Platz, auf dem täglich ein Markt abgehalten wird. Durch einen Bogen auf der linken Seite gelangt man zum **Fischmarkt**, wo einheimische Verkäufer fangfrischen Fisch feilbieten.

### 8–9

Hinter dem Fischmarkt liegt die **Touristeninformation**. Überqueren Sie die Straße und nehmen Sie die Rue François Sibilli. An der Place de la Garonne können Sie nun zur Place des Lices zurückkehren, wo Sie sich mit einem Kaffee im *Le Café* belohnen sollten (▶ 155).

# 3 Von Vence nach Grasse

*Tour*

**LÄNGE:** 44 km **DAUER:** ca. ein halber Tag mit Besichtigungen
**START:** Vence ✚ 180 B3 **ZIEL:** Grasse ✚ 180 A3

## 1–2

Verlassen Sie Vence über die **D2210** Richtung Grasse und Tourrettes-sur-Loup. Nach 3 km liegt direkt an der Straße das **Château Notre-Dame-des-Fleurs**. Das schöne Schloss aus dem 19. Jh. ist seit 1993 Sitz einer Kunststiftung und zeigt eine Dauerausstellung mit Werken von Matisse, Dufy und Chagall.

## 2–3

Fahren Sie weiter auf der **D2210** nach **Tourrettes-sur Loup**. Tourrettes ist ein hübsches mittelalter-liches Dorf auf einem Felssporn, beliebt bei Künstlern und Kunsthandwerkern, vor allem aber bekannt für seine Veilchenproduktion (▶ 11).

## 3–4

8 km weiter folgt **Pont-du-Loup**. Hier empfiehlt sich ein kurzer Abstecher nach **Le Bar-sur-Loup**.

**Auf dem höchsten Turm von Tourrettes-sur-Loup weht die französische Fahne**

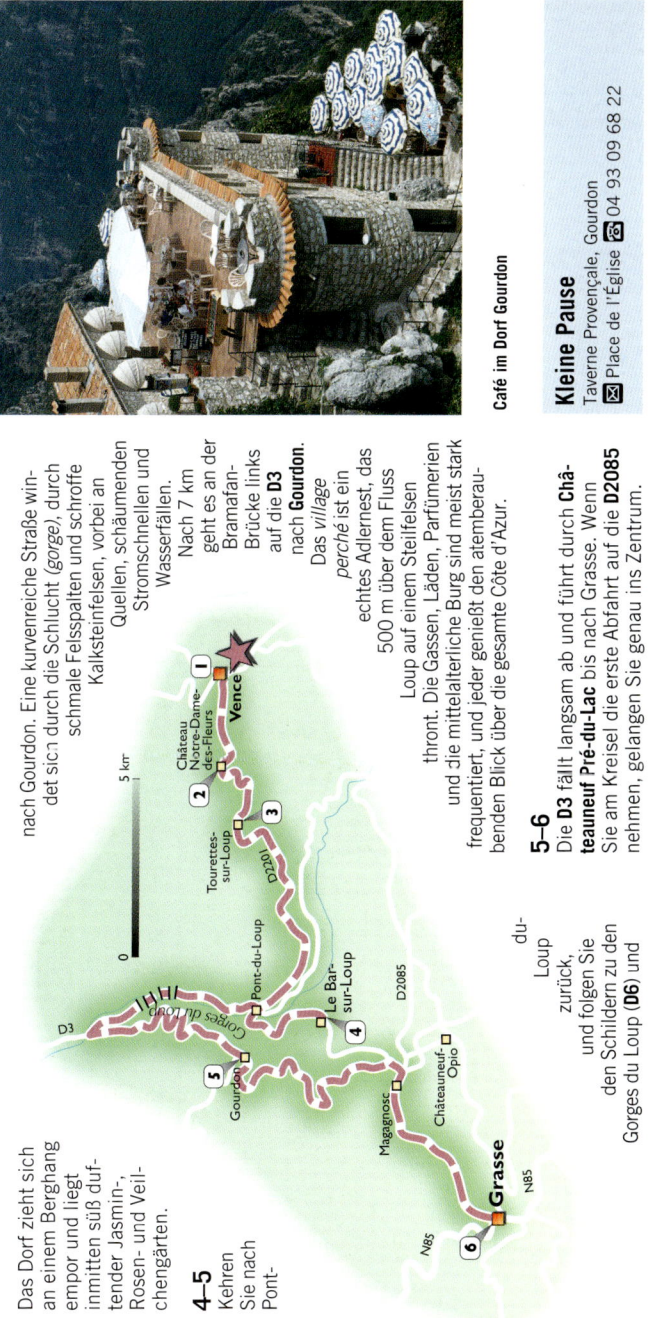

Café im Dorf Gourdon

## Kleine Pause

Taverne Provençale, Gourdon
✉ Place de l'Église  ☎ 04 93 09 68 22

nach Gourdon. Eine kurvenreiche Straße windet sich durch die Schlucht (*gorge*), durch schmale Felsspalten und schroffe Kalksteinfelsen, vorbei an Quellen, schäumenden Stromschnellen und Wasserfällen.

Nach 7 km geht es an der Bramafan-Brücke links auf die **D3** nach **Gourdon**. Das *village perché* ist ein echtes Adlernest, das 500 m über dem Fluss Loup auf einem Steilfelsen thront. Die Gassen, Läden, Parfümerien und die mittelalterliche Burg sind meist stark frequentiert, und jeder genießt den atemberaubenden Blick über die gesamte Côte d'Azur.

Das Dorf zieht sich an einem Berghang empor und liegt inmitten süß duftender Jasmin-, Rosen- und Veilchengärten.

## 4–5

Kehren Sie nach Pont-du-Loup zurück, und folgen Sie den Schildern zu den Gorges du Loup (**D6**) und

## 5–6

Die **D3** fällt langsam ab und führt durch **Châteauneuf Pré-du-Lac** bis nach Grasse. Wenn Sie am Kreisel die erste Abfahrt auf die **D2085** nehmen, gelangen Sie genau ins Zentrum.

Château Notre-Dame-des-Fleurs

① **Vence**

5 km

② Tourettes-sur-Loup

③

D2210

Pont-du-Loup

Gorges du Loup

Le Bar-sur-Loup

④

D2085

D3

Gourdon

⑤

Châteauneuf-Opio

Magagnosc

N85

⑥ **Grasse**

N85

0

# 4 Das Hinterland der Côte d'Azur

*Tour*

Die Rundfahrt durch das Hinterland des Fürstentums Monaco führt durch einige der hübschesten und lebendigsten Dörfer und Städte der Côte d'Azur und – als Kontrast dazu – durch den Parc National du Mercantour.

**LÄNGE:** 150 km **DAUER:** nehmen Sie sich einen Tag Zeit und bedenken Sie, dass man auf den kurvenreichen Straßen nur langsam vorankommt **START/ZIEL:** Menton ✚ 181 E4

**1–2**

Die Tour beginnt in **Menton** (▶ 72f), einer hübschen, italienisch wirkenden Stadt auf der französischen Seite der Grenze. Wenn Sie genug Zeit haben, lohnt das **Museum** an der Küste einen kurzen Besuch, das sich dem Werk des Dichters, Schriftstellers und Regisseurs Jean Cocteau (1889–1963) widmet. Im Stadtzentrum müssen Sie der Straße Richtung **Autoroute (Nice/Italie)** und **Sospel** folgen. Auf der kurvenreichen **D2566** geht es dann nach Sospel, unter der A8 hindurch und durch Castillon-Neuf. In **Sospel** überqueren Sie die Schienen und biegen dann links Richtung Moulinet und Col de Turini ab. Die Brücke von Sospel mit dem Mittelturm stammt

**Fahnen wehen auf dem Zollhaus der Brücke aus dem 11. Jh. über den Fluss Bevera im Zentrum von Sospel**

aus dem 20. Jh., sie ersetzt das im Zweiten Weltkrieg zerstörte Original aus dem 11. Jh.

**2–3**

An einer Kurve zweigt links die **D2204** ab. Diese Straße windet sich hinauf zum Col St-Jean, von dem aus man hinunter auf Sospel blickt. Überqueren Sie den **Col de Braus** (1002 m) und fahren

Sie auf einer extrem kurvenreichen Straße hinunter nach L'Escarène. Biegen Sie gleich hinter der Eisenbahnbrücke rechts Richtung Lucéram und Peïra-Cava ab, und setzen Sie Ihren Weg auf dieser Straße bis zum mittelalterlichen *village perché* **Lucéram** fort.

**3–4**

Durchqueren Sie Lucéram, und biegen Sie an der nächsten Kreuzung auf einer steilen Straße links nach Turini ab. Bevor sie den phantastischen Aussichtspunkt **Peïra-Cava** erreichen, liegen noch zahlreiche Haarnadelkurven vor Ihnen. Oben angekommen, blickt man im Osten auf den wunderschönen Parc National du Mercantour.

**4–5**

Fahren Sie von Peïra-Cava nordwärts zum nächsten Aussichtspunkt, dem **Col de Turini.**

Der Pass in 1607 m Höhe eignet sich gut für eine Pause mit Imbiss, z. B. im Hotel **Les Trois Vallées Suffien.**

**5–6**
Biegen Sie links auf die **D70**, und folgen Sie den Schildern nach La Bollène-Vésubie und Nizza. Fahren Sie langsam, und halten Sie nach etwa 10 km hinter dem Tunnel de la Chapelle St-Honorat Ausschau nach einer kleinen **Kapelle** auf der rechten Seite. Vom Parkplatz ist der Ausblick einfach überwältigend.

**6–7**
Setzen Sie Ihren Weg durch La Bollène-Vésubie fort, und biegen Sie an einer T-Kreuzung links auf die **D2565** Richtung Nizza und St-Martin-Vésubie ab (Vésubie heißt der Fluss, der hier verläuft). Die Straße führt zur Talsohle. Folgen Sie der Beschilderung nach **Lantosque** und Nizza; fahren Sie zunächst geradeaus, dann links auf die Hauptstraße. Biegen Sie nach ca. 1 km rechts ab, um einmal durch Lantosque zu fahren, und kehren Sie anschlie-

Bend auf die Hauptstraße zurück. Weiter geht es südwärts durch **St-Jean-de-la-Rivière.**

Etwa 1 km hinter St-Jean biegt links die **D19** Richtung Nizza über Levens ab. Diese Straße wird schmaler, je weiter sie aus dem Tal aufsteigt. Kurz vor Duranus liegt hinter einem Steilfelsen ein weiterer Aussichtspunkt, der **Saut des Français**. Bleiben Sie auf der Straße, die durch **Levens** führt, übrigens ein hübsches Städtchen mit zwei Kapellen aus dem 18. Jh. zu beiden Seiten des Hauptplatzes. Sie erinnern an eine schon lange verschwundene Burg.

**7–8**
Verlassen Sie Levens auf der **D19**, und folgen Sie den Schildern nach Nizza, vorbei an Tourette-Levens. Gleich hinter St-André führt die Straße unter der A8 hindurch. Biegen Sie hier an der Ampel links nach Sospel ab. Überqueren Sie einen Fluss, und

links nach Cap Martin ab. Hinter dem Ortskern macht die Straße eine scharfe Linkskurve. Sie fahren hier aber geradeaus Richtung Mayerling und Cap Martin bis hinunter zum Meer und dort über die Küstenstraße zurück nach **Menton**.

um 6 v. Chr. erbauen ließ. Jenseits von La Turbie geht es hinter einem Hotel links Richtung Roquebrune und Menton, dann bei der Ampel am Fuß des Hügels rechts nach Nizza und Beausoleil. Biegen Sie bei der nächsten Ampel

**Kleine Pause**
Das Hotel-Restaurant *Les Trois Vallées* (Tel. 04 93 04 23 23) steht am höchsten Punkt der Tour, dem Col de Turini. In Sospel gibt es einige Bars und Restaurants.

fahren Sie an einer Reihe von Ampeln vorbei und erneut unter der A8 hindurch. Biegen Sie rechts auf die Route de Turin ab, überqueren Sie den Fluss und eine weitere Kreuzung, und biegen Sie dann bei der Ampel links nach La Trinité und Drap ab. Am Kreisel geht es Richtung La Turbie und Laghet auf der **D2204a** durch ein kurvenreiches Tal nach **Laghet**. Dort macht eine Haarnadelkurve eine scharfe Rechtsbiegung.

Erneut führt der Weg unter der A8 hindurch. Fahren Sie an der nächsten Kreuzung nach links und folgen Sie auf dem Autobahnzubringer den Schildern nach Menton. Biegen Sie an der nächsten Kreuzung links nach La Turbie und Monaco ab, und bleiben Sie auf dieser Straße, bis Sie das alte römische Dorf **La Turbie** (➤ 66) erreichen. Hier steht der monumentale Trophée des Alpes, ein Triumphbogen, den Augustus

**Das malerische Dorf La Bollène-Vésubie**

# Praktisches

## REISEVORBEREITUNG

### WICHTIGE PAPIERE

| | Deutschland | Österreich | Schweiz |
|---|---|---|---|
| ● Erforderlich | | | |
| ○ Empfohlen | | | |
| ▲ Nicht erforderlich | | | |
| Pass/Personalausweis | ● | ● | ● |
| Visum | ▲ | ▲ | ▲ |
| Weiter- oder Rückflugticket | ▲ | ▲ | ▲ |
| Impfungen (Tetanus und Polio) | ▲ | ▲ | ▲ |
| Krankenverversicherung (► 174, Gesundheit) | ● | ● | ● |
| Reiseversicherung | ○ | ○ | ○ |
| Führerschein (national) | ● | ● | ● |
| Kfz-Haftpflichtversicherung | ● | ● | ● |
| Fahrzeugschein | ● | ● | ● |

## REISEZEIT

**Côte d'Azur**

Hauptsaison          Nebensaison

| JAN | FEB | MÄRZ | APRIL | MAI | JUNI | JULI | AUG | SEPT | OKT | NOV | DEZ |
|---|---|---|---|---|---|---|---|---|---|---|---|
| 12°C | 14°C | 14°C | 18°C | 21°C | 27°C | 28°C | 28°C | 25°C | 22°C | 17°C | 14°C |

Sonnig    Bedeckt    Regnerisch    Wechselhaft    Verregnet

Die Temperaturangaben beziehen sich auf die **durchschnittlichen Tageshöchsttemperaturen** eines jeden Monats, sie können aber im Juli und August bis 35 °C steigen. Der Frühling beginnt im März, wenn die Mimosen und Mandelbäume an der Küste blühen. Im April kann man meist schon draußen sitzen. Die Sommer sind heiß und trocken, in der Küstenregion ist es dann sehr voll. Die Herbstmonate (September und Oktober) können noch einmal sehr angenehm sein, gelegentlich gibt es Gewitter. Im November wird es kühler, in den Hochlagen fällt im Dezember Schnee.

### INFORMATION VORAB

**Websites**
*Département* Touristeninformationen:
■ Alpes-Maritimes:
www.guideriviera.com
■ Var: www.tourismevar.com

**Touristeninformation**
■ www.cannes.fr
■ www.visitmonaco.com
■ www.nicetourism.com
■ www.saint-tropez.com
■ www.franceguide.com

**Flughafen in Nizza**
www.nice.aeroport.fr

**Routenplaner**
www.falk.de

## ANREISE

### Mit dem Flugzeug
Nice-Côte d'Azur ist der größte Flughafen der Region; Maschinen aus europäischen Nachbarländern landen auch in Marseille-Provence und auf dem kleineren Flughafen La Môle außerhalb von St-Tropez.

**Von Deutschland:** Ab Hamburg, Stuttgart, München, Düsseldorf, Frankfurt und Berlin gibt es regelmäßig direkte Charter- oder Linienflüge nach Nizza, dazu kommen Verbindungen über Paris. Von Frankfurt am Main nach Nizza fliegt man in knapp 1 ¹/₂ Stunden.

**Von Österreich und der Schweiz:** Auch von Basel, Genf, Zürich und Wien starten regelmäßig Maschinen nach Nizza.

### Mit dem Zug
Die nationale Eisenbahngesellschaft SNCF verkehrt mit Hochgeschwindigkeitszügen (TGV) zwischen Gare de Lyon in Paris und Nizza. Die Fahrt dauert ca. 6 Stunden. Eine weitere TGV-Route verläuft von Genf über Marseille nach Nizza (www.tourismus.de). Autoreisezüge fahren von Hamburg, Neu Isenburg (Hessen) und Düsseldorf nach Avignon.

### Mit dem Auto
Ein durchgehendes, mautpflichtiges Autobahnsystem verbindet die Côte d'Azur mit den wichtigsten Grenzübergängen nach Deutschland, Österreich und in die Schweiz.

## ZEIT

In Frankreich herrscht Mitteleuropäische Zeit. Von Ende März bis Ende Oktober wird auf Sommerzeit umgestellt. Ende Oktober wird die Uhr wieder um 1 Stunde zurückgestellt.

## WÄHRUNG

**Währung:** Der Euro (€) ist die offizielle Währung Frankreichs und Monacos. Banknoten gibt es zu 5, 10, 20, 50, 100, 200 und 500 Euro, Münzen zu 1, 2, 5, 10, 20 und 50 Cent, 1 und 2 Euro.

### Geldwechsel
Wer aus anderen Ländern einreist, kann in einigen Banken und Wechselstuben am Flughafen, an großen Bahnhöfen und in Kaufhäusern Reiseschecks eintauschen. Alle Transaktionen kosten Gebühren, halten Sie daher Wechselgeld oder Kreditkarten bereit. Deutsche Touristen heben am einfachsten Geld mit der EC-Karte vom Bankautomaten ab.

**Kreditkarten** werden in vielen Läden, Restaurants und Hotels akzeptiert. Mit VISA (Carte Bleue), Euocard/Mastercard und Diners Club kann man ebenfalls am Bankautomaten Geld abheben, sofern man über eine Geheimzahl (PIN) verfügt. In kleinen Läden sollten Sie vor dem Einkauf fragen, ob Sie mit Kreditkarte bezahlen können.

| | |
|---|---|
| **In Deutschland** | Maison de la France, Zeppelinallee 37, 60325 Frankfurt ☎ 00900 1 57 00 25 |
| **In Österreich** | Maison de la France, Lugeck 1–2/ Stg 1/ Top 7, 1010 Wien ☎ 0900 25 00 15 |
| **In der Schweiz** | Maison de la France, Rennweg 42, Postfach 3376, CH-8023 Zürich ☎ 044 217 46 00 |

## DAS WICHTIGSTE VOR ORT

### KONFEKTIONSGRÖSSEN

| Deutschland | Frankreich | |
|---|---|---|
| 46 | 46 | |
| 48 | 48 | |
| 50 | 50 | Anzüge |
| 52 | 52 | |
| 54 | 54 | |
| 56 | 56 | |
| 41 | 41 | |
| 42 | 42 | |
| 43 | 43 | Herrenschuhe |
| 44 | 44 | |
| 45 | 45 | |
| 46 | 46 | |
| 37 | 37 | |
| 38 | 38 | |
| 39 | 39 | Hemden |
| 41 | 41 | |
| 42 | 42 | |
| 43 | 43 | |
| 34 | 36 | |
| 36 | 38 | |
| 38 | 40 | Damenbekleidung |
| 40 | 42 | |
| 42 | 44 | |
| 44 | 46 | |
| 36 | 36 | |
| 37 | 37 | |
| 38 | 38 | Damenschuhe |
| 39 | 39 | |
| 40 | 40 | |
| 41 | 41 | |

### FEIERTAGE

| 1. Jan. | Neujahrstag |
|---|---|
| 27. Jan. | Ste-Dévote (nur Monaco) |
| März/April | Ostersonntag und -montag |
| 1. Mai | Tag der Arbeit |
| 8. Mai | Feier des Kriegsendes (2. WK; nur Frankreich) |
| Mai/Juni | Pfingstsonntag und -montag |
| Juni | Fronleichnam (nur Monaco) |
| 14. Juli | Nationalfeiertag (nur Frankreich) |
| 15. Aug. | Mariä Himmelfahrt |
| 1. Nov. | Allerheiligen |
| 11. Nov. | Gedenktag Ende des 1. WK (nur Frankreich) |
| 19. Nov. | Nationalfeiertag (nur Monaco) |
| 25. Dez. | Weihnachtsfeiertag |

### ÖFFNUNGSZEITEN

○ Geschäfte      ● Postämter
● Büros          ● Museen/Denkmäler
● Banken         ● Apotheken

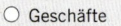

8 Uhr | 9 Uhr | 10 Uhr | 12 Uhr | 13 Uhr | 14 Uhr | 16 Uhr | 17 Uhr | 19 Uhr

☐ tagsüber      ☐ mittags      ☐ abends

**Geschäfte:** Im Sommer sind die Läden nachmittags von 16 bis 20 oder 21 Uhr geöffnet. Die meisten Läden sind sonntags geschlossen, viele auch montags. Kleine Lebensmittelläden öffnen ab 7 Uhr früh und manchmal auch am Sonntagmorgen. Große Kaufhäuser schließen mittags nicht, große Supermärkte sind von 10 bis 21 oder 22 Uhr geöffnet, am Montagvormittag jedoch manchmal geschlossen.
**Banken:** Banken sind sonntags, oft auch samstags oder montags geschlossen.
**Museen:** Museen bleiben im Sommer länger geöffnet. Viele schließen einen Tag in der Woche, städtische Museen meist montags, nationale dienstags.

### ZEITUNTERSCHIED

**Berlin**
12 Uhr

**Nizza**
12 Uhr

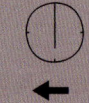

← **USA New York**
6 Uhr

→ **Australien Sydney 22 Uhr**

## SICHERHEIT

Die städtische Polizei (blaue Uniformen) versieht ihren Dienst in größeren Städten. Auf dem Land und in kleinen Ortschaften sorgen nationale Polizeikräfte (blaue Hosen, schwarze Jacken, weiße Gürtel) für Sicherheit. Für Notfälle sind Sicherheitskräfte (CRS) zuständig, die auch an Stränden Wache halten. Monaco hat eine eigene Polizei.

So vermeiden Sie Diebstähle:

■ Halten Sie nachts nicht an einsamen Rastplätzen.
■ Schließen Sie Fahrzeuge mit ausländischen Kennzeichen gut ab.
■ Achten Sie auf Taschendiebe.

**Polizei:**
 **17 von jedem Fernsprecher**

## TELEFONIEREN

mit Telefonkarte *(télécarte)*, die zu 50 oder 120 Einheiten in Telecom-Läden, Postämtern, Tabakgeschäften, Zeitungsläden und am Bahnhof erhältlich sind. Montag bis Freitag von 19 bis 8 Uhr sowie Samstag und Sonntag gelten Billigtarife.

Alle französischen Telefonnummern sind zehnstellig (Monaco: acht Stellen). Die meisten öffentlichen Fernsprecher funktionieren

**Internationale Vorwahlen**
**Wählen Sie 00 +**

| | |
|---|---|
| **Deutschland:** | 49 |
| **Österreich:** | 43 |
| **Schweiz:** | 41 |

## POST

Post und Telefon gehören zur PTT *(Poste et Télécommunications)*. In kleineren Orten öffnen Postämter kürzer und schließen oft von 12 bis 14 Uhr. Briefkästen sind gelb. In Postämtern findet man häufig auch Geldautomaten.

## ELEKTRIZITÄT

In Frankreich gelten 220 V, 50 Hz. In Steckdosen passen die gängigen Flachstecker mit zwei Kontakten.

## TRINKGELD

Trinkgeld ist bei Serviceleistungen üblich. Als Faustregel gilt:

| | |
|---|---|
| Taxis | Betrag aufrunden |
| Führungen | 3–5 Euro |
| Träger | 3 Euro pro Gepäckstück |
| Zimmerservice | 2 Euro pro Tag |
| Cafés/Bars | Wechselgeld |
| Frisör | Betrag aufrunden |
| Kellner | Service ist inklusive, ein Geldschein bei besonders guter Bedienung |

**POLIZEI 17**

**FEUERWEHR 18**

**KRANKENWAGEN 15**

## GESUNDHEIT

 **Krankenversicherung:** EU-Bürger erhalten bei Vorlage der europäischen Krankenversicherten-karte kostengünstigere Notfallhilfe, sollten aber, genau wie alle Bürger aus Nicht-EU-Ländern, vorab eine Zusatzreisekrankenversicherung abschließen.

 **Zahnarzt:** Genau wie bei der allgemein-medizinischen Versorgung (s.o.) erhalten EU-Bürger Behandlungen zu redu-zierten Sätzen. Etwa 70 % der Standardkosten werden zurückerstattet, auch hier ist daher eine Auslandskrankenversicherung sinnvoll.

 **Wetter:** Im Juli und August ist es zumeist sonnig und sehr heiß. Verwenden Sie Sonnenschutz mit hohem Lichtschutzfaktor, tragen Sie Hut und Sonnenbrille, und trinken Sie viel.

 **Medikamente:** Die Mitarbeiter von Apotheken – erkennbar am grünen Kreuz – sind gut ausgebildet und können bei einfachen Problemen weiterhelfen, und sie verkaufen nicht rezeptpflichtige Medikamente. Vieles gibt es aber nur auf Rezept *(ordonnance)*.

 **Trinkwasser:** Leitungswasser ist unbedenklich und kommt auch in Restaurants oft in Karaffen auf den Tisch, wenn Sie nicht ausdrücklich Mineralwasser bestellten. Trinken Sie niemals Wasser aus Hähnen mit der Aufschrift *eau non potable* (kein Trinkwasser)!

## ERMÄSSIGUNGEN

**Studenten/Jugendliche:** Besitzer eines internationalen Studentenausweises erhalten Ermäßigungen für Museen und Sehenswürdigkeiten, Flüge und Fähren sowie Mahl-zeiten in manchen Mensen. Gleiches gilt für Besitzer einer internationalen Jugendkarte (IYTC oder GO 25).

**Senioren:** Personen über 60 erhalten in Museen, im öffentlichen Nahverkehr und für verschiedene Kulturveranstaltungen bis zu 50 % Ermäßigung. Man benötigt dazu eine *Carte Vermeil,* die in größe-ren Bahnhöfen im *Office d'Abonnement* erhältlich ist. Auch bei Vorlage eines Ausweises gibt es manch-mal eine Ermäßigung.

## EINRICHTUNGEN FÜR BEHINDERTE

Frankreich hat große Anstren-gungen unternommen, um Zugänge und Einrichtungen für Behinderte zu verbessern. Einige Touristeninformationen, Museen und Restaurants in historischen, denkmalge-schützten Gebäuden sind aber immer noch schwer zugänglich. Oft ist es sinnvoll, vorab in einem Restaurant anzurufen und um einen gut zugänglichen Tisch zu bitten. Informationen für Rollstuhlfahrer gibt es bei der Association des Paralysés de France (17 boulevard Auguste Blanqui, 75013, Paris, Tel. 01 40 78 69 00; www.apf.asso.fr).

## KINDER

In den meisten Restaurants und Hotels sind Kinder will-kommen. In neueren Museen und Sehenswürdigkeiten gibt es Wickelräume, in älteren nur begrenzt.

## TOILETTEN

In den meisten Großstädten gibt es moderne, nicht nach Geschlecht getrennte, selbst-reinigende Münztoiletten. In Kleinstädten und Dörfer findet man öffentliche Toiletten meist an Marktplätzen oder unweit der Touristeninformationen. Der hygienische Zustand kann sehr unterschiedlich sein, und ganz selten fin-det man noch die alten Hocktoiletten.

## BOTSCHAFTEN UND KONSULATE

**Deutschland**
☎ (0033) 1 53 83 45 00
Fax: (0033) 1 53 83 46 50

**Österreich**
☎ 0033 1 40 63 30 63
Fax: 0033 1 45 55 63 65

**Schweiz**
☎ 0033 1 49 55 67 00
Fax: 0033 1 49 55 67 67

## Immer zu gebrauchen

Ja/Nein **Oui/Non**
Guten Tag/Abend **Bonjour/Bonsoir**
Auf Wiedersehen **Au revoir**
Wie geht es Ihnen? **Comment allez-vous?**
Bitte **S'il vous plaît**
Danke **Merci**
Entschuldigung **Excusez-moi**
Tut mir leid **Pardon**
Bitte (nach »danke«) **De rien/avec plaisir**
Haben Sie ...? **Avez-vous...?**
Was kostet das? **C'est combien?**
Ich hätte gern... **Je voudrais...**

## Nach dem Weg fragen

Gibt es in der Nähe eine Telefonzelle?
**Y a-t-il une cabine téléphonique dans le coin?**
Wo ist...? **Où se trouve...?**
...die nächste Metro **le Métro le plus proche**
...das Telefon **le téléphone**
...die Bank **la banque**
...die Toilette **les toilettes**
Nach links/rechts gehen **tournez à gauche/droite**
geradeaus **allez tout droit**
die erste/zweite (rechts)
**le premier/le deuxième (à droite)**
an der Kreuzung **au carrefour**

## Im Notfall

Könnten Sie mir bitte helfen?
**Pouvez-vous m'aider?**
Sprechen Sie Deutsch/Englisch?
**Parlez-vous allemand/anglais?**
Ich verstehe nicht.
**Je ne comprends pas.**
Könnten Sie schnell einen Arzt rufen?
**Voulez-vous vite appeler un médecin, s'il vous plaît?**

## Im Restaurant

Ich möchte einen Tisch bestellen **Puis-je réserver une table?**
Einen Tisch für zwei Personen, bitte **Une table pour deux personnes, s'il vous plaît**
Haben Sie ein Menü zu festen Preisen?
**Vous avez un menu prix fixe?**
Könnten wir die Speisekarte haben?
**Nous pouvons avoir la carte?**
Könnte ich die Rechnung bekommen?
**L'addition, s'il vous plaît**
Eine Flasche/ein Glas... **Une bouteille/un verre de...**

## Speisekarte

**apéritifs** Aperitive
**boissons alcoolisées** alkoholische Getränke
**boissons chaudes** heiße Getränke
**boissons froides** kalte Getränke
**carte des vins** Weinkarte
**coquillages** Muscheln
**fromage** Käse
**gibier** Wild
**hors d'oeuvres** Vorspeisen
**légumes** Gemüse
**plats chauds** warme Gerichte
**plats froids** kalte Gerichte
**plat du jour** Tagesgericht
**pâtisserie** Gebäck
**plat principal** Hauptgang
**potages** Suppen
**service compris** Bedienung eingeschlossen
**service non compris** Bedienung nicht eingeschlossen
**spécialités régionales** regionale Spezialitäten
**viandes** Fleischgerichte
**volaille** Geflügel

## Zahlen

| | | | |
|---|---|---|---|
| 0 zéro | 11 onze | 30 trente | 110 cent dix |
| 1 un | 12 douze | 31 trente et un | 120 cent vingt |
| 2 deux | 13 treize | 32 trente-deux | |
| 3 trois | 14 quatorze | | 200 deux cents |
| 4 quatre | 15 quinze | 40 quarante | 300 trois cents |
| 5 cinq | 16 seize | 50 cinquante | 400 quatre cents |
| 6 six | 17 dix-sept | 60 soixante | 500 cinq cents |
| 7 sept | 18 dix-huit | 70 soixante-dix | 600 six cents |
| 8 huit | 19 dix-neuf | 80 quatre-vingts | 700 sept cents |
| 9 neuf | | 90 quatre-vingt-dix | 800 huit cents |
| 10 dix | 20 vingt | | 900 neuf cents |
| | 21 vingt et un | 100 cent | |
| | 22 vingt-deux | 101 cent un | 1000 mille |

## Speisekarte A–Z

agneau Lamm
ail Knoblauch
ananas Ananas
anguille Aal
banane Banane
beurre Butter
bifteck Steak
bière Bier
bière pression
 Bier (vom Fass)
boeuf Rindfleisch
boudin noir/blanc
 Blutwurst
brochet Hecht
cabillaud Kabeljau
calmar Tintenfisch
canard Ente
champignons Pilze
chou Kohl
choucroute
 Sauerkraut
chou-fleur
 Blumenkohl
choux de Bruxelles
 Rosenkohl
citron Zitrone
civet de lièvre
 Hasenpfeffer
concombre Gurke
confiture Marmelade
coquilles Saint-
Jacques
Jakobsmuscheln
cornichon Essiggurke
côte/côtelette
 Kotelett
couvert Gedeck
crevettes grises
 Garnelen
crevettes roses
 Krabben
croque monsieur
 getoastetes Käse-
 Schinken-Sandwich
cru roh
crustacés
 Meeresfrüchte
cuisses de grenouilles
 Froschschenkel
cuit (à l'eau)
 gekocht
eau mineral
 gazeuse/non
 gazeuse

Mineralwasser mit/
 ohne Kohlensäure
ecrevisse Krebs
entrecôte
 Filetsteak
entrées erster Gang
épices Gewürze
épinards Spinat
épis de maïs
 Maiskolben
escargots Schnecken
farine Mehl
fenouil Fenchel
fèves Saubohnen
figues Feigen
filet de boeuf
 Rinderfilet
filet mignon
 Filetsteak
filet de porc
 Schweinefilet
fines herbes Kräuter
foie gras Gänseleber
fraises Erdbeeren
framboises
 Himbeeren
frit gebraten
friture frittiert
fruit de la passion
 Passionsfrucht
fruits de la saison
 Früchte je nach
 Jahreszeit
gaufres Waffeln
gigot d'agneau
 Lammkeule
glace Eiscreme
glaçons Eiswürfel
grillé gegrillt
groseilles
 Johannisbeeren
hareng Hering
haricots blancs
 weiße Bohnen
haricots verts
 grüne Bohnen
homard Hummer
huîtres Austern
jambon blanc/
cru/fumé Schinken
 (gekocht/roh/
 geräuchert)
jus de citron
 Zitronensaft
jus de fruits
 Fruchtsaft

jus d'orange
 Orangensaft
lait demi-écrémé/
 entier fettarme
 Milch/Vollmilch
langouste
 Languste
langoustine
 Scampi
langue Zunge
lapin Kaninchen
lentilles Linsen
lotte Seeteufel
loup de mer Seewolf
macaron Makkaroni
maïs Mais
marron Esskastanie
menu du jour/à la
 carte
 Tagesmenü/à la
 carte
morilles Morcheln
moules Muscheln
moutarde Senf
myrtilles
 Heidelbeeren
noisette Haselnuss
noix Walnuss
noix de veau
 Kalbsnuss
oeuf à la coque/dur/
au plat
 weiches/hartes Ei/
 Spiegelei
oignon Zwiebel
origan Oregano
pain au chocolat
 Schokoladen
 brötchen
part Teil, Portion
pêche Pfirsich
petite friture
 frittierter Fisch
 (Sprotten o.ä.)
petits (biscuits)
 salés
 Knabberkekse
petit pain Brötchen
petits pois
 Erbsen
pintade
 Perlhuhn
poire Birne
pois chiches
 Kichererbsen
poisson Fisch

poivre Pfeffer
poivron
 grüne/rote Paprika
pomme Apfel
pommes de terre
 Kartoffeln
poulet (blanc)
 Hähnchenbrust
prune Pflaume
pruneaux
 Backpflaumen
queue de boeuf
 Ochsenschwanz
ragoût Eintopf
ris de veau
 Kalbsbries
riz Reis
rôti de boeuf (rosbif)
 Roastbeef
rouget Knurrhahn
saignant blutig/
 englisch
salade verte
 Kopfsalat
salé/sucré
 salzig/süß
saumon Lachs
saucisses
 Würstchen
sel Salz
soupe à l'oignon
 Zwiebelsuppe
sucre Zucker
thon Thunfisch
thym Thymian
tripes Kutteln
truffes Trüffel
truite Forelle
truite saumonée
 Lachsforelle
vapeur (à la)
 gedämpft
venaison Wildfleisch
viande hachée
 Hackfleisch
vin blanc
 Weißwein
vin rosé Rosé
vin rouge
 Rotwein
vinaigre Essig
xérès Sherry

Kapiteleinteilung: siehe Übersichtskarte auf der Umschlaginnenseite

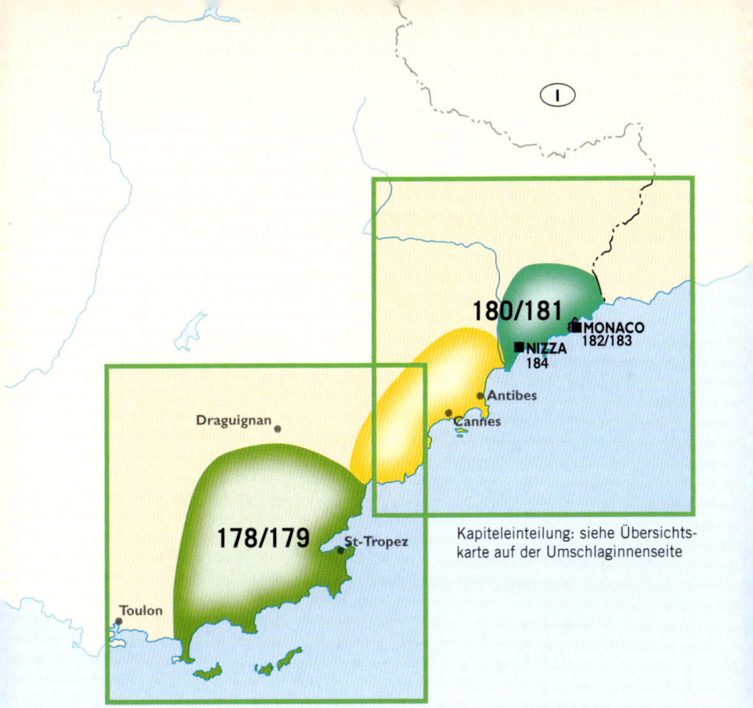

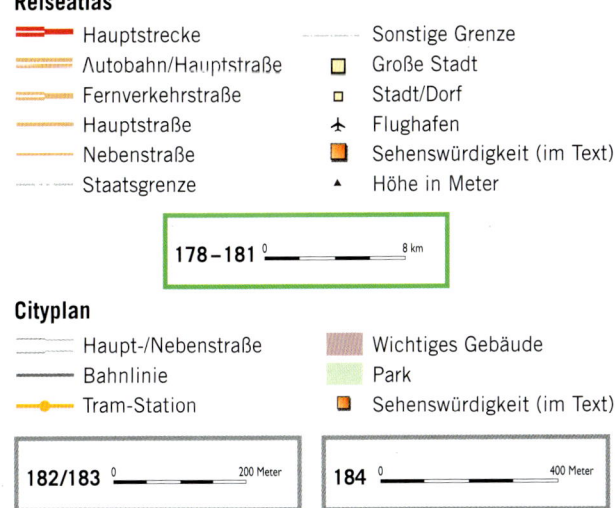

## Reiseatlas

- Hauptstrecke
- Autobahn/Hauptstraße
- Fernverkehrstraße
- Hauptstraße
- Nebenstraße
- Staatsgrenze
- Sonstige Grenze
- Große Stadt
- Stadt/Dorf
- Flughafen
- Sehenswürdigkeit (im Text)
- Höhe in Meter

178–181 0 — 8 km

## Cityplan

- Haupt-/Nebenstraße
- Bahnlinie
- Tram-Station
- Wichtiges Gebäude
- Park
- Sehenswürdigkeit (im Text)

182/183 0 — 200 Meter

184 0 — 400 Meter

# Reiseatlas

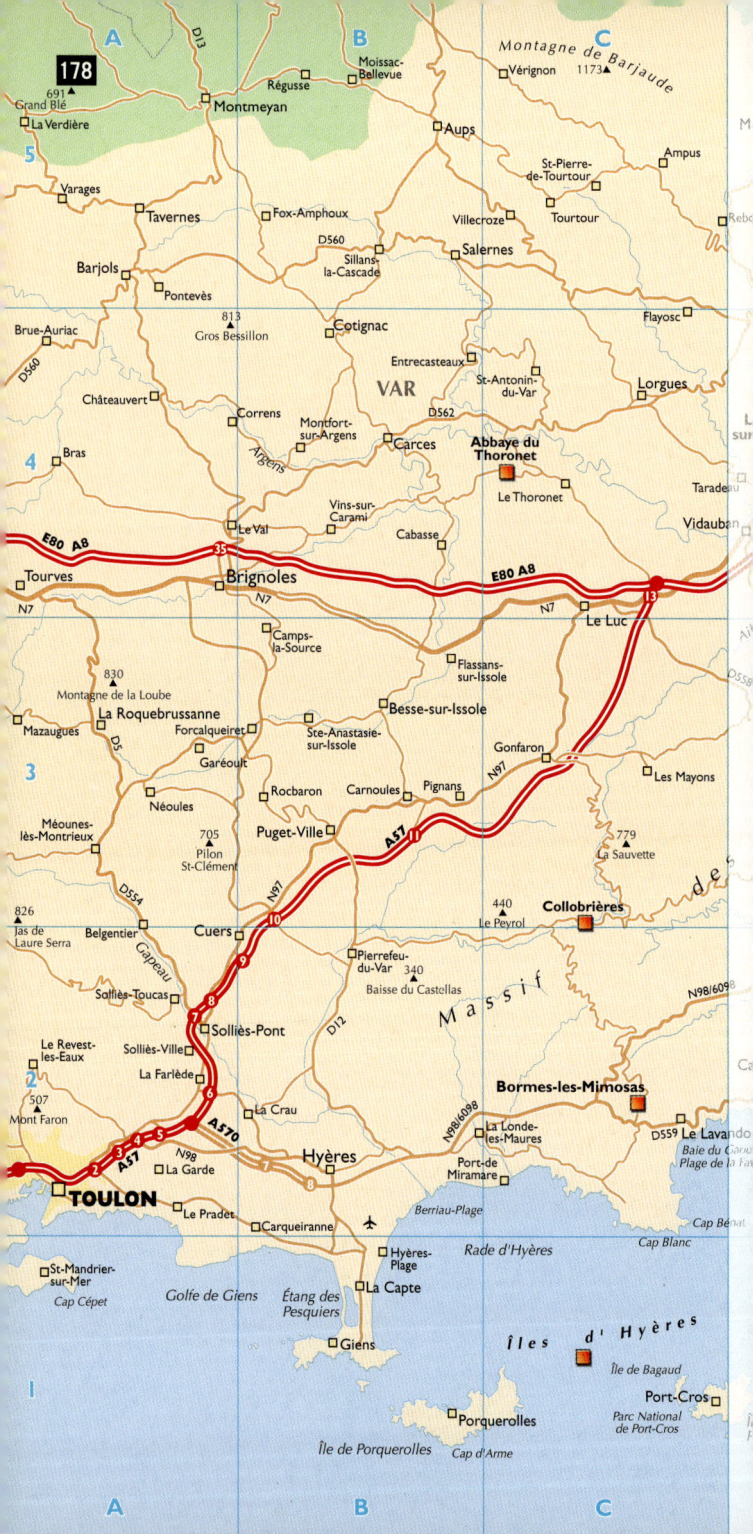

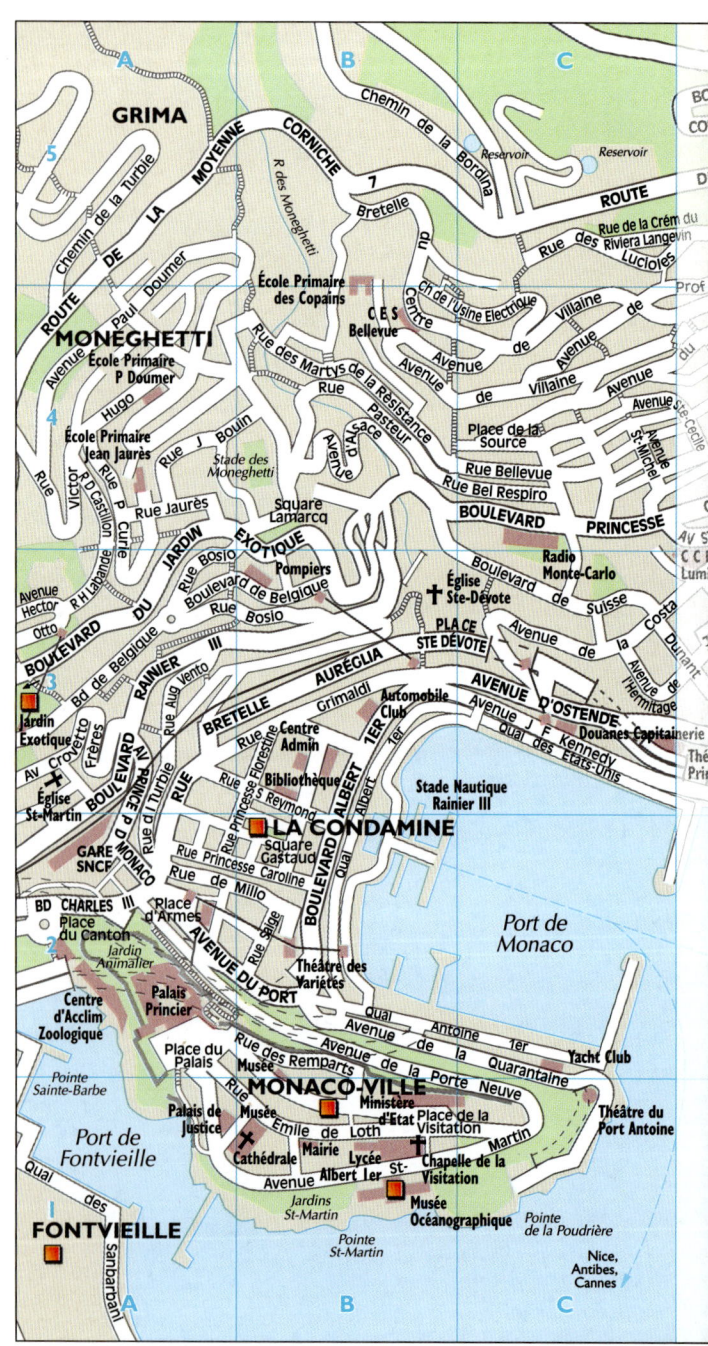

BOULEVARD DES ANCIENS
COMBATTANTS D'AFRIQUE DU NORD
**D**

**E**

**F**

LA NOIX

DE LA MOYENNE

Riviera
Palace

BOULEVARD DE LA TURBIE

CORNICHE

Route des serres

Boulevard

Guynemer

Roussa

Boulevard Lacets

**5**

Lycée Technique
et Hôtelier

AVENUE DE VERDUN

Rue des
Orchidées

Crém du
angevin

Oles

Prof

Avenue

Maréchal

du

du
Carnier

Place de la
Libération

Foch

Mairie

BOULEVARD DE LA RÉPUBLIQUE

Avenue de Gaulle

Boulevard

Place Rue
Raynal

Place des
Moulins

de

France

École

BOULEVARD D'ITALIE

**LARVOTTO**

Sporting Club
d'Eté

Avenue de Grande-Bretagne

DES

St-Charles

AVENUE

BLANC C

CHARLOTTE

Boulevard

MOULINS

DU LARVOTTO

Musée National

Grace

Jardins
Larvotto

**4**

SE

AV ST-MICHEL

BOULEVARD

O T

Av de

Av de la Madone

Av des Boulingrins

Avenue des Citronniers

Princesse

Jardin
Japonais

Forum
Grimaldi

Avenue

CC les A
Lumières

Costa

Durant

C C le
Métropole

Avenue des
Jardins
du Casino

Sampnids

BOULEVARD

**3**

ge
tage

PRINCESSE

ALLÉE

Sporting
Club
d'Hiver

Place du
Casino

**MONTE-**
**CARLO**

Casino

pitainerie

Hôtel de
Paris

Avenue de Monte Carlo

Salle
Garnier

Complexe des
Spélugues

Théâtre
Princesse Grâce

Centre de Congrès
Auditorium

**N**

**2**

du
oine

Sanremo

**I**

**D**

**E**

**F**

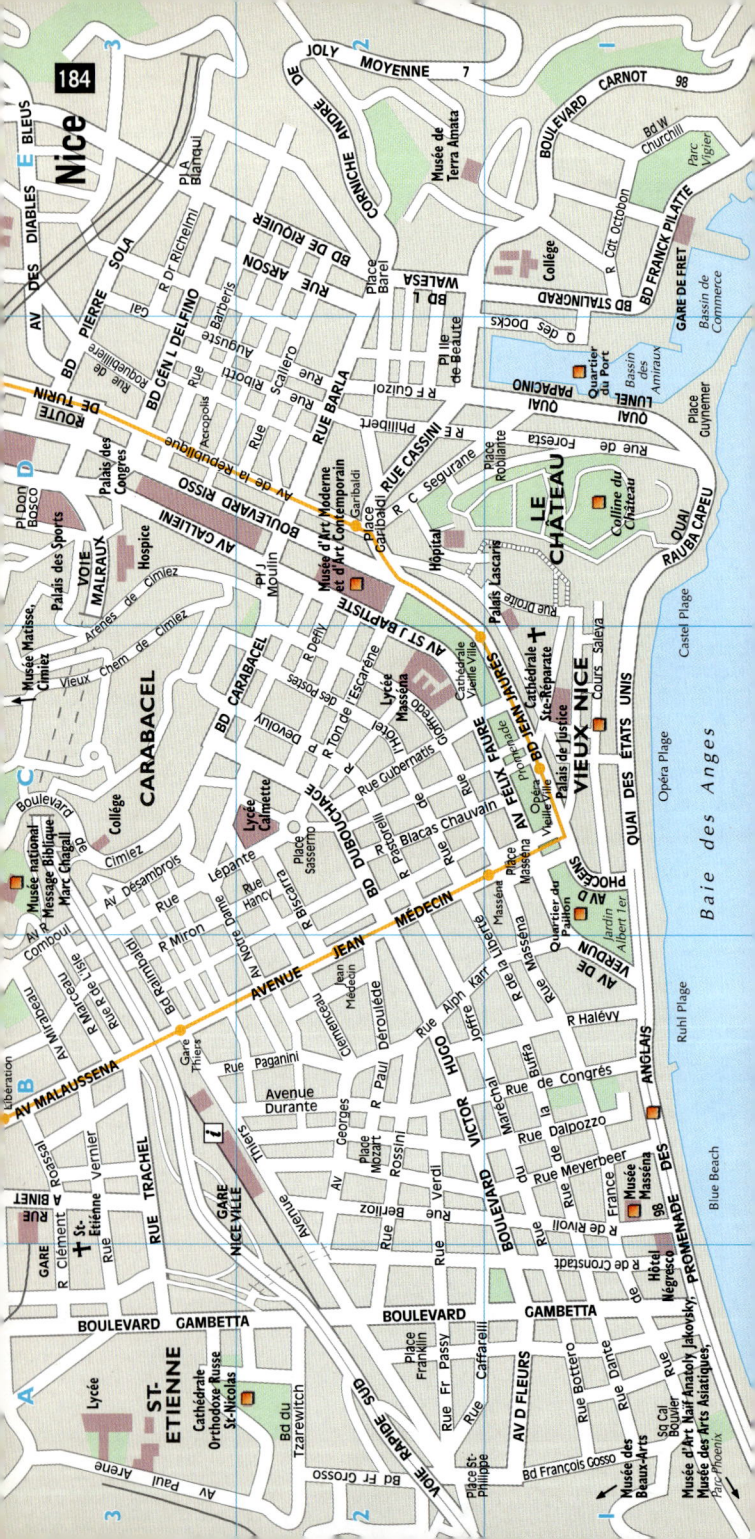

## Abbildungsnachweis

Die Automobile Association bedankt sich bei folgenden Fotografen und Agenturen für die freundliche Unterstützung bei der Realisierung dieses Buches:

Abkürzungen: (o) oben; (u) unten; (l) links;
(r) rechts; (m) Mitte; (AA) AA World Travel Library

Umschlag: (o) AA/R Strange; (u) AA/A Baker

2(I) AA/R Strange; 2(II) AA/C Sawyer; 2(III) AA/C Sawyer; 2(IV) AA/A Baker; 2(V) AA/C Sawyer; 3(I) AA/R Strange; 3(II) AA/A Baker; 3(III) AA/B Smith; 3(IV) AA/C Sawyer; 5 AA/R Strange; 6o AA; 6m AA; 6u AA; 7o AA/C Sawyer; 7u AA; 8 AA/R Strange; 9 AA/A Baker; 10 AA/E Meacher; 10/11 AA/R Strange; 10u AA/C Sawyer; 11 AA/A Baker; 12o AA/C Sawyer; 12m AA/A Baker; 12/13 AA/C Sawyer; 13 AA/A Baker; 14 AA/T Oliver; 15o Rex Features; 15m Rex Features; 16o IENA/UCIL/Cocinor/The Kobal Collection/Mirkine; 16m Rex Features; 17 Rex Features; 18 AA/C Sawyer; 19 AA/C Sawyer; 20/21 AA/N Ray; 21 J M Follet/Archives Automobile Club de Monaco; 22m AA/A Baker; 22u Fete du Lemon, Menton; 23 AA/C Sawyer; 35 AA/C Sawyer; 36 AA/C Sawyer; 37o AA/C Sawyer; 37u AA/C Sawyer; 38m AA/C Sawyer; 38u AA/C Sawyer; 39o AA/R Moore; 39u AA/C Sawyer; 40l Musee Matisse; 40/41 AA/C Sawyer; 42 AA/C Sawyer; 43 Collection Musée des Beaux-Arts de Nice; 44o AA/R Strange; 44m AA/C Sawyer; 45 AA/C Sawyer; 46/47 AA/C Sawyer; 47 AA/C Sawyer; 48 AA/C Sawyer; 49 AA/R Strange; 50 AA/R Strange; 51 AA/R Strange; 52 AA/C Sawyer; 59 AA/A Baker; 60 AA/A Baker; 61 AA/R Strange; 62 Villa Ephrusi de Rothschild, ©Culture Espaces/Véran; 63o AA/A Baker; 63m AA/C Sawyer; 64 AA/R Strange; 65 AA/C Sawyer; 66 AA/C Sawyer; 66/67 AA/A Baker; 68 AA/C Sawyer; 69 AA/A Baker; 70 AA/C Sawyer; 71 Villa Ephrusi de Rothschild, ©Culture Espaces; 72o AA/A Baker; 72/73 AA/R Strange; 74 AA/A Baker; 76 AA/C Sawyer; 83 AA/C Sawyer; 85m AA/A Baker; 85u AA/A Baker; 86 AA/A Baker; 87o AA/A Baker; 87u AA/A Baker; 88/89 AA/A Baker; 89 T Middleton; 90 AA/R Strange; 91 T Middleton; 92o AA/R Strange; 92m AA/A Baker; 93 T Middleton; 94/95 AA/C Sawyer; 96 AA/A Baker; 105 AA/R Strange; 107l AA/R Strange; 107r AA/R Strange; 108m AA/C Sawyer; 108u AA/C Sawyer; 109o AA/A Baker; 109u AA/C Sawyer; 110/111 AA/C Sawyer; 110u AA/R Strange; 111 AA/C Sawyer; 112 AA/C Sawyer; 113 AA/C Sawyer; 115 AA/R Strange; 116 AA/C Sawyer; 118 AA/C Sawyer; 119 La Joie de Vivre, Antipolis, 1946 (Ölgemälde), Picasso, Pablo (1881–1973)/Musée Picasso, Antibes, France,/The Bridgeman Art Library – ©Succession Picasso/DACS 2007; 120 AA/C Sawyer; 121 AA/A Baker; 122 AA/C Sawyer; 123 AA/R Moore; 124 AA/C Sawyer; 133 AA/A Baker; 134 AA/B Smith; 135 AA/R Strange; 136 AA/C Sawyer; 137o AA/R Strange; 137u AA/A Baker; 138 AA/R Strange; 139 AA/C Sawyer; 138/139 AA/C Sawyer; 140m AA/C Sawyer; 140u AA/C Sawyer; 141 AA/C Sawyer; 142 AA/R Strange; 143 B Hall; 144 AA/A Baker; 145 AA/R Strange; 146o AA/A Baker; 146u AA/A Baker; 147 AA/A Baker;  148 AA/R Strange; 150 AA/T Oliver; 152 AA/T Oliver; 159 AA/B Smith; 161l AA/T Oliver; 161r AA/W Voysey; 162 AA/C Sawyer; 164 AA/R Strange; 165 AA/A Baker; 166 AA/R Moore; 168 AA/T Oliver; 169 AA/C Sawyer; 173o AA/C Sawyer; 173ml AA/M Jourdan; 173mr AA/C Sawyer

Der Verlag hat keine Mühen gescheut die Copyright-Inhaber zu ermitteln, dennoch möchte sich der Verlag für mögliche Fehler entschuldigen. Hinweise und Korrekturen sind jederzeit willkommen.

# Leserbefragung

Ihre Ratschläge, Urteile und Empfehlungen sind für uns sehr wichtig. Wir bemühen uns, unsere Reiseführer ständig zu verbessern. Wenn Sie sich ein paar Minuten Zeit nehmen, diesen kleinen Fragebogen auszufüllen, könnten Sie uns sehr dabei helfen.

Wenn Sie diese Seite nicht herausreißen möchten, können Sie uns auch eine Kopie schicken, oder Sie notieren Ihre Hinweise einfach auf einem separaten Blatt.

*Bitte senden Sie Ihre Antwort an:*
NATIONAL GEOGRAPHIC SPIRALLO-REISEFÜHRER, MAIRDUMONT GmbH & Co. KG,
Postfach 31 51, D-73751 Ostfildern,
E-Mail: spirallo@nationalgeographic.de

**Über dieses Buch …**
NATIONAL GEOGRAPHIC SPIRALLO-REISEFÜHRER Côte d'Azur

Wo haben Sie das Buch gekauft?

Wann? Monat / Jahr

Warum haben Sie sich für einen Titel dieser Reihe entschieden?

Wie fanden Sie das Buch ?

Hervorragend ☐    Genau richtig ☐    Weitgehend gelungen ☐    Enttäuschend ☐

Können Sie uns Gründe angeben?

**Bitte umblättern …**

Hat Ihnen etwas an diesem Führer ganz besonders gut gefallen?

_____

_____

_____

_____

_____

Was hätten wir besser machen können?

_____

_____

_____

_____

_____

_____

## Persönliche Angaben

Name _____

Adresse _____

_____

_____

Zu welcher Altersgruppe gehören Sie?
Unter 25 ☐   25–34 ☐   35–44 ☐   45–54 ☐   55–64 ☐   Über 65 ☐

Wie oft im Jahr fahren Sie in Urlaub?
Seltener als einmal ☐   Einmal ☐   Zweimal ☐   Dreimal oder öfter ☐

Wie sind Sie verreist?
Allein ☐   Mit Partner ☐   Mit Freunden ☐   Mit Familie ☐

Wie alt sind Ihre Kinder? _____

## Über Ihre Reise …

Wann haben Sie die Reise gebucht? Monat / Jahr

Wann sind Sie verreist? Monat / Jahr

Wie lange waren Sie verreist? _____

War es eine Urlaubsreise oder ein beruflicher Aufenthalt? _____

Haben Sie noch weitere Reiseführer gekauft? ☐ Ja  ☐ Nein

Wenn ja, welche? _____

_____

Herzlichen Dank dafür, dass Sie sich die Zeit genommen haben, diesen Fragebogen auszufüllen.